Annales

Sujets & corrigés

W0406755

2025

Physique-Chimie
Sciences de la vie et de la Terre
Technologie 3e

Sous la direction de **Nicolas Coppens**

- **Physique-Chimie**
  Nicolas Coppens
  Olivier Doerler

- **Sciences de la vie et de la Terre**
  Laurent Lafond

- **Technologie**
  Sébastien Guivarc'h
  Arnaud Lopin

Nathan

MODE D'EMPLOI

Ces Annales ABC du Brevet ont été conçues pour vous aider à réviser efficacement et progressivement l'épreuve de sciences.

RÉUSSIR LE BREVET

Toutes les infos sur le **Brevet** et la **description des épreuves**.

LE BREVET EXPLIQUÉ

L'épreuve expliquée et les **astuces pour réussir** et apprendre à **bien mémoriser**.

S'ORGANISER POUR BIEN RÉVISER

La **méthode** pour traiter le sujet de **l'épreuve terminale**, avec des conseils pour réussir **étape par étape**.

La **méthode de l'épreuve écrite** expliquée, avec des conseils et des astuces pour le jour J.

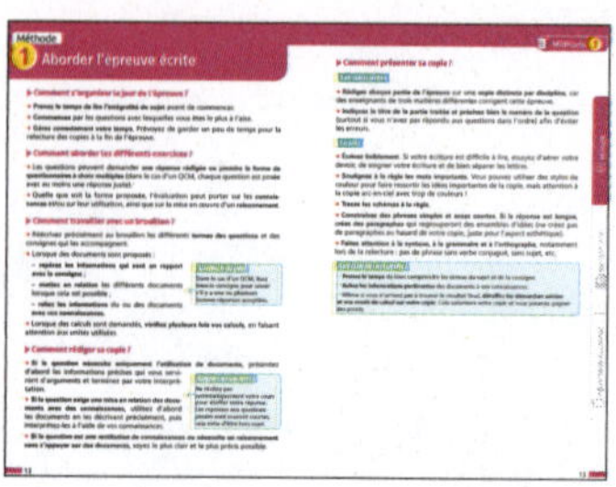
Méthode
1 Aborder l'épreuve écrite

Toutes les étapes de l'épreuve expliquées, de la **feuille de brouillon** à la **rédaction sur la copie**.

RÉVISER ET PROGRESSER

Chaque **thème du programme** est traité de **manière progressive** pour **réviser son cours**, se tester et se préparer avec des **sujets guidés**.

Faire le point

Des **rappels** de cours avec les **connaissances indispensables.**

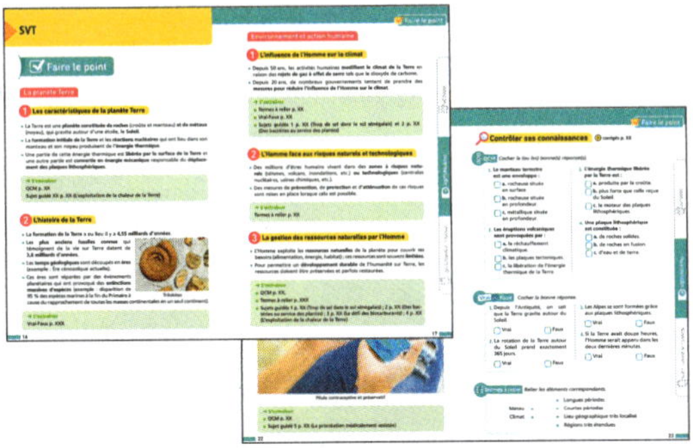

Un **contrôle des connaissances** avec des QCM et exercices variés.

Sujets guidés

Des **sujets expliqués** avec une démarche pas à pas.

Une **méthode** par étapes pour acquérir les **bons réflexes**.

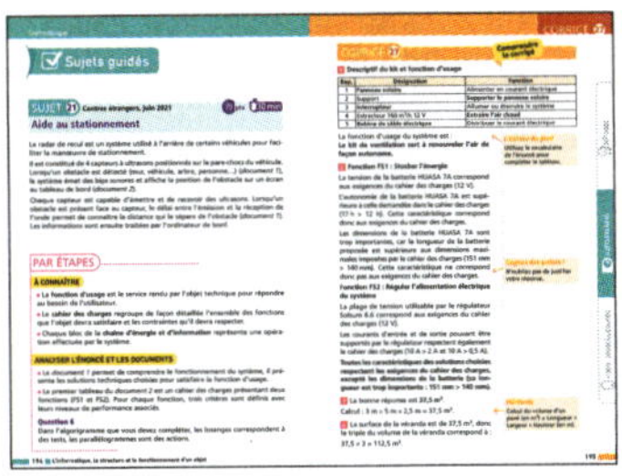

Un **corrigé commenté** avec les **conseils et les rappels de cours des correcteurs**.

S'ENTRAÎNER POUR LE JOUR J

Des **sujets complets corrigés** conformes à l'épreuve terminale.

Des **sujets avec minutage** pour mieux se préparer.

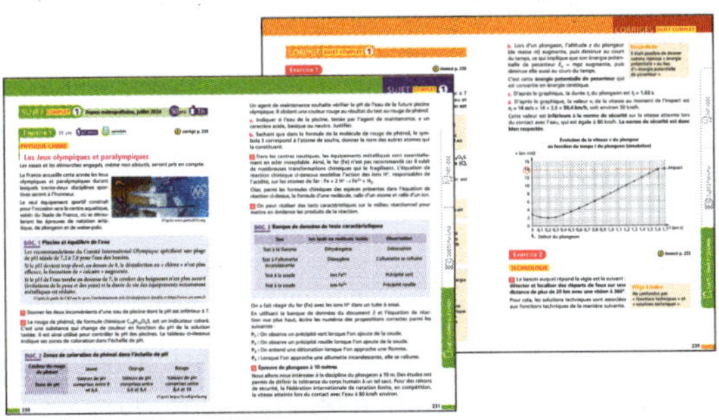

Dans les corrigés, **des astuces** pour **gagner des points** et **éviter les pièges** dans sa copie.

Crédits photographiques

16 : Merlin74/Shutterstock ; **18** : siambizkit/Shutterstock ; **19** : Patrick Rolands/Shutterstock ; **21** : Roman Chazov/Shutterstock ; **22** : Poring Studio/Shutterstock ; **25** : Lidiane Miotto/Shutterstock ; **30h** : © Université Paul-Valéry Montpellier III – UMR GRED 2019. Tous droits réservés ; **30b** : France-Antilles ; **35g** : Maciej Czekajewski/Shutterstock ; **35d** : chris piason/Shutterstock ; **40** : Biosphoto/SPL/Andrew Syred ; **41** : Evgenyrychko/Shutterstock ; **42** : SGr/Shutterstock ; **45h** : © MNHN – L. Giraud ; **45b** : Olivier Bernard, INRIA et Jean-Paul Cadoret, IFREMER ; **49** : Drazen Zigic/Shutterstock ; **50** : ISM/Sovereign ; **64** : KPixMining/Shutterstock ; **65** : Gabor Tinz/Shutterstock ; **66** : Pack-Shot/Shutterstock ; **69** : Puttachat Kumkrong/Shutterstock ; **71** : http://www.cochlea.eu/pathologie/surdites-neuro-sensorielles/traumatisme-acoustique/R. Pujol, M. Lenoir, J. Wang ; **80** : AgriTech/Shutterstock ; **82** : Sky Antonio/Shutterstock ; **84** : Stokkete/Shutterstock ; **87** : Sonpichit Salangsing/Shutterstock ; **88 (de h en b)** : gorillaimages/Shutterstock, Pack-Shot/Shutterstock, Faiz Dila/Shutterstock, k_samurkas/Shutterstock, Frédéric HANOTEAU ; **89h** : Frédéric HANOTEAU ; **89b** : Heru Anggara/Shutterstock ; **95** : Andrei Stepanov/Shutterstock ; **105g** : Droits réservés ; **105d** : Droits réservés ; **106** : mpohodzhay/Shutterstock ; **115** (reprise **119**) : www.espn.com/Tom Zikas ; **117** : Sergey Furtaev/Shutterstock ; **130** : IB Photography/Shutterstock ; **135** : Dmitry Kalinovsky/Shutterstock ; **144** : Tanawat_intawong/Shutterstock ; **148** : DR ; **166** : Shutterstock ; **167** : Shutterstock ; **174** : Adobe Stock Photo ; **175** : Marina Lohrbach/Shutterstock ; **185** : Mikbiz/Shutterstock ; **190** : Droits réservés ; **191** : Droits réservés ; **192** : Droits réservés ; **197** : kiddnot/Shutterstock ; **203** : Alvov/Shutterstock ; **230** : www.paris2024.org ; **233** : Droits réservés ; **242** : MainlanderNZ/Shutterstock ; **244** : Viacheslav Lopatin/Shutterstock ; **248g** : Stephan Borensztajn/CNRS Photothèque ; **248d** : Didier COT/CNRS Photothèque ; **254** : Ethan Daniels/Shutterstock ; **256** : Rich Carey/Shutterstock ; **265** : Pillip/Shutterstock ; **276** : Adobe Stock Photo ; **278** : Pattern_Repeat/Shutterstock ; **283** : Adobe Stock Photo ; **284** : iStock

Coordination éditoriale : Géraldine de Saint Palais
Édition : Fanny Morquin
Conception graphique intérieur : Élise Launay
Couverture : Jean-Marc Denglos et Clémentine Largant
Compositeur : Nord Compo
Schémas : Coredoc
Fabrication : Frédéric Bouly

SOMMAIRE

Le brevet expliqué 8
L'épreuve en bref 10

Méthode pour le Brevet

Aborder l'épreuve écrite 12

Sujets pas à pas

à revoir | réussi

SVT

Faire le point .... 16 ☐☐

La Terre, la biodiversité, l'environnement et l'action humaine

Sujet 1 Préparer une population au risque de tsunami .... 28 ☐☐
Sujet 2 Trop de sel dans le sol sénégalais .... 34 ☐☐
Sujet 3 Des bactéries au service des plantes .... 39 ☐☐
Sujet 4 Le défi des biocarburants .... 45 ☐☐

L'organisation, l'évolution du monde vivant et la reproduction

Sujet 5 La procréation médicalement assistée .... 49 ☐☐
Sujet 6 L'implant contraceptif .... 55 ☐☐
Sujet 7 Le syndrome de Klinefelter .... 60 ☐☐

La protection de l'organisme, le système nerveux et l'appareil digestif

Sujet 8 Tiques et maladie de Lyme .... 64 ☐☐
Sujet 9 L'origine d'une perte d'audition .... 69 ☐☐
Sujet 10 Le sport : dopage et EPO .... 74 ☐☐

Physique-Chimie

Faire le point .... 78 ☐☐

La constitution de la matière et les transformations chimiques

Sujet 11 La chaux dans l'habitat .... 90 ☐☐

à revoir réussi

Sujet 12 Analyse de l'atmosphère terrestre 95
Sujet 13 Des verres correcteurs de plus en plus légers 101

Le mouvement, l'énergie, la constitution de la matière et les transformations chimiques

Sujet 14 Triathlon 105
Sujet 15 Saut en parachute 111
Sujet 16 Entraînement d'une snowboardeuse 115
Sujet 17 Distance d'arrêt et distance de sécurité d'un véhicule 121

L'énergie, les signaux, l'électricité et les transformations chimiques

Sujet 18 Optimisation de la consommation énergétique 125
Sujet 19 Aménagement d'un fourgon 130
Sujet 20 Sécurité dans l'habitat 135

Technologie

Faire le point 140

Le design, la structure, le fonctionnement, la modélisation, l'impact, l'innovation et l'évolution d'un objet

Sujet 21 Aide au stationnement 152
Sujet 22 Système d'arrosage automatique par goutte à goutte 159
Sujet 23 Conditionnement du sirop d'érable 166
Sujet 24 Portique automatique de lavage de voiture 173
Sujet 25 L'eau : système de captage et distribution 178
Sujet 26 Dispositif de freinage sans blocage des roues (Anti Blocage System, ABS) 185

L'informatique, la structure et le fonctionnement d'un objet

Sujet 27 Système de ventilation autonome pour une véranda 190
Sujet 28 Drones et agriculture de précision 197
Sujet 29 Pilote automatique 203
Sujet 30 Laboratoire automatisé d'analyse ADN 210

Corrigés 217

à revoir réussi

Sujets comme à l'examen

SUJET COMPLET 1 France métropolitaine, juillet 2024

- Exercice 1 Physique-Chimie ... 230
- Exercice 2 Technologie ... 233

SUJET COMPLET 2 France métropolitaine, juin 2023

- Exercice 1 Physique-Chimie ... 242
- Exercice 2 SVT ... 245

SUJET COMPLET 3 France métropolitaine, juin 2022

- Exercice 1 SVT ... 253
- Exercice 2 Technologie ... 256

SUJET COMPLET 4 France métropolitaine, juin 2021

- Exercice 1 Physique-Chimie ... 265
- Exercice 2 SVT ... 267

SPÉCIAL ORAL

CAHIER ORAL

SUJET 1

- L'accès à l'eau potable ... 276

SUJET 2

- Les métiers de l'informatique ... 283

LE BREVET EXPLIQUÉ

Le DNB (Diplôme National du Brevet)

- Le Brevet permet d'**évaluer les compétences** acquises par l'élève à l'issue du collège et du **cycle 4**.
- Le DNB s'obtient par les notes :
  - du **contrôle continu** ;
  - de **l'examen final**.
- Pour être déclaré admis au diplôme national du Brevet, il faut cumuler **400 points** sur un total de **800** (soit 10 sur 20).
- Des **mentions peuvent être attribuées**.

Remarque

Pour vous tenir au courant des dernières actualités du Brevet, rendez-vous sur le site de l'Éducation nationale : https://www.education.gouv.fr.

Les 4 épreuves écrites

Mathématiques	Français	Sciences	Histoire-Géo-EMC
100 points	100 points	50 points	50 points
2 heures	3 heures	1 heure	2 heures

L'épreuve orale

- D'une durée de 15 minutes, l'épreuve orale évalue votre capacité à exposer un projet et est notée sur 100 points.
- Vous devez présenter un projet, de votre choix, que vous avez étudié lors des EPI (Enseignements pratiques interdisciplinaires), d'un parcours éducatif (Avenir, Citoyen, Éducation culturelle et artistique) ou en histoire des arts.
- L'oral se déroule en deux temps :
  - présentation du projet (5 min) ;
  - questions du jury (10 min).
- Vous pouvez présenter le projet seul ou en groupe de deux ou trois.

Le contrôle continu

Évaluation des **huit composantes du socle commun** de connaissances, de compétences et de culture tout au long de l'année scolaire.

→ 400 points

dès avril

L'épreuve orale

Présentation d'un projet mené en histoire des arts ou dans le cadre d'un EPI ou de l'un des parcours éducatifs (Avenir, Citoyen, Éducation culturelle et artistique).
L'exposé est suivi d'un entretien.

→ oral individuel : 100 points (15 min)
ou
→ oral collectif : 100 points (25 min)

fin juin

L'épreuve de Français

Travail sur un texte littéraire
Dictée
Rédaction

→ 100 points (3 h)

L'épreuve de Mathématiques

Exercices, pour certains assortis de tableaux ou de schémas, dont un exercice d'informatique.

→ 100 points (2 h)

L'épreuve d'Histoire, Géographie et EMC

Analyse et compréhension de documents.

→ 50 points (2 h)

L'épreuve de Sciences

Deux matières parmi les suivantes évaluées chaque année :

- Physique-Chimie
- SVT
- Technologie

→ 50 points (1 h)

début juillet

Publication des résultats du Brevet

Diplôme et mentions

Admission au diplôme national du Brevet :
400 points sur 800 (soit 10 sur 20)

- **Mention assez bien** plus de 480 points
- **Mention bien** plus de 560 points
- **Mention très bien** plus de 640 points

septembre octobre

Cérémonie républicaine de remise des diplômes du Brevet

L'ÉPREUVE EN BREF

Comment s'organise l'épreuve ?

- **Durée :** 1 heure.
- **Structure :** l'épreuve porte sur les programmes de Physique-Chimie, SVT et Technologie.
- **Notation :** sur 50 points.

Ces points sont répartis de la façon suivante :

 – 45 points pour les exercices de Physique-Chimie, SVT et Technologie ;

 – 5 points réservés à la présentation de la copie et à l'utilisation de la langue française (précision et richesse du vocabulaire, correction de la syntaxe).

- La commission nationale d'élaboration des sujets détermine, à chaque session, les **deux disciplines sur les trois** (Physique-Chimie, SVT, Technologie) qui sont évaluées (sur **25 points** chacune) pour cette épreuve.

Il y a donc **3 combinaisons possibles** : Physique-Chimie et SVT, Physique-Chimie et Technologie, ou Technologie et SVT.

- **L'épreuve porte sur une thématique commune.**
- Les énoncés sont volontairement concis, afin qu'une éventuelle difficulté en lecture ne constitue pas un obstacle supplémentaire. Les exercices sont identifiés pour chaque discipline.

Quels sont les critères d'évaluation de ma copie de Brevet ?

On attend de vous que vous soyez capable :

 – de maîtriser les attendus de fin de cycle prévus dans les programmes ;

 – de pratiquer différents langages (textuel, symbolique, schématique, graphique) pour observer, raisonner, argumenter et communiquer ;

 – d'exploiter des données chiffrées et/ou expérimentales ;

 – d'analyser et de comprendre des informations en utilisant les raisonnements, les méthodes et les modèles propres aux disciplines concernées ;

 – d'appliquer les principes élémentaires de l'algorithmique et du codage pour résoudre un problème simple.

Méthode pour le **Brevet**

Aborder l'épreuve écrite 12

Méthode

Aborder l'épreuve écrite

Comment s'organiser le jour de l'épreuve ?

- **Prenez le temps de lire l'intégralité du sujet** avant de commencer.
- **Commencez** par les questions avec lesquelles vous êtes le plus à l'aise.
- **Gérez correctement votre temps.** Prévoyez de garder un peu de temps pour la relecture des copies à la fin de l'épreuve.

Comment aborder les différents exercices ?

- Les questions peuvent demander **une réponse rédigée ou prendre la forme de questionnaires à choix multiples** (dans le cas d'un QCM, chaque question est posée avec au moins une réponse juste).
- Quelle que soit la forme proposée, l'évaluation peut porter sur les **connaissances** et/ou sur leur utilisation, ainsi que sur la mise en œuvre d'un **raisonnement**.

Comment travailler avec un brouillon ?

- Réécrivez précisément au brouillon les différents **termes des questions** et des consignes qui les accompagnent.
- Lorsque des documents sont proposés :
  - **repérez les informations qui sont en rapport avec la consigne ;**
  - **mettez en relation** les différents documents lorsque cela est possible ;
  - **reliez les informations** du (ou des) document(s) **avec vos connaissances**.

L'astuce du prof

Dans le cas d'un QCM, lisez bien la consigne pour savoir s'il y a une ou plusieurs bonnes réponses acceptées.

- Lorsque des calculs sont demandés, **vérifiez plusieurs fois vos calculs**, en faisant attention aux unités utilisées.

Comment rédiger sa copie ?

- **Si la question nécessite uniquement l'utilisation de documents**, présentez d'abord les informations précises qui vous serviront d'arguments et terminez par votre interprétation.

Gagnez des points !

Ne récitez pas systématiquement votre cours pour étoffer votre réponse. Les réponses aux questions posées sont souvent courtes, cela évite d'être hors sujet.

- **Si la question exige une mise en relation des documents avec des connaissances**, utilisez d'abord les documents en les décrivant précisément, puis interprétez-les à l'aide de vos connaissances.

• **Si la question est une restitution de connaissances ou nécessite un raisonnement sans s'appuyer sur des documents**, soyez le plus clair et le plus précis possible.

Comment présenter sa copie ?

Les contraintes

• **Même si ce n'est pas obligatoire, rédigez chaque exercice** sur une **feuille distincte**, car des enseignants de deux matières différentes corrigent cette épreuve.

• **Indiquez le titre de la partie traitée et précisez bien le numéro de la question** (surtout si vous n'avez pas répondu aux questions dans l'ordre) afin d'éviter les erreurs.

Le soin

• **Écrivez lisiblement**. Si votre écriture est difficile à lire, essayez d'aérer votre devoir, de soigner votre écriture et de bien séparer les lettres.

• **Soulignez à la règle les mots importants**. Vous pouvez utiliser des stylos de couleur pour faire ressortir les idées importantes de la copie, mais attention à la copie arc-en-ciel avec trop de couleurs !

• **Tracez les schémas à la règle**.

• **Construisez des phrases simples et assez courtes. Si la réponse est longue, créez des paragraphes** qui regrouperont des ensembles d'idées (ne créez pas de paragraphes au hasard de votre copie, juste pour l'aspect esthétique).

• **Faites attention à la syntaxe, à la grammaire et à l'orthographe**, notamment lors de la relecture : pas de phrase sans verbe conjugué, sans sujet, etc.

Les clés de la réussite !

- **Prenez le temps** de bien comprendre les termes du sujet et de la consigne.
- **Reliez les informations pertinentes** des documents à vos connaissances.
- Même si vous n'arrivez pas à trouver le résultat final, **détaillez les démarches suivies et vos essais de calcul sur votre copie**. Cela la valorisera et vous pourrez gagner des points.

Sujets pas à pas

SVT

- Faire le point 16
- Contrôler ses connaissances 23
- Sujets guidés 28

PHYSIQUE-CHIMIE

- Faire le point 78
- Contrôler ses connaissances 85
- Sujets guidés 90

TECHNOLOGIE

- Faire le point 140
- Contrôler ses connaissances 147
- Sujets guidés 152

Faire le point

La planète Terre

1 Les caractéristiques de la planète Terre

- La Terre est une **planète constituée de roches** (croûte et manteau) **et de métaux** (noyau), qui gravite autour d'une étoile, le **Soleil**.
- La **formation initiale de la Terre** et les **réactions nucléaires** qui ont lieu dans son manteau et son noyau produisent de l'**énergie thermique**.
- Une partie de cette énergie thermique est **libérée par la surface de la Terre** et une autre partie est **convertie en énergie mécanique** responsable du **déplacement des plaques lithosphériques**.

→ S'entraîner

QCM p. 23

2 L'histoire de la Terre

- La **formation de la Terre** a eu lieu il y a **4,55 milliards d'années**.
- Les **plus anciens fossiles connus** qui témoignent de la vie sur Terre datent de **3,8 milliards d'années**.
- Les **temps géologiques** sont découpés en **ères** (exemple : Ère cénozoïque actuelle).
- Ces ères sont séparées par des événements planétaires qui ont provoqué des **extinctions massives d'espèces** (exemple : disparition de 95 % des espèces marines à la fin du Primaire à cause du rapprochement de toutes les masses continentales en un seul continent).

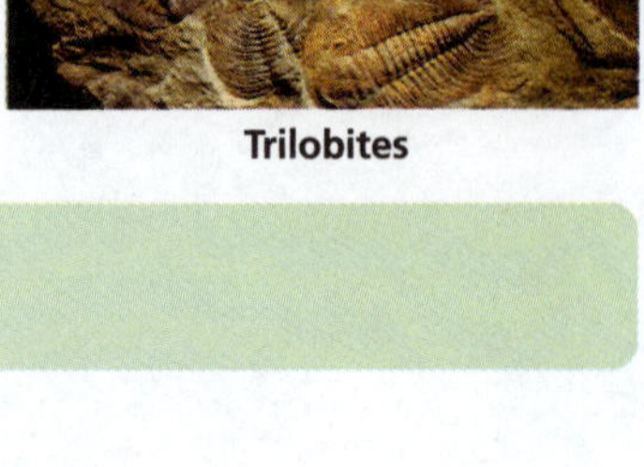

Trilobites

→ S'entraîner

Vrai-Faux p. 23

Environnement et action humaine

1 L'influence de l'Homme sur le climat

- Depuis 50 ans, les activités humaines **modifient le climat de la Terre** en raison des **rejets de gaz à effet de serre** tels que le dioxyde de carbone.
- Depuis 20 ans, de nombreux gouvernements tentent de prendre des **mesures pour réduire l'influence de l'Homme sur le climat**.

→ **S'entraîner**
- Termes à relier p. 23
- Vrai-Faux p. 24
- Sujets guidés 2 p. 34 (Trop de sel dans le sol sénégalais) et 3 p. 39 (Des bactéries au service des plantes)

2 L'Homme face aux risques naturels et technologiques

- Des millions d'êtres humains vivent dans des **zones à risques naturels** (séismes, volcans, inondations, etc.) **ou technologiques** (centrales nucléaires, usines chimiques, etc.).
- Des mesures de **prévention**, de **protection** et d'**atténuation** de ces risques sont mises en place lorsque cela est possible.

→ **S'entraîner**
- Termes à relier p. 24
- Sujet guidé 1 p. 28 (Préparer une population au risque de tsunami)

3 La gestion des ressources naturelles par l'Homme

- L'Homme exploite les **ressources naturelles** de la planète pour couvrir ses besoins (alimentation, énergie, habitat) ; ces ressources sont souvent **limitées**.
- Pour permettre un **développement durable** de l'humanité sur Terre, les ressources doivent être préservées et parfois restaurées.

→ **S'entraîner**
- QCM p. 24
- Termes à relier p. 25
- Sujets guidés 2 p. 34 (Trop de sel dans le sol sénégalais) ; 3 p. 39 (Des bactéries au service des plantes) ; 4 p. 45 (Le défi des biocarburants)

Organisation du monde vivant

1 Organisation et fonctionnement des animaux

- Tous les animaux sont faits d'**organes qui coopèrent entre eux** pour assurer le fonctionnement de l'organisme.
- Les organes sont reliés entre eux par un **système circulatoire**.
- Le système circulatoire assure la **distribution** à tous les organes des **nutriments** issus de la digestion par l'appareil digestif. Il permet également la distribution à tous les organes du **dioxygène** issu des échanges respiratoires. Enfin, le système circulatoire **récolte les déchets** libérés par les différents organes.

→ **S'entraîner**

QCM p. 25

2 Organisation et fonctionnement des végétaux

- Les végétaux sont constitués d'**organes spécialisés** : racines, tiges et feuilles.
- Les **racines** assurent l'**absorption de l'eau et des sels minéraux**.
- Les **feuilles** assurent l'**absorption des gaz** et la **transformation de la matière** minérale en matière organique : c'est la **photosynthèse**.
- Les **tiges** assurent le **transport des sèves** dans des vaisseaux conducteurs.

→ **S'entraîner**

- Vrai-Faux p. 25
- Sujets guidés 2 p. 34 (Trop de sel dans le sol sénégalais) et 3 p. 39 (Des bactéries au service des plantes)
- Sujet complet 4 p. 267 (Les couleurs des feuilles)

3 Diversité génétique des êtres vivants

- La **reproduction sexuée** entraîne la naissance d'**individus génétiquement différents des parents.**

- La **production des gamètes** aboutit à une **répartition au hasard des allèles de chaque gène**.
- La **fécondation** entre les gamètes aboutit à une **recombinaison au hasard des allèles des parents**.

→ S'entraîner
- QCM p. 26
- Sujet guidé 6 p. 60 (Le syndrome de Klinefelter)
- Sujet complet 2 p. 245 (L'idotée, l'abeille des mers)

Évolution du monde vivant

1 Phénotype et génotype des individus

- Le **phénotype** est l'ensemble des **caractères observables** d'un individu.
- Le **génotype** est l'ensemble des **gènes** d'un individu.

→ S'entraîner
Vrai-Faux p. 26

2 Biodiversité et parenté

- La **biodiversité** n'est pas que la diversité des espèces vivantes, c'est aussi la **diversité des milieux de vie** et la **diversité des individus dans une espèce**.
- Aussi différents soient-ils, tous les êtres vivants ont des **ancêtres communs**.
- Plus il y a de caractères communs entre deux espèces, plus leur **parenté** est forte.

Chimpanzé

- L'**espèce humaine** fait partie du groupe des **hominidés** qui comporte également le gorille, l'orang-outan et les deux espèces de chimpanzés.

→ S'entraîner
- Vrai-Faux p. 26
- QCM p. 26

3 La sélection naturelle, moteur de l'évolution

- Dans un environnement donné, certains **allèles** donnent un avantage, et d'autres non.
- Les individus avantagés dans une population **survivent mieux** que les autres, ils se reproduisent davantage et transmettent plus leurs allèles que le reste de la population : c'est la **sélection naturelle**.

→ S'entraîner

QCM p. 26

Système nerveux, appareil digestif et activité physique

1 La commande du mouvement par le cerveau

- Le cerveau comporte des **milliards de neurones connectés entre eux.**
- Des **zones spécialisées** du cerveau traitent l'ensemble des informations reçues et communiquent entre elles. D'autres zones émettent des commandes vers les muscles.
- Les **messages nerveux moteurs** sont transmis par des **nerfs** depuis les centres nerveux jusqu'aux muscles.
- Les messages nerveux sont de nature **électrique** (le long des fibres nerveuses) et **chimique** (entre deux cellules nerveuses).

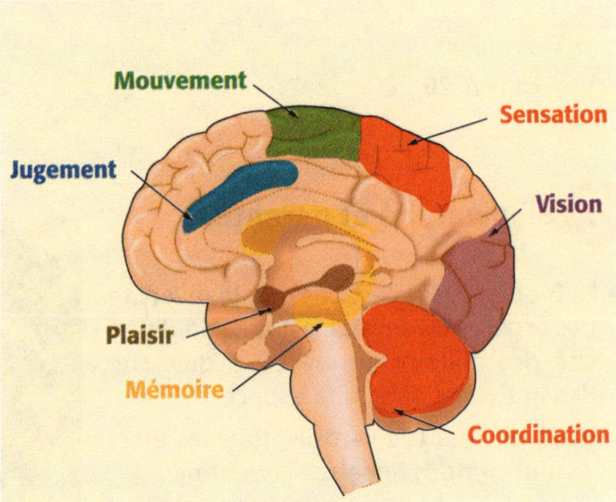

Quelques zones cérébrales spécialisées

→ S'entraîner

Sujets guidés 8 p. 64 (Tiques et maladie de Lyme) et 9 p. 69 (L'origine d'une perte d'audition)

2 Hygiène de vie et fonctionnement cérébral

- Pour bien fonctionner, le cerveau nécessite une **alimentation équilibrée**, une **activité physique régulière** et des **phases de repos suffisantes**.
- De nombreuses **substances chimiques** perturbent la transmission des messages chimiques entre les cellules nerveuses : ce sont des **psychotropes** (alcool, tabac, cannabis, certains médicaments).

→ **S'entraîner**
- QCM p. 27
- Sujets guidés 8 p. 64 (Tiques et maladie de Lyme) ; 9 p. 69 (L'origine d'une perte d'audition) ; 10 p. 74 (Le sport : dopage et EPO)

Immunité et procréation

1 Les défenses immunitaires

- Des **cellules sanguines spécialisées** (les leucocytes) sont responsables de la **protection** de l'organisme contre les **microbes pathogènes**.
- Les **lymphocytes B** produisent des **anticorps** qui adhèrent en grand nombre sur les microbes, ce qui les empêche de se reproduire.
- Les **phagocytes** ingèrent les microbes reconnus par les anticorps et les détruisent.
- Les **lymphocytes T** s'accrochent aux cellules infectées par les microbes et les détruisent.
- La **vaccination** permet d'améliorer les **défenses immunitaires** vis-à-vis d'un ou de quelques microbes spécifiques.

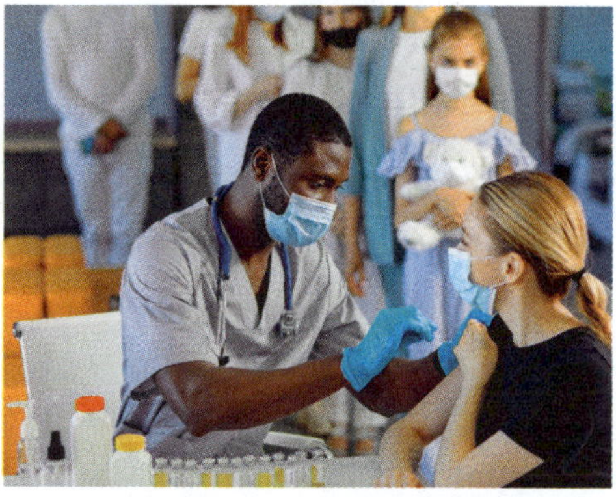

Vaccination contre le coronavirus

→ **S'entraîner**
- Termes à relier p. 27
- Sujet guidé 8 p. 64 (Tiques et maladie de Lyme)

2 La procréation humaine

- Le fonctionnement des **organes reproducteurs** est contrôlé par des **hormones**.
- Chez l'homme, la **production de la testostérone** est **continue** et stimule la production de **spermatozoïdes** tout au long de la vie.
- Chez la femme, la **production de progestérone et d'œstradiol** est **cyclique** et baisse fortement à la **ménopause**. Elle stimule la libération d'un **ovule** par mois et la préparation de l'utérus à une éventuelle implantation d'**embryon**.
- Des **dispositifs chimiques et/ou mécaniques** permettent aux couples de **choisir** d'avoir ou pas des enfants. Parmi ces différents moyens de **contraception**, seul le **préservatif** empêche la transmission des **infections sexuellement transmissibles**.

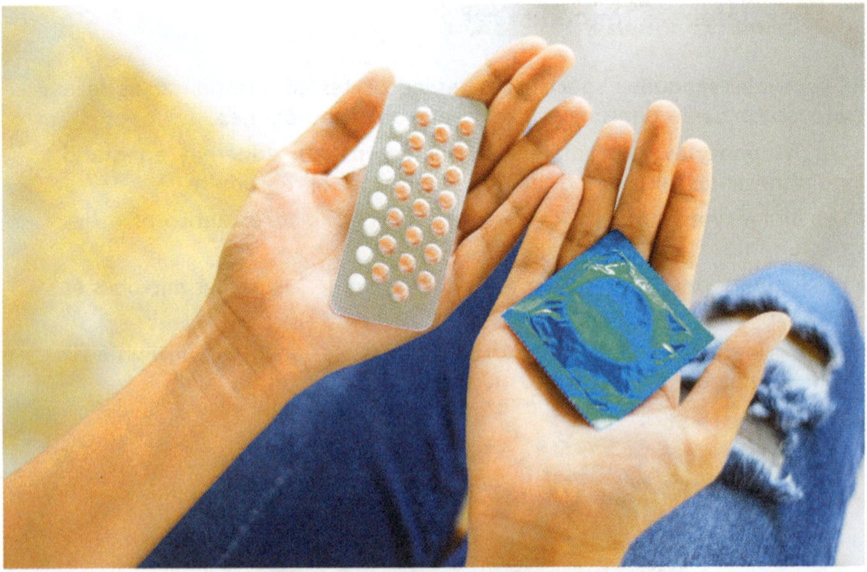

Pilule contraceptive et préservatif

→ **S'entraîner**
- QCM p. 27
- Sujets guidés 5 p. 49 (La procréation médicalement assistée) et 6 p. 55 (L'implant contraceptif)

Contrôler ses connaissances

corrigés p. 217

QCM Cocher la (ou les) bonne(s) réponse(s).

1. Le manteau terrestre est une enveloppe :

- ☐ **a.** rocheuse située en surface.
- ☐ **b.** rocheuse située en profondeur.
- ☐ **c.** métallique située en profondeur.

2. Les éruptions volcaniques sont provoquées par :

- ☐ **a.** le réchauffement climatique.
- ☐ **b.** les plaques tectoniques.
- ☐ **c.** la libération de l'énergie thermique de la Terre.

3. L'énergie thermique libérée par la Terre est :

- ☐ **a.** produite par la croûte.
- ☐ **b.** plus forte que celle reçue du Soleil.
- ☐ **c.** le moteur des plaques lithosphériques.

4. Une plaque lithosphérique est constituée :

- ☐ **a.** de roches solides.
- ☐ **b.** de roches en fusion.
- ☐ **c.** d'eau et de terre.

Vrai ou Faux Cocher la bonne réponse.

1. La Terre est âgée de 4,5 millions d'années.
   ☐ Vrai ☐ Faux

2. Les temps géologiques ont été découpés arbitrairement.
   ☐ Vrai ☐ Faux

3. Les Alpes se sont formées grâce aux plaques lithosphériques.
   ☐ Vrai ☐ Faux

4. Si la Terre avait douze heures, l'Homme serait apparu dans les deux dernières minutes.
   ☐ Vrai ☐ Faux

Termes à relier Relier les éléments correspondants.

	• Longues périodes
Météo •	• Courtes périodes
Climat •	• Lieu géographique très localisé
	• Régions très étendues

Vrai ou Faux *Cocher la bonne réponse.*

1. La zone tropicale présente quatre saisons bien marquées.

☐ Vrai ☐ Faux

2. Au cours des temps géologiques, le climat global de la Terre a beaucoup changé.

☐ Vrai ☐ Faux

3. Le changement climatique actuel affecte toutes les régions du monde de la même manière.

☐ Vrai ☐ Faux

4. Le climat est l'étude des températures et des pluies, comme la météo.

☐ Vrai ☐ Faux

Termes à relier *À l'aide du schéma, relier les éléments correspondants.*

A • • Éloignez-vous des bâtiments.
B • • N'allez pas chercher vos enfants à l'école.
C • • Mettez-vous à l'abri sous un meuble solide.
D • • N'utilisez ni le gaz, ni l'électricité.
E • • Quittez les bâtiments dans le calme.

QCM *Cocher la (ou les) bonne(s) réponse(s).*

1. Les ressources en combustibles fossiles sont :

☐ **a.** épuisables.
☐ **b.** renouvelables.
☐ **c.** illimitées.

2. La réduction des rejets polluants permet d'améliorer :

☐ **a.** la biodiversité.
☐ **b.** la qualité de l'eau.
☐ **c.** la qualité de l'air.

3. Les réserves de pétrole seront probablement épuisées dans :

☐ **a.** un siècle ou deux.
☐ **b.** plusieurs millénaires.
☐ **c.** une dizaine d'années.

4. En France, le pourcentage d'électricité produite par les énergies renouvelables représente :

☐ **a.** 10 %.
☐ **b.** 20 %.
☐ **c.** 50 %.

Termes à relier *Relier les éléments correspondants.*

Éolien •	
Nucléaire •	• Énergie renouvelable
Combustibles fossiles •	• Énergie non renouvelable
Solaire •	

QCM *Cocher la (ou les) bonne(s) réponse(s).*

1. Les bactéries contenues dans le tube digestif des animaux sont :
- ▢ **a.** pathogènes.
- ▢ **b.** inoffensives.
- ▢ **c.** bénéfiques.

2. Le système circulatoire des animaux distribue :
- ▢ **a.** de l'air.
- ▢ **b.** de l'eau.
- ▢ **c.** des nutriments.

3. Un organe est un ensemble :
- ▢ **a.** de cellules spécialisées.
- ▢ **b.** de tissus différents.
- ▢ **c.** de tissus identiques.

4. Les cellules d'un organisme se procurent leurs nutriments :
- ▢ **a.** directement à partir de l'appareil digestif.
- ▢ **b.** grâce à un système circulatoire.
- ▢ **c.** directement à partir de leur milieu de vie.

Vrai ou Faux *Cocher la bonne réponse.*

1. Les racines des végétaux absorbent de l'eau et des ions minéraux contenus dans le sol.

▢ Vrai ▢ Faux

2. Tous les glucides fabriqués par les feuilles des végétaux sont utilisés immédiatement sur place.

▢ Vrai ▢ Faux

3. Les cellules végétales produisent des glucides, des lipides et des protides.

▢ Vrai ▢ Faux

Développement de la racine de soja

QCM *Cocher la (ou les) bonne(s) réponse(s).*

1. **Une cellule œuf est :**
   - ☐ **a.** le résultat d'une fécondation.
   - ☐ **b.** génétiquement identique aux autres cellules œufs.
   - ☐ **c.** génétiquement originale.

2. **Lors de la formation des gamètes, les chromosomes sont répartis :**
   - ☐ **a.** par paires.
   - ☐ **b.** au hasard.
   - ☐ **c.** par taille.

3. **Il y a des gamètes :**
   - ☐ **a.** chez les végétaux comme chez les animaux.
   - ☐ **b.** chez les animaux uniquement.
   - ☐ **c.** chez les végétaux uniquement.

Vrai ou Faux *Cocher la bonne réponse.*

1. La biodiversité n'est mesurée qu'à partir du comptage des espèces.
   ☐ Vrai ☐ Faux

2. Dans chaque cellule vivante, un gène est présent en un grand nombre d'exemplaires.
   ☐ Vrai ☐ Faux

3. Tous les individus d'une même espèce ont les mêmes gènes.
   ☐ Vrai ☐ Faux

4. Le phénotype d'un individu dépend de son génotype et de son environnement.
   ☐ Vrai ☐ Faux

QCM *Cocher la (ou les) bonne(s) réponse(s).*

1. **Les mutations naturelles sont :**
   ☐ **a.** dangereuses. ☐ **b.** dues au hasard. ☐ **c.** fréquentes.

2. **La sélection naturelle est un mécanisme qui modifie :**
   ☐ **a.** les individus. ☐ **b.** les gènes. ☐ **c.** les espèces.

3. **L'espèce humaine et l'espèce chimpanzé partagent :**
   ☐ **a.** les mêmes gènes. ☐ **b.** la bipédie. ☐ **c.** un squelette osseux.

QCM *Cocher la (ou les) bonne(s) réponse(s).*

1. Une des conditions d'un bon fonctionnement cérébral est :

- ☐ **a.** une alimentation sucrée.
- ☐ **b.** un sommeil réparateur.
- ☐ **c.** la consommation modérée d'alcool.

2. Une substance psychotrope :

- ☐ **a.** n'a pas d'effet néfaste.
- ☐ **b.** peut être un médicament.
- ☐ **c.** modifie l'activité cérébrale.

3. Un sommeil régulier :

- ☐ **a.** améliore les performances de la mémoire.
- ☐ **b.** diminue les performances de la mémoire.
- ☐ **c.** n'a pas d'influence sur les performances de la mémoire.

Termes à relier *Relier les éléments correspondants.*

Phagocytes	•	•	Production d'anticorps
Lymphocytes B	•	•	Ingestion et destruction des microbes reconnus par les anticorps
Vaccination	•	•	Destruction des cellules infectées par les microbes
Lymphocytes T	•	•	Amélioration des défenses immunitaires

QCM *Cocher la (ou les) bonne(s) réponse(s).*

1. Les ovaires libèrent des cellules sexuelles :

- ☐ **a.** dès la puberté.
- ☐ **b.** en continu.
- ☐ **c.** pendant les règles.

2. Le sigle IST signifie :

- ☐ **a.** insémination sexuellement transgénique.
- ☐ **b.** infection sexuellement transmissible.
- ☐ **c.** immunisation sexuellement totale.

3. Les moyens de contraception efficaces contre les IST sont :

- ☐ **a.** les pilules.
- ☐ **b.** les préservatifs.
- ☐ **c.** les dispositifs intra-utérins.

4. Les règles correspondent à l'élimination :

- ☐ **a.** de la muqueuse utérine.
- ☐ **b.** des ovules non fécondés.
- ☐ **c.** des embryons non implantés.

Sujets guidés

SUJET 1 Amérique du Nord, juin 2022 — 25 pts — 30 min

Préparer une population au risque de tsunami

CARIBE WAVE est l'exercice annuel sur les tsunamis de la Commission océanographique rattachée à l'Organisation des Nations Unies.

Le but de cet exercice est de faire progresser les efforts de préparation aux tsunamis dans les Caraïbes, et notamment dans les Petites Antilles (Guadeloupe, Martinique, etc.).

DOC. 1 Aléa sismique en Martinique entre 1996 et 2011 (séismes de magnitude supérieure à 3)

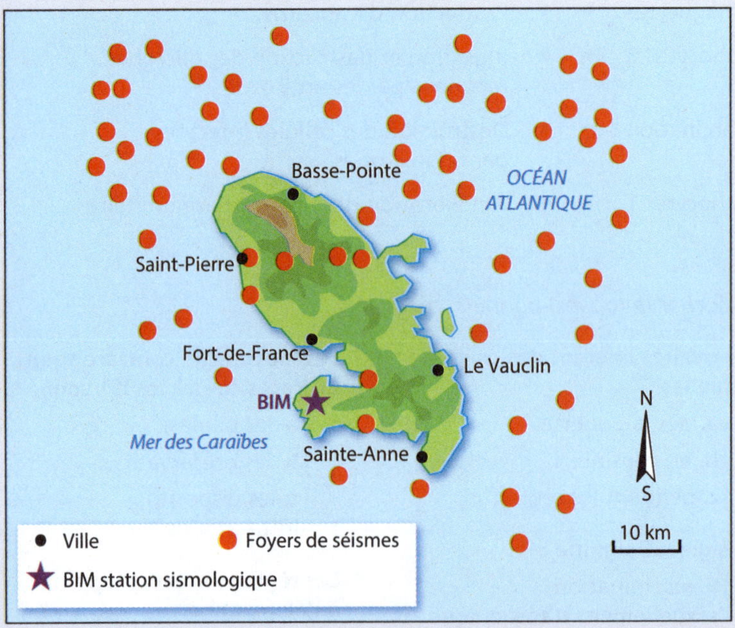

D'après https://www.senat.fr/rap/r17-688-1/r17-688-13.html

1 À l'aide des *documents 1* et *3*, justifier que la Martinique soit une zone à risque concernant les tsunamis.

2 À l'aide du *document 1* et des données chiffrées du *document 2*, comparer l'exposition des côtes caraïbe et atlantique de la Martinique aux tsunamis, puis proposer, à l'aide du *document 3*, une explication à la différence observée.

DOC. 2 Carte d'exposition du littoral de la Martinique aux tsunamis

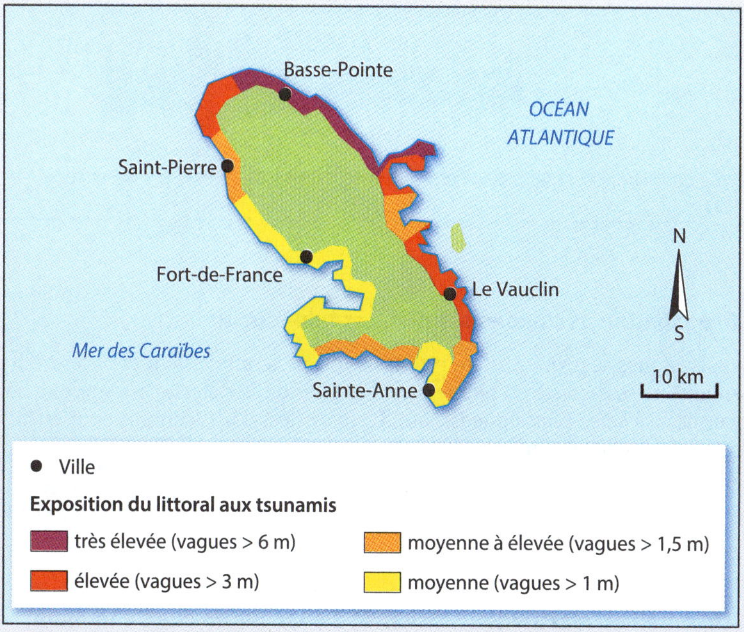

D'après http://www.martinique.developpement-durable.gouv.fr/exercice-tsunami-caribe-wave-21-a1572html

DOC. 3 Origine d'un tsunami

Un tsunami se crée lorsqu'une grande masse d'eau est déplacée, suite à un séisme, un glissement de terrain ou une éruption volcanique, par soulèvement ou affaissement du fond océanique. La surface de l'eau commence alors à osciller et les vagues se propagent dans toutes les directions. Plus le volume d'eau déplacé est grand, plus la distance parcourue par le tsunami sera longue, plus les dégâts risquent d'être importants.

D'après https://www.gouvernement.fr/risques/tsunami

DOC. 4 Sismogramme enregistré à la station BIM

Un séisme a eu lieu à environ 255 km au nord de la Martinique, le 10 septembre 2021 à 0 h 43 min et 17 s (00:43:17) GMT (heure de Greenwich), et a été enregistré par la station sismologique BIM située en Martinique (voir localisation sur le *document 1*).

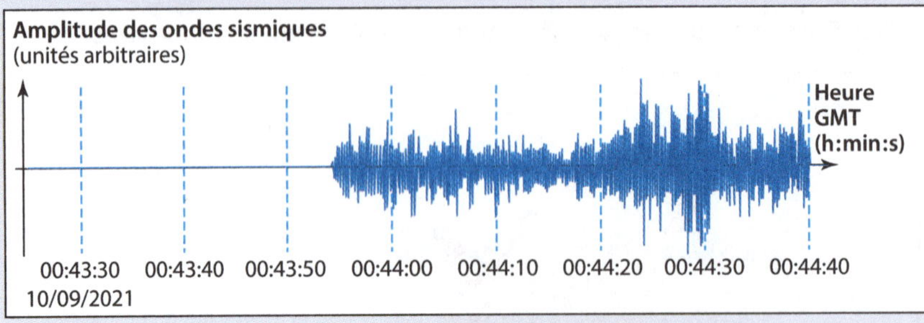

DOC. 5 Propagation des ondes sismiques et du tsunami

Les ondes sismiques se propagent au moins 40 fois plus rapidement dans les roches qu'un tsunami ne se déplace en pleine mer. On peut donc détecter ces ondes avant qu'un éventuel tsunami n'atteigne la côte. L'apparition d'un tsunami peut ensuite être vérifiée par des bouées en pleine mer mesurant la hauteur des vagues.

D'après https://theconversation.com/alertes-aux-seismes-et-tsunamis-comment-gagner-de-precieuses-secondes

DOC. 6 Un enjeu en Martinique : être prêt à évacuer en cas de tsunami

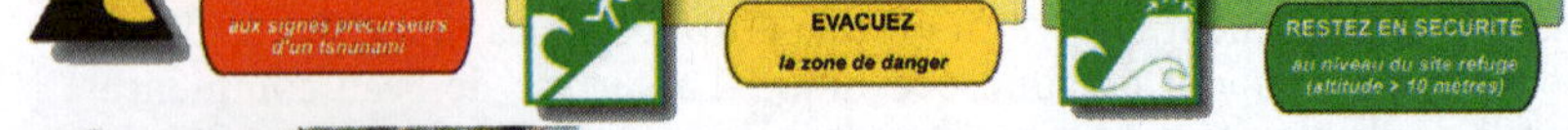

Lors de l'exercice de 2019, 220 enfants d'une école ont été évacués et ont trouvé refuge à une centaine de mètres de l'école sur une hauteur.

https://www.martinique.franceantilles.fr

3 À l'aide des *documents 4* et *5*, pour chaque question, cocher la bonne réponse.

a. Il n'y a aucune onde enregistrée sur la première partie de l'enregistrement car :

- ☐ les ondes sismiques ne sont pas encore arrivées à la station BIM.
- ☐ le séisme n'a pas encore eu lieu.
- ☐ la station BIM est trop proche du séisme.

b. Les premières ondes sont arrivées à la station BIM à environ :

- ☐ 0 h 43 min 17 s.
- ☐ 0 h 43 min 54 s.
- ☐ 0 h 44 min 25 s.
- ☐ 0 h 44 min 40 s.

c. Les premières ondes ont mis environ 37 secondes pour parvenir à la station BIM. Si ce séisme avait produit un tsunami, la vague, pour parvenir sur les côtes de la Martinique, aurait mis environ :

- ☐ 37 secondes.
- ☐ 10 minutes.
- ☐ 25 minutes.
- ☐ 40 minutes.

4 **a.** Définir le risque géologique à l'aide de ses connaissances.

b. À partir des *documents 4*, *5* et *6*, comment peut-on prévoir l'arrivée d'un tsunami et préparer les populations à réagir pour se protéger ?

PAR ÉTAPES

À CONNAÎTRE

- Un séisme est une **libération brutale d'énergie** provoquée par la rupture de roches dans la profondeur de la lithosphère.
- La libération d'énergie sismique entraîne des **vibrations des roches voisines** qui se propagent sous forme d'onde dans toutes les directions de l'espace.
- Les **ondes sismiques** se déplacent dans les roches à des vitesses de plusieurs kilomètres par seconde.
- Quand un séisme a lieu **sous un continent**, la propagation des ondes sismiques dans les roches de la lithosphère cause des **tremblements de terre**.
- Quand un séisme a lieu **sous un océan**, il peut engendrer une vague géante qui se propage dans toutes les directions et qu'on appelle **tsunami** (mot japonais composé de *tsu*, port et *nami*, vague).

ANALYSER L'ÉNONCÉ ET LES DOCUMENTS

- Parcourez rapidement tous les documents du sujet en reliant les termes utilisés aux notions du programme (exemple : séisme, aléa, ondes sismiques) afin de les remobiliser.
- Lisez attentivement les titres des cartes pour identifier clairement leur but (*documents 1* et *2*).
- Repérez bien les légendes des symboles utilisés dans les cartes (*documents 1* et *2*).
- Identifiez le lien entre un séisme et un tsunami car ce ne sont pas des synonymes (*document 3*).
- Repérez le délai entre l'heure précise du séisme et l'enregistrement à la station BIM (*document 4*).
- Établissez un lien entre les pictogrammes et les phrases (*document 6*).

BIEN COMPRENDRE LES QUESTIONS

Question 1

Commencez par vous rappeler ce qu'est une zone à risque géologique et notez la définition d'un tsunami, puis juxtaposez en pensée les cartes des *documents 1* et *2*.

Question 2

Repérez les zones les plus exposées aux tsunamis sur le *document 2* et repérez comment sont répartis les foyers des séismes sur le *document 1*.

Question 3

Ne cochez qu'une seule réponse et réalisez un calcul pour la question **3 c.** en utilisant l'information du *document 5*.

Question 4

b. Utilisez les informations précises du sismogramme et l'information sur la vitesse d'un tsunami pour expliquer de quelle manière on peut prévoir un séisme, puis identifiez les actions préventives pour préparer une population à se protéger d'un tsunami.

CORRIGÉ 1

Comprendre le corrigé

1 **On remarque** que de nombreux foyers de séismes ont été enregistrés entre 1996 et 2011 tout autour de la Martinique à quelques dizaines de kilomètres des côtes. **Or, on sait** qu'un tsunami peut être causé par un séisme qui soulève ou abaisse le fond océanique. De plus, on note la présence de villes qui sont près de la côte, comme Fort-de-France. **Donc**, la Martinique est

> **Méthode**
> Pensez à associer des éléments d'observation (la présence des foyers de séismes), des connaissances (la cause d'un tsunami) et une conclusion.

considérée comme une zone à risque concernant les tsunamis, avec une exposition à des vagues supérieures à 6 m à certains endroits.

2 On constate dans le *document 2* que la côte atlantique est beaucoup plus exposée à des vagues importantes que la côte caraïbe : **vagues de plus de 3 m voire de plus de 6 m côté atlantique** contre moins de 3 m côté caraïbe. Or, on observe dans le *document 1* que les **foyers** de séismes sont **beaucoup plus nombreux dans le fond océanique atlantique** que dans le fond océanique caraïbe. Ainsi, l'exposition du littoral est plus forte sur la côte atlantique que sur la côte caraïbe.

L'astuce du prof

Utilisez des données chiffrées tirées du *document 2* pour appuyer votre argumentation.

3 **a.** Il n'y a aucune onde enregistrée sur la première partie de l'enregistrement car **les ondes sismiques ne sont pas encore arrivées à la station BIM.**

b. Les premières ondes sont arrivées à la station BIM à environ **0 h 43 min 54 s**.

c. Les premières ondes ont mis environ 37 secondes pour parvenir à la station BIM. Si ce séisme avait produit un tsunami, la vague aurait mis environ **25 minutes** pour parvenir sur les côtes de la Martinique.

Méthode

La vague d'un tsunami se déplace 40 fois moins vite que les ondes sismiques. Donc, si les ondes ont mis 37 secondes pour atteindre la station, la vague mettra $40 \times 37 = 1\,480$ secondes, soit plus de 24 minutes et 40 secondes pour l'atteindre à son tour.

4 **a.** Le **risque géologique** est défini par la **probabilité** qu'un séisme (ou un autre évènement géologique) ait lieu dans une zone habitée, provoquant ainsi des **dégâts** humains et matériels.

b. On peut **prévoir** l'arrivée d'un tsunami car on enregistre les ondes du séisme à l'aide d'un sismomètre bien avant que la vague n'atteigne la côte (*document 4*). En effet, un tsunami se déplace **40 fois moins vite** que les ondes du séisme qui l'ont provoqué. On dispose ainsi de **plusieurs minutes** pour protéger les populations qui auront déjà été préparées à réagir en cas d'alerte.

On peut préparer de trois manières les populations à réagir :

– **sensibiliser** à l'écoute des signes de tsunamis et au signal d'alerte ;

– **apprendre les comportements** à adopter en cas d'alerte (exemple : se réfugier à plus de 10 mètres d'altitude) ;

– **s'entraîner** au cours d'exercices d'évacuation dès l'école primaire.

Gagnez des points !

Ne recopiez pas toutes les informations du *document 6*. Regroupez les activités de préparation de la population dans les catégories classiques de prévention des risques (informer, alerter, adopter des comportements adaptés).

SUJET 2 Asie, juin 2021 25 pts 30 min

Trop de sel dans le sol sénégalais

Le sol est notre ressource commune. Il est non renouvelable à l'échelle humaine et il se dégrade sous l'effet du climat et des actions de l'Homme.

Le Sénégal connaît un inquiétant problème de dégradation de ses sols due à une salinisation importante. Comment expliquer ce type de dégradation du sol par le sel ?

DOC. 1 Carte des régions affectées par la salinisation au Sénégal

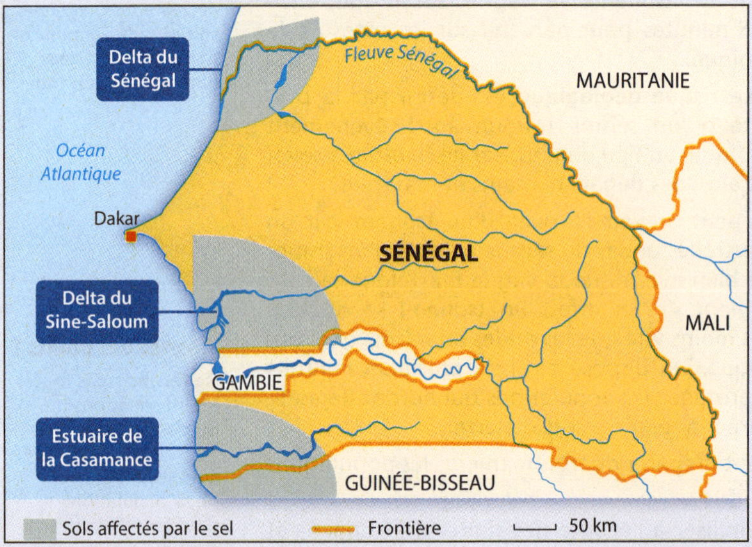

D'après Dmap.com

Les deltas et les estuaires sont des zones où des remontées d'eaux salées marines sur le continent affectent localement les sols.

1 En s'appuyant sur les données du *document 1*, préciser les zones géographiques du Sénégal où sont localisés les sols affectés par le sel.

DOC. 2 Des sols différents

Des observations de sols ont été effectuées à deux endroits différents autour du delta du Sine-Saloum.

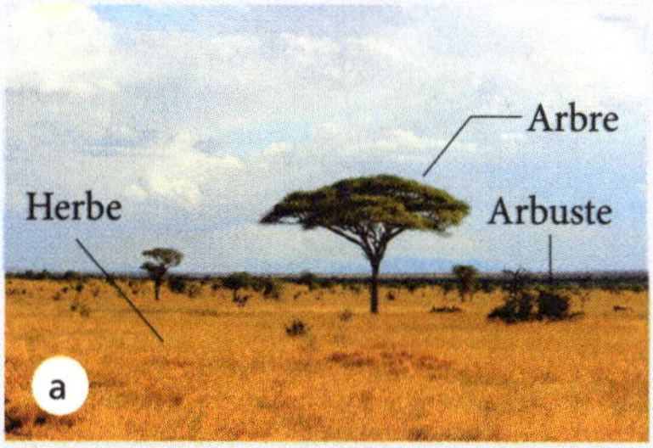

2 **a.** Décrire les paysages observés dans le *document 2* et proposer une explication à la présence de croûte de sel dans certaines zones du delta du Sine-Saloum.

b. Proposer une hypothèse pour expliquer la différence de végétation entre le paysage ⓐ et le paysage ⓑ.

DOC. 3 Effet du sel sur les plantes

Deux cultures de riz ont été réalisées au même moment sur deux milieux différents A et B. Après quelque temps, les résultats sont les suivants :

D'après https://agronomie.info

3 À l'aide du *document 3*, comparer les résultats des deux cultures de riz et conclure sur l'effet du sel sur les plantes.

DOC. 4 Des pistes pour la restauration d'un sol affecté par le sel

Pour permettre la croissance des plantes sur ces sols dégradés, de l'eau douce provenant de la pluie est utilisée afin d'éliminer l'excès de sel.

Pourcentage de réduction de sel	Volume d'eau
50 %	150 L
80 %	300 L
90 %	600 L

Cardin et al., 2007

Estimation du volume d'eau douce nécessaire pour éliminer le sel sur une surface de 1 m²

Les sols affectés par le sel peuvent être ainsi restaurés grâce à une combinaison d'irrigation (arrosage) et de drainage (évacuation d'eau en excès).

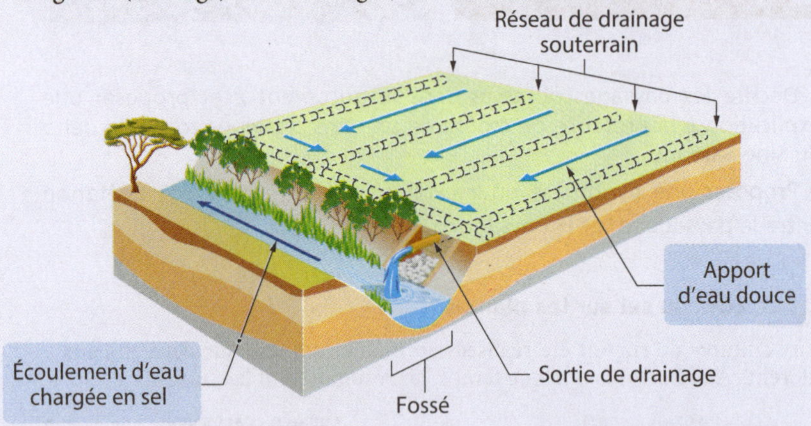

D'après www.omafra.gov.on.ca

Schéma du principe de drainage

4 Exploiter le *document 4* afin d'expliquer comment l'Homme peut résoudre le problème soulevé par l'excès de sel dans les sols sénégalais.

PAR ÉTAPES

À CONNAÎTRE

- Le sol est la **couche superficielle** de la croûte terrestre qui est à l'interface entre les roches du sous-sol et l'atmosphère.
- Le sol se **forme** par le bas, par apport des minéraux des roches, et par le haut, par dégradation de la litière.

- Le sol est le **milieu d'ancrage et de nutrition des plantes** ; il assure leur fourniture en eau et en minéraux.
- Le sol est un milieu **dynamique** : il contient de très nombreux organismes qui assurent son évolution.
- Comme tout milieu de vie, le sol subit des **influences extérieures** physiques (pluie, gel, action du Soleil) et chimiques (pollution, engrais).
- La **présence d'un sol** est **indispensable à la vie humaine** car il est nécessaire à la nutrition des cultures.

ANALYSER L'ÉNONCÉ ET LES DOCUMENTS

- Lisez attentivement le titre de cette partie du sujet, il indique clairement l'orientation choisie.
- Repérez les trois zones du Sénégal affectées par la salinisation des sols et notez bien les définitions des termes « delta » et « estuaire » formulées dans le texte qui suit la carte (*document 1*).
- Comparez les types de végétaux rencontrés dans les deux endroits autour du delta de Sine-Saloum (*document 2*).
- Identifiez ce qui est testé par l'expérience proposée, et repérez les conditions d'expériences et la présence de témoin (*document 3*).
- Lisez attentivement le titre du document, puis déterminez le processus utilisé pour dessaler un sol en utilisant le tableau, l'illustration et le texte d'accompagnement (*document 4*).

BIEN COMPRENDRE LES QUESTIONS

Question 1

Commencez par repérer la légende qui indique comment sont repérés les sols affectés par le sel, puis notez le nom complet de chaque zone en précisant s'il s'agit d'un delta ou d'un estuaire.

Question 2

a. Décrivez la couverture du sol (végétation ou non), puis mettez en relation la présence de sel avec la situation du delta.

b. Indiquez les types de végétation présents dans chaque endroit, puis reliez l'absence de végétation aux besoins en eau et en minéraux des végétaux.

Question 3

Comparez la taille, la couleur et la densité des plants de riz entre un milieu salé et un autre non salé, puis reliez ces différences à la présence de sel.

Question 4

Repérez dans l'illustration et le texte les procédés agricoles utilisés pour éliminer le sel présent dans le sol.

CORRIGÉ 2

Comprendre le corrigé

1 Les zones géographiques du Sénégal où sont localisés les sols affectés par le sel sont les **deltas du Sénégal et du Sine-Saloum**, ainsi que l'**estuaire de la Casamance**.

Méthode
Pour utiliser les données d'une carte, citez précisément tous les éléments présents.

2 **a.** Le paysage de la photo ⓐ présente une **végétation variée** où l'on trouve un sol totalement recouvert par les arbres, les arbustes et de l'herbe.

Le paysage de la photo ⓑ révèle la présence d'herbe, mais surtout un **sol dépourvu de végétation** et recouvert d'une croûte de sel. Cette croûte de sel est due à des **remontées d'eaux salées marines** sur le continent qui affectent localement le sol.

L'astuce du prof
L'explication de la présence de cette croûte de sel est présentée dans le *document 1*.

b. Les végétaux **puisent leur eau** et les sels minéraux qui les nourrissent dans le sol. On peut penser que si le sol contient trop de **sel**, cela **empêche les végétaux de s'approvisionner en eau** et/ou en sels minéraux indispensables. Dès lors, ils ne peuvent pas se développer sur un sol trop salé.

3 On **constate** que les plants de riz cultivés sur le milieu A sont moins nombreux, plus petits et décolorés par rapport à ceux cultivés sur le milieu B.

Or, on **sait** que la seule différence entre ces deux milieux est la présence de sel dans le milieu B.

On en **conclut** que le sel a un effet défavorable sur la croissance et l'état de santé des plants de riz.

Méthode
L'interprétation de résultats d'expérience est facilitée si l'on applique le schéma suivant :
Je constate…
Or, je sais que…
J'en déduis/conclus que…

4 Pour permettre la croissance des plantes sur ces sols dégradés, de l'eau douce provenant de la pluie est utilisée afin d'éliminer l'excès de sel. Il faut utiliser au moins **600 litres d'eau douce** par mètre carré pour réduire de 90 % le sel présent dans le sol.

Les techniques agricoles utilisées consistent à **irriguer** avec de l'eau douce, puis à **drainer** le sol salé pour éliminer le sel dans des fossés d'écoulement.

SUJET 3 France métropolitaine, juillet 2019 25 pts 30 min

Des bactéries au service des plantes

L'eau et les sels minéraux comme l'azote, le phosphore et le potassium sont indispensables pour satisfaire les besoins nutritifs des végétaux.

Dans ce sujet, on s'intéresse au lieu de prélèvement de l'eau et des sels minéraux au niveau d'un végétal.

DOC. 1 Organisation générale d'un végétal avec ses principaux organes

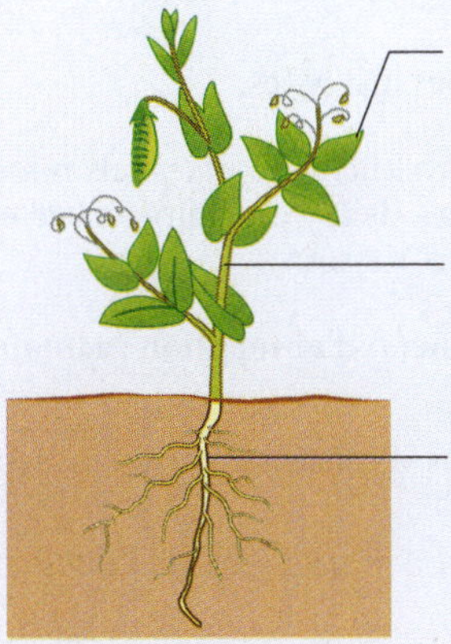

La feuille capte un maximum de lumière et prélève du dioxyde de carbone, ce qui permet de fabriquer de la matière organique (sucres) grâce à la photosynthèse.

La tige porte les feuilles. Elle est également le lieu de transport de la sève brute et de la sève élaborée.

La racine permet d'ancrer le végétal dans le sol, de prélever l'eau et les sels minéraux (azote, potassium…) et de stoker des réserves.

D'après les sites snv.jussieu.fr et svt.ac-dijon.fr/schéma

1 Relier chaque substance minérale à l'organe qui la prélève en utilisant le *document 1*.

Substances minérales	Organes du végétal
L'eau •	• La feuille
Le dioxyde de carbone •	• La tige
L'azote •	• La racine

On s'intéresse à l'absorption racinaire par la plantule.

2 À partir des *documents 2a* et *2b*, choisir parmi les trois propositions suivantes l'hypothèse testée dans l'expérience précédente.

Hypothèse 1 : la zone subéreuse absorbe l'eau et les sels minéraux.

Hypothèse 2 : la zone de croissance absorbe l'eau et les sels minéraux.

Hypothèse 3 : la zone pilifère absorbe l'eau et les sels minéraux.

DOC. 2 Expériences permettant de déterminer le lieu d'absorption de l'eau et des sels minéraux

a. Observation d'une plantule à la loupe binoculaire

La racine est constituée de trois zones distinctes.

Pour déterminer quelle(s) zone(s) de la racine absorbe(nt) l'eau et les sels minéraux, les différentes parties de la racine sont placées dans l'eau minéralisée ou dans l'huile selon l'hypothèse testée (voir le tableau ci-dessous).

b. Expérience permettant de rechercher la (les) zone(s) d'absorption racinaire

Précisions :

→ L'huile et l'eau ne se mélangent pas, il n'y a pas d'échanges entre ces deux fluides.

→ L'huile est moins dense que l'eau ; ainsi, elle se trouve au-dessus de l'eau dans le récipient.

→ L'huile ne peut pas être absorbée par la plante et n'est pas toxique.

→ L'huile ne contient ni eau ni sels minéraux.

Conditions expérimentales et résultats :

	Tube 1	Tube 2	Tube 3
Début de l'expérience	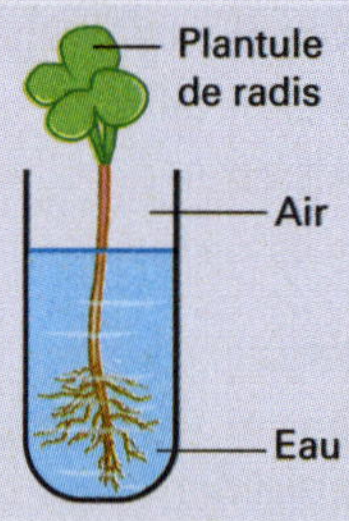	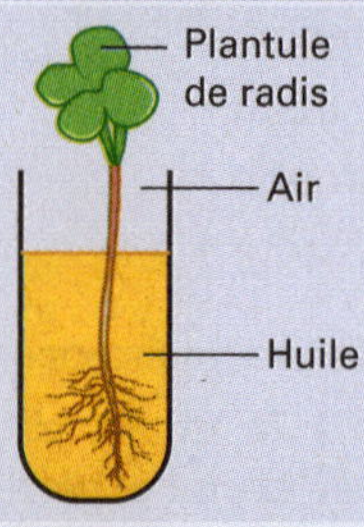	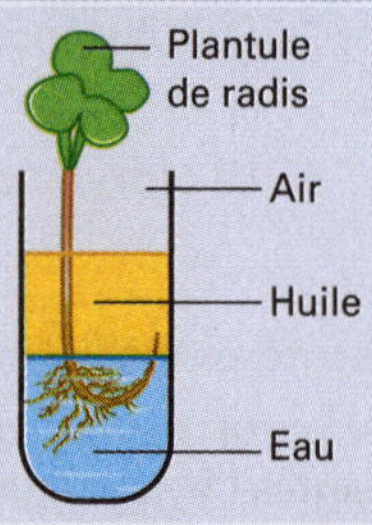
Fin de l'expérience	Le végétal vit et se développe.	Le végétal meurt au bout de quelques jours.	Le végétal vit et se développe.

3 À partir des *documents 2a* et *2b*, décrire une expérience constituée de plusieurs tubes qui permet de tester l'hypothèse suivante :

« La zone de croissance est aussi une zone d'absorption d'eau et de sels minéraux. »

Vous pouvez répondre sous la forme d'un texte ou d'un schéma.

On s'intéresse maintenant à l'absorption de l'azote par les végétaux et à l'amélioration de la production des cultures. L'azote est indispensable pour la croissance des végétaux.

DOC. 3 Présentation de deux pratiques agricoles pour satisfaire les besoins d'une plante non légumineuse (céréale comme le blé) en azote

• Pratique agricole n° 1 : ajout d'engrais chimique azoté

De l'engrais chimique azoté peut être apporté chaque année dans les cultures de céréales. Quand l'apport est trop important, le surplus, qui n'est pas absorbé par le végétal, se retrouve dans les cours d'eau, ce qui peut perturber les écosystèmes et engendrer des pollutions.

Culture du blé

• Pratique agricole n° 2 : utilisation des bactéries *Rhizobium*

Une alternative à l'ajout d'engrais consiste à cultiver des légumineuses l'année qui précède la culture de céréales. En effet, la racine de légumineuses (pois chiche, luzerne, etc.) possède des structures sphériques, appelées nodosités, qui renferment des bactéries du genre *Rhizobium*.

Ces bactéries, présentes naturellement dans le sol, sont capables de capter l'azote atmosphérique présent dans les poches d'air du sol et de le transformer en azote utilisable par les végétaux. Après la récolte des légumineuses, il reste dans le sol des feuilles, des racines et des nodosités riches en azote. Les céréales nouvellement cultivées utilisent l'azote issu de ces restes de cultures de légumineuses.

4 À partir des *documents 3* (ci-avant) et *4* (ci-après), comparer les deux pratiques agricoles utilisées pour améliorer la production des cultures.

Pour répondre, rédiger un paragraphe. Des valeurs chiffrées sont attendues.

DOC. 4 Cultures de pois chiche (légumineuse) dans trois conditions culturales différentes

La matière sèche produite par la plante permet d'évaluer la production de pois chiche.

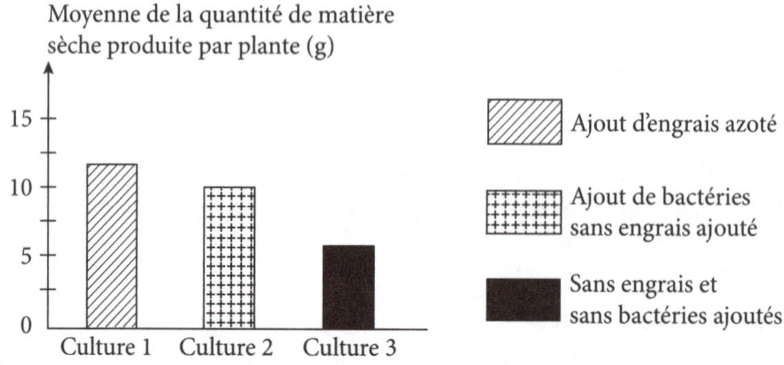

Graphique montrant la quantité de matière sèche produite par le pois chiche dans trois conditions de cultures différentes

Culture de pois chiches

PAR ÉTAPES

À CONNAÎTRE

- Les végétaux chlorophylliens se **nourrissent de matières minérales** : eau, dioxyde de carbone et sels minéraux présents dans l'eau.
- Les **feuilles** sont les organes responsables de l'**absorption du dioxyde de carbone** de l'atmosphère. Les **racines** sont responsables de l'**absorption de l'eau et des sels minéraux** qu'elle contient.
- En **agriculture**, les Hommes apportent des **engrais** aux végétaux cultivés : ce sont des sels minéraux, essentiellement sources d'**azote** (N), de **phosphore** (P) et de **potassium** (K).

ANALYSER L'ÉNONCÉ ET LES DOCUMENTS

- Lisez attentivement les informations du *document 1*, car il récapitule les connaissances que vous devez maîtriser à propos du sujet.
- Repérez la différence entre les zones de croissance et subéreuse et la zone pilifère de la jeune racine (*document 2a*).
- Identifiez précisément les zones de la racine immergées dans l'eau ou dans l'huile dans les expériences (*document 2b*).
- Comparez la manière dont l'azote est apporté aux végétaux dans les deux pratiques agricoles (*document 3*).
- Relevez les valeurs de matières sèches du graphique, car elles indiquent comment les végétaux ont grandi (*document 4*).

BIEN COMPRENDRE LES QUESTIONS

Question 1

Soulignez le verbe « prélever » dans le *document 1* pour bien repérer ce que chaque organe absorbe comme matière minérale.

Question 2

Utilisez les résultats des expériences pour rejeter les hypothèses l'une après l'autre et conservez celle qui « résiste ».

Question 3

Proposez une expérience dans laquelle seule la zone de croissance trempe dans l'eau.

Question 4

Repérez le rôle des bactéries *Rhizobium* dans l'apport d'azote et leur effet sur la croissance du pois chiche.

CORRIGÉ 3

1

Substances minérales — **Organes du végétal**

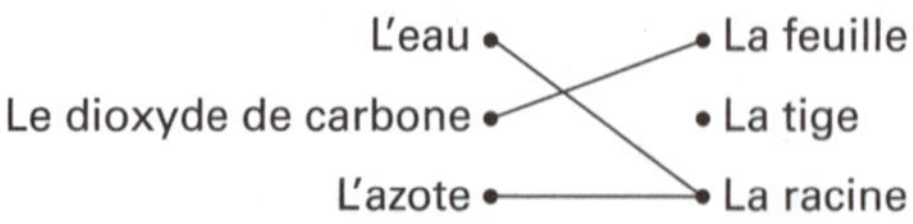

2 On retient l'**hypothèse 3** : la **zone pilifère** absorbe l'eau et les sels minéraux.

3 Deux formes de réponse sont possibles :

– par un schéma légendé (voir ci-contre) ;

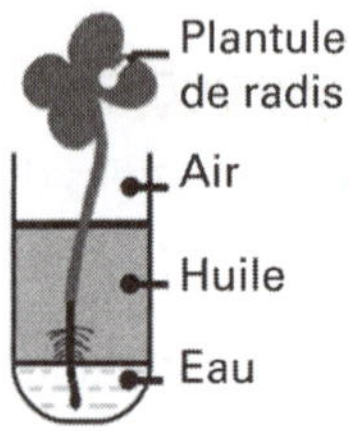

– par un texte : on place une plantule de radis dans un tube contenant de l'eau surmontée par une couche d'huile. On **immerge** la plantule de manière à ce que la **zone de croissance** soit **dans l'eau** et que les **zones subéreuse et pilifère** soient **dans l'huile**.

4 On constate que la production de matière sèche par le pois chiche est meilleure avec ajout d'**engrais (12 g par plante)** qu'avec ajout de **bactéries (10 g par plante)**. Dans ces deux cas, la production de matière est bien meilleure que celle obtenue **sans engrais, ni bactéries** (environ **5 g par plante**).

Cependant, on sait que le **surplus d'engrais azoté** n'est pas absorbé par les plantes et **se retrouve dans les cours d'eau** qui deviennent **pollués**. Dans le cas de l'utilisation des bactéries, l'**azote** de l'air est **fixé dans le sol** et il est utilisé totalement par les plantes ; il ne se retrouve pas dans les cours d'eau.

Par conséquent, l'utilisation des bactéries est **écologiquement** plus **responsable** que l'utilisation des engrais, même si la production de matière végétale est un peu plus faible.

Comprendre le corrigé

L'astuce du prof

Un organe peut prélever plusieurs substances minérales en même temps.

Vocabulaire

Pilifère signifie « qui porte des poils », en l'occurrence des poils absorbants.

Gagnez des points !

Quelle que soit la forme de la réponse, précisez bien où se situe chaque partie de la racine.

L'astuce du prof

Comparez deux pratiques agricoles en examinant les bénéfices pour la production des cultures, mais aussi pour l'environnement.

SUJET 4 Centres étrangers, juin 2019 **25 pts** 30 min

Le défi des biocarburants

Le mercredi 6 septembre 2017, le ministre de la Transition écologique et solidaire a présenté en conseil des ministres le projet de loi mettant fin à la recherche ainsi qu'à l'exploitation des hydrocarbures. La production de carburants à partir de végétaux (appelés biocarburants) est donc désormais l'un des enjeux du XXIe siècle. On se propose d'étudier quelques aspects de cette production d'avenir.

DOC. 1 L'algue *Haematococcus pluvialis*

a. Observation microscopique

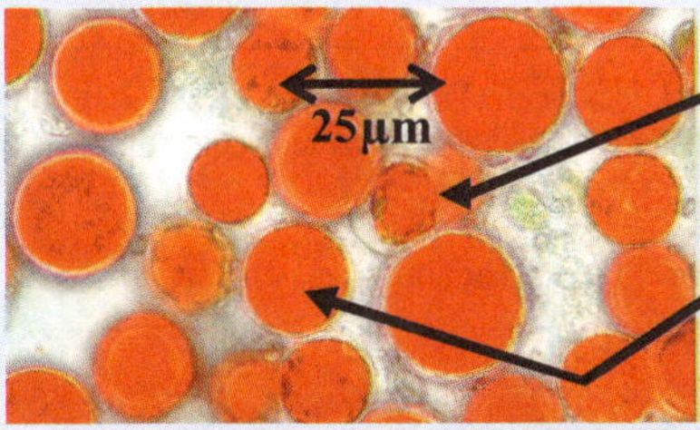

Site internet du Muséum national d'histoire naturelle

b. Système de culture

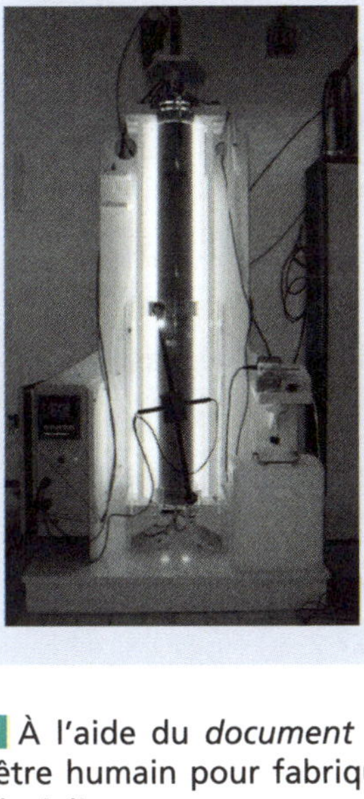

Pour pouvoir cultiver *Haematococcus pluvialis*, il faut utiliser un dispositif comme celui qui est photographié ci-contre afin d'obtenir une production d'huile nécessaire à la synthèse de biocarburants.

Ce dispositif permet de contrôler les différents facteurs permettant la croissance rapide d'*Haematococcus pluvialis* :

- la lumière ;
- le CO_2 dissous dans l'eau de mer ;
- la température ;
- l'agitation du milieu.

D'après *Journal de la Société de Biologie*, 202 (3), 201-211 (2008), « La production de biocarburant lipidique avec des microalgues : promesses et défis »

1 À l'aide du *document 1*, identifier la substance qui est exploitée par l'être humain pour fabriquer des biocarburants à partir d'*Haematococcus pluvialis.*

DOC. 2 Productivité en huile obtenue à partir de différentes cultures agricoles alimentaires (colza, tournesol) et d'algues

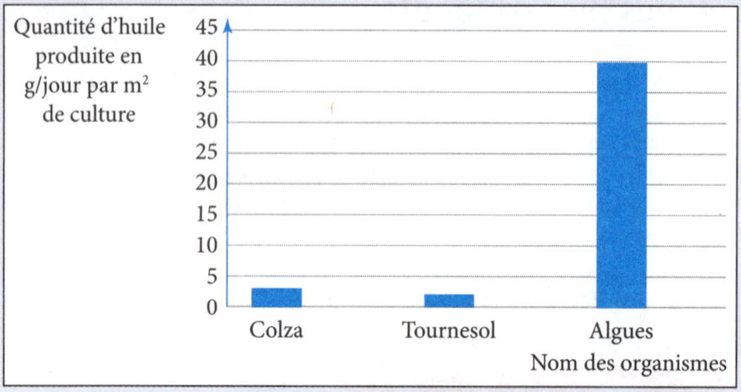

D'après *Journal de la Société de Biologie*, 202 (3), 201-211 (2008), « La production de biocarburant lipidique avec des microalgues : promesses et défis »

2 À partir du *document 2*, comparer la productivité des différentes cultures, en vous appuyant sur des valeurs chiffrées.

DOC. 3 Différentes générations de biocarburants

Au cours des dernières années, on a successivement obtenu plusieurs générations de biocarburants, en utilisant de la matière d'origine variée.

Type de biocarburant	Première génération	Dernière génération
Origine de la matière	Production agricole alimentaire (blé, maïs, colza, tournesol…)	Algues
Partie du végétal utilisée	Essentiellement les graines	Toute l'algue

D'après Rapport du sénat « Le défi alimentaire à l'horizon 2050 », 2011-2012

DOC. 4 Tableau comparant les pourcentages de surfaces nécessaires pour produire les deux types de biocarburants

Génération de biocarburant	Pourcentage de la surface agricole nécessaire à la production de 10 % des besoins en carburant
Première génération	72
Dernière génération	4,2

3 À partir des *documents 3* et *4*, expliquer l'intérêt de la dernière génération de biocarburants. Justifier avec des valeurs chiffrées.

PAR ÉTAPES

À CONNAÎTRE

- Un **biocarburant** est un carburant produit à partir d'organismes vivants (végétaux, bactéries...).
- Les cellules vivantes produisent des molécules, notamment des **lipides**, utilisables pour produire des biocarburants.
- La culture de **plantes** pour la production des **biocarburants** et la culture de **plantes alimentaires** sont en concurrence pour l'utilisation des **surfaces agricoles cultivées**.

ANALYSER L'ÉNONCÉ ET LES DOCUMENTS

- Faites le point au brouillon sur ce que vous savez à propos du sujet : les biocarburants produits à partir des plantes.
- Repérez les aspects originaux de la culture d'algues par rapport à une culture classique de plantes (*document 1*).
- Identifiez l'unité de productivité des végétaux utilisée dans le graphique (*document 2*).
- Listez les caractéristiques utilisées pour comparer les biocarburants issus de l'algue *Haematococcus pluvialis* avec les biocarburants issus des plantes alimentaires (*document 3*).

BIEN COMPRENDRE LES QUESTIONS

Question 1

Recherchez dans le *document 1* (parties *a* et *b*) des termes équivalents au mot fabrication : production, synthèse, etc.

Question 2

Citez des valeurs de quantité d'huile produite par chaque culture pour établir votre comparaison.

Question 3

Comparez les caractéristiques des biocarburants de première et de dernière génération dans chaque domaine proposé par les *documents 3* et *4*.

CORRIGÉ 4

Comprendre le corrigé

1 Dans la photographie des cellules de l'algue, on constate la présence d'une **zone qui produit de l'huile** (partie a du *document 1*). On constate également que le dispositif qui permet la **synthèse du biocarburant** (partie b du *document 1*) repose sur la production d'huile.

Donc, la substance exploitée par l'être humain est de l'huile contenue dans les bactéries *Haematococcus pluvialis*.

2 La quantité d'huile produite par le colza ou le tournesol est **inférieure à 5 g/jour/m²** de culture.

La quantité d'huile produite par les algues est **égale à 40 g/jour/m²** de culture.

Donc, la productivité des algues **est 8 fois plus forte** que celle des autres cultures.

3 La deuxième génération de biocarburants présente un intérêt car :

– elle **n'utilise pas des plantes alimentaires** (ce sont des algues) ;

– **tout le végétal est utilisé** (pas seulement les graines) ;

– elle **nécessite une surface agricole plus faible** que la première génération pour produire la même quantité de biocarburants : **seulement 4,5 % de la surface agricole** suffirait pour produire 10 % des besoins en carburants, alors qu'il faudrait y consacrer 72 % des surfaces agricoles avec les carburants de première génération.

L'astuce du prof

Citez une information extraite de chaque partie du *document 1* (*a* et *b*).

Piège à éviter

Juxtaposer des données ne suffit pas. Indiquez des rapports entre les données pour les comparer.

Gagnez des points !

La deuxième génération de biocarburants présente un intérêt pour plusieurs raisons.

SUJET 5 Amérique du Nord, juin 2021 — 25 pts — 30 min

La procréation médicalement assistée

Madame X ne prend plus de moyen de contraception depuis deux ans, mais ne parvient pas à avoir d'enfant. Elle et son conjoint décident de consulter une équipe médicale spécialisée. Les examens montrent que le conjoint de Madame X ne présente pas d'anomalie de fertilité.

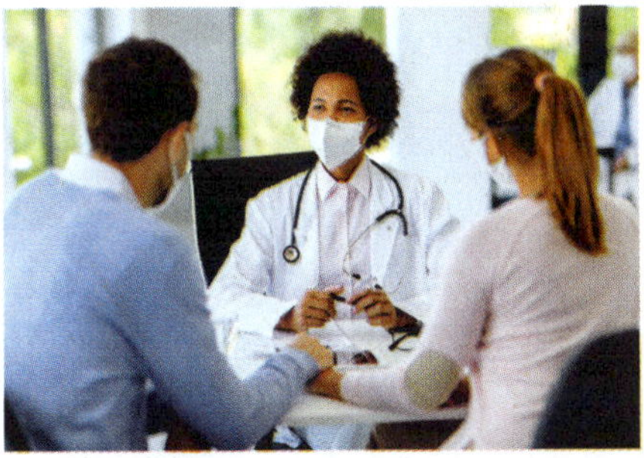

DOC. 1 Le taux de fertilité féminin selon les tranches d'âges

La fertilité désigne la capacité pour un individu à se reproduire et obtenir une descendance viable. On parle d'infertilité en cas de difficulté à avoir un enfant. Ce serait peut-être le cas de Madame X qui a 42 ans.

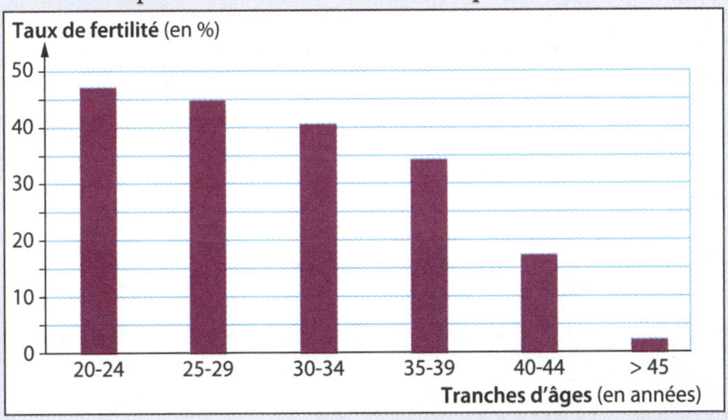

D'après New England Journal of Medecine, 2004.

1 En utilisant des données chiffrées significatives (*document 1*), décrire l'évolution du taux de fertilité féminin en fonction de l'âge et déterminer le taux de fertilité de Madame X.

2 À l'aide du *document 2* ci-après et de vos connaissances, expliquer l'origine de l'infertilité de Madame X.

DOC. 2 Examen radiographique de l'appareil reproducteur féminin

L'hystérographie est un examen qui permet de visualiser l'utérus et les trompes de Fallope grâce à un produit injecté dans l'utérus *via* une sonde. Le produit va se diffuser à partir de l'utérus jusqu'aux ovaires, en passant par les trompes.

Lorsque les trompes sont « bouchées », le produit utilisé lors de l'examen n'arrive pas jusqu'aux ovaires. Dans ce cas, les trompes et les ovaires ne sont pas visibles sur l'hystérographie.

Les images ci-dessous sont les hystérographies d'une femme fertile (à gauche) et de la patiente, madame X (à droite).

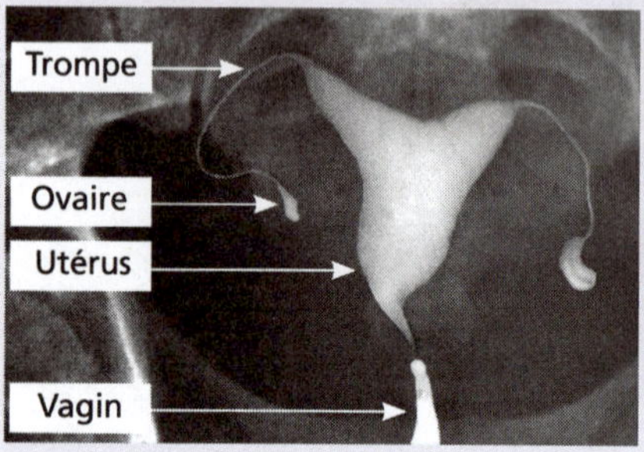

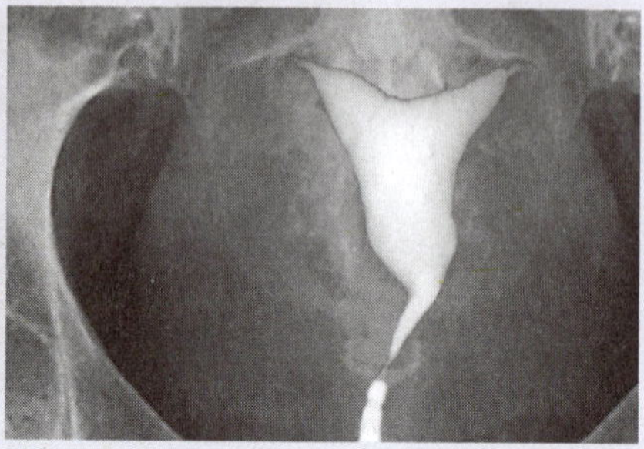

DOC. 3 Définition : qu'est-ce que la PMA ?

La procréation médicalement assistée (PMA) consiste à manipuler un ovule et/ou un spermatozoïde pour favoriser l'obtention d'une grossesse. Elle permet de résoudre certaines difficultés à concevoir, sans nécessairement traiter la cause de l'infertilité.

L'une des techniques de PMA est l'insémination artificielle (schéma ci-contre) qui consiste à introduire artificiellement le sperme du conjoint ou d'un donneur au niveau du col de l'utérus ou dans la cavité utérine de la femme pour aboutir à la fécondation d'un ovule.

Une autre technique de PMA est la fécondation *in vitro* (FIV, schéma ci-après) qui consiste à recueillir ovules et spermatozoïdes, à procéder à une fécondation artificielle pour ensuite introduire le(s) embryon(s) obtenu(s) dans l'utérus de la femme.

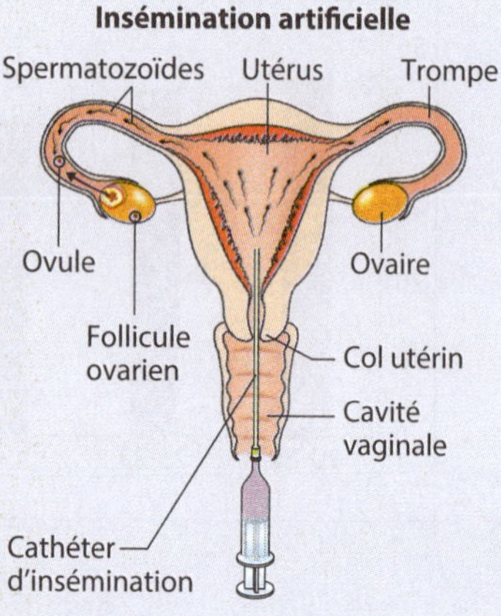

En 2015 en France, 3,1 % des enfants sont nés grâce à une PMA, soit une naissance sur 32 environ. La recherche vise à améliorer les techniques utilisées, de manière à augmenter les chances de succès de grossesse.

Fécondation *in vitro* (FIV)

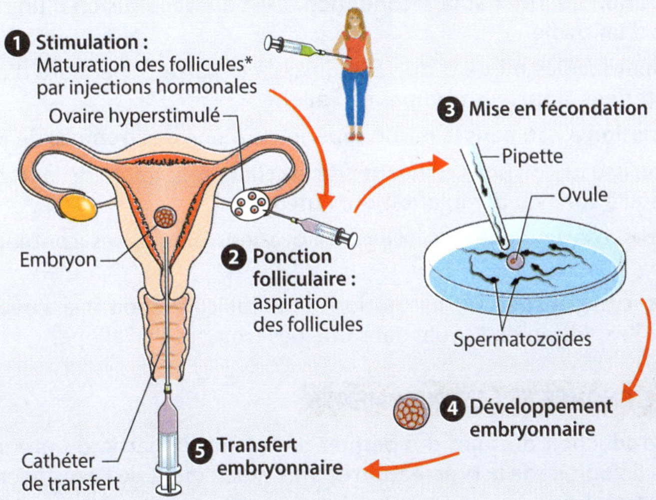

3 D'après le *document 3*, indiquer la bonne réponse pour chaque proposition.

a. Lors d'une insémination artificielle, la fécondation, c'est-à-dire la rencontre entre le spermatozoïde et l'ovule, a lieu :

- ☐ dans l'utérus.
- ☐ au niveau des trompes, proche de l'ovaire.
- ☐ à l'extérieur de l'organisme féminin.

b. Lors d'une fécondation *in vitro*, l'embryon obtenu est ensuite placé :

- ☐ dans l'utérus.
- ☐ dans l'ovaire.
- ☐ dans les trompes.

c. Lors d'une fécondation *in vitro*, la fécondation a lieu :

- ☐ dans l'utérus.
- ☐ dans l'ovaire.
- ☐ à l'extérieur de l'organisme féminin.

d. En 2015, le pourcentage d'enfants nés en France grâce à la PMA est de :

☐ 0,31 %. ☐ 3,1 %. ☐ 31 %.

4 À l'aide *des documents*, proposer, parmi les deux techniques de PMA, celle qui permettrait à Madame X d'avoir un enfant. Justifier le raisonnement.

PAR ÉTAPES

À CONNAÎTRE

- La **procréation** débute par la **fécondation**, c'est-à-dire la **fusion d'un spermatozoïde et d'un ovule**.
- **Les spermatozoïdes migrent** du vagin jusqu'à la partie supérieure d'une des trompes utérines, appelées trompes de Fallope.
- La **fécondation** a lieu dans la partie supérieure d'une des **trompes de Fallope**.
- **L'embryon** issu des divisons cellulaires de la **cellule-œuf** migre de la trompe de Fallope jusqu'à son lieu d'implantation, l'**utérus**.
- Les **ovaires** contiennent des follicules ovariens, structures contenant les **ovules**.
- À chaque **cycle sexuel**, la maturation d'un follicule aboutit à l'**ovulation**, c'est-à-dire l'expulsion de l'ovule dans une des trompes de Fallope.

ANALYSER L'ÉNONCÉ ET LES DOCUMENTS

- Lisez l'introduction du sujet qui permet de repérer la partie du programme concernée. Il s'agit ici de la procréation et plus exactement de l'assistance médicale à la procréation.
- Repérez les définitions des termes fertilité et infertilité. Le terme stérilité n'est pas utilisé car il correspond à l'impossibilité d'avoir un enfant. Le taux de fertilité désigne la probabilité de grossesse lorsque les rapports sexuels ont lieu pendant la période favorable du cycle sexuel chez la femme (*document 1*).
- Représentez-vous mentalement le trajet du produit injecté dans l'utérus pour vous rappeler l'anatomie de l'appareil génital chez la femme (*document 2*).
- Lisez attentivement le texte et les légendes des schémas et soulignez (ou surlignez) avec la même couleur les éléments du texte correspondant à des légendes des schémas. Le but est de bien différencier les deux techniques présentées : lieu de la fécondation et nature de ce qui est introduit dans l'utérus avec le cathéter (*document 3*).

BIEN COMPRENDRE LES QUESTIONS

Question 1

Commencez par décrire la tendance générale de l'évolution du taux de fertilité, puis citez des valeurs précises extraites du graphique pour montrer cette tendance. Enfin, relevez la valeur du taux de fertilité de Madame X dont l'âge est situé entre 40 et 44 ans (utilisez une règle).

Question 2

Comparez les voies génitales visibles sur les deux hystérographies et légendez les voies génitales visibles sur celle de Madame X. Ensuite, cherchez des indices dans le texte pour interpréter les différences entre l'hystérographie d'une femme fertile et celle de Madame X pour expliquer son infertilité.

Question 3

Pour chaque proposition, examinez attentivement les éléments du texte ou des schémas du *document 3* car ils contiennent la réponse correcte.

Question 4

Rappelez la cause de l'infertilité de Madame X et choisissez la technique qui permet de contourner cette cause. Justifiez votre choix en montrant que la technique d'assistance médicale à la procréation proposée permettra à Madame X d'avoir un enfant malgré la cause anatomique de son infertilité.

CORRIGÉ 5

Comprendre le corrigé

1 Le taux de fertilité féminin diminue en fonction de l'âge, en passant de presque 50 % pour une femme de 20-24 ans à moins de 5 % pour une femme de plus de 45 ans. Ainsi, plus une femme est âgée, moins elle est fertile. Madame X, qui a 42 ans, a un **taux de fertilité voisin de 17,5 %**.

> **Méthode**
> Les valeurs significatives extraites du graphique sont les valeurs extrêmes et illustrent la tendance.

2 L'hystérographie d'une femme fertile révèle la continuité des voies génitales (vagin, utérus et trompes de Fallope) jusqu'aux ovaires. Sur l'hystérographie de Madame X, les ovaires et les trompes ne sont pas visibles. On peut donc supposer que **les trompes sont bouchées**. Or, on sait que les spermatozoïdes doivent franchir l'utérus et atteindre la partie supérieure des trompes pour qu'une fécondation ait lieu. De même, après la fécondation et quelques divisions cellulaires, l'embryon migre depuis les trompes jusqu'à l'utérus. Ainsi, les trompes bouchées empêchent ces deux déplacements (spermatozoïdes puis embryon) et expliquent l'infertilité de Madame X.

> **L'astuce du prof**
> Ce n'est parce qu'on ne voit pas les trompes qu'elles sont absentes. Cela indique seulement que le produit opaque aux rayons X n'a pas pu aller plus loin.

3 **a.** Lors d'une insémination artificielle, la fécondation, c'est-à-dire la rencontre entre le spermatozoïde et l'ovule a lieu **au niveau des trompes, près de l'ovaire**.

> **Méthode**
> L'énoncé demande parfois de cocher des cases : dans ce cas, ne cochez qu'une seule réponse nettement et sans rature.

b. Lors d'une fécondation *in vitro*, l'embryon obtenu est ensuite **placé dans l'utérus**.

c. Lors d'une fécondation *in vitro*, la fécondation a lieu **à l'extérieur de l'organisme féminin**.

d. En 2015, le pourcentage d'enfants nés en France grâce à la PMA est de **3,1 %.**

4 La technique d'**insémination artificielle** consiste à déposer des spermatozoïdes directement dans la cavité utérine, mais comme les trompes de Madame X sont bouchées, les spermatozoïdes ne pourront pas atteindre l'ovule ; donc **cette technique n'est pas appropriée pour ce cas**.

En revanche, dans la technique de **fécondation *in vitro***, la fécondation est réalisée à l'extérieur du corps de la femme et elle est suivie d'un transfert de l'embryon dans l'utérus maternel. Dans ce cas, **la technique est parfaitement indiquée**, car les trompes ne sont pas nécessaires pour obtenir un nouvel individu.

L'astuce du prof

Le nom complet de la FIV est **FIVETE** : fécondation *in vitro* et transfert d'embryons. C'est-à-dire que la fécondation et le début du développement embryonnaire ont lieu en dehors du corps de la femme.

SUJET 6 Asie, juin 2019

25 pts **30 min**

L'implant contraceptif

Un jeune couple ne souhaite pas d'enfant dans l'immédiat. Il consulte un médecin qui lui présente les différentes méthodes contraceptives. Le couple fait le choix d'utiliser l'implant contraceptif qui agit sur les quantités d'hormones sexuelles de la femme.

DOC. 1 Une communication hormonale entre le cerveau et les ovaires

Différentes hormones entraînent des modifications au sein du système reproducteur féminin en vue d'une éventuelle fécondation.

Des glandes situées à la base du cerveau fabriquent puis libèrent des hormones cérébrales qui vont agir sur les ovaires.

Ces derniers vont alors produire des hormones ovariennes qui provoqueront l'ovulation (émission d'un ovule par l'ovaire).

D'après www.passeportsante.net/fr/grossesse

1 À partir du *document 1*, compléter le schéma fonctionnel ci-dessous, montrant comment la communication entre le cerveau et les ovaires permet le contrôle de l'ovulation.

Titre : ....

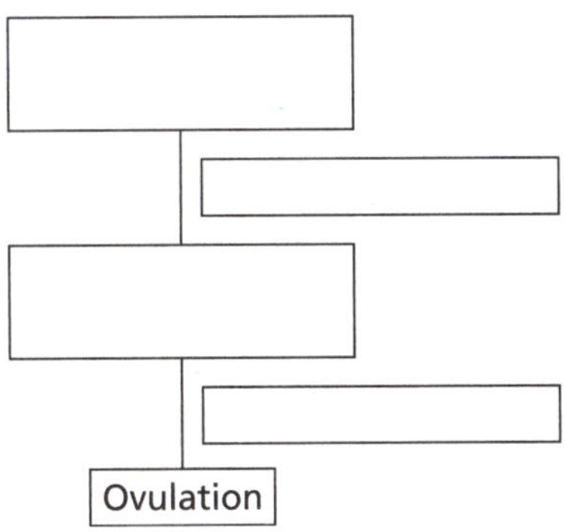

2 **a.** À l'aide de ses connaissances, rappeler ce qu'est la contraception.

b. À l'aide de ses connaissances, citer trois moyens de contraception.

MÉTHODE
SUJETS PAS À PAS
SUJETS COMME À L'EXAMEN

DOC. 2 L'implant contraceptif

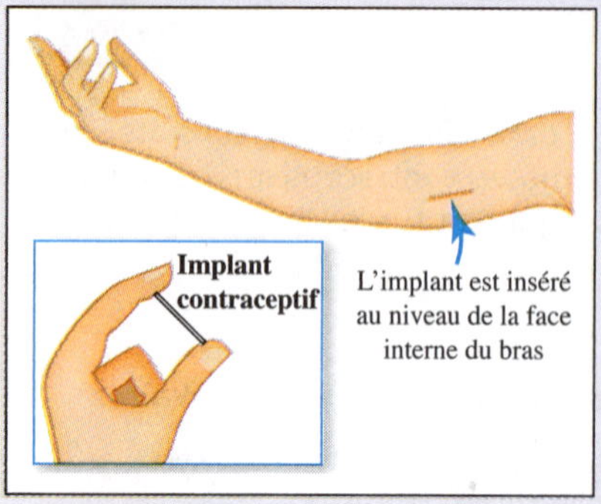

L'implant contraceptif se présente sous la forme d'un bâtonnet souple de 4 cm de longueur et 2 mm de diamètre. Inséré au niveau du bras, il libère de manière continue pendant trois ans une hormone de synthèse (hormone fabriquée en laboratoire).

D'après http//:agence-prd.ansm.sante.fr et http//:www.choisirsacontraception.fr

3 Cocher la bonne réponse pour chaque proposition.

a. Le graphique du *document 3a* représente l'évolution de la concentration sanguine :

- ☐ d'une hormone cérébrale au cours d'un cycle, avec un implant contraceptif.
- ☐ d'une hormone ovarienne au cours d'un cycle, avec un implant contraceptif.
- ☐ d'une hormone cérébrale au cours d'un cycle, sans implant contraceptif.
- ☐ d'une hormone ovarienne au cours d'un cycle, sans implant contraceptif.

b. D'après le *document 3a*, le pic de concentration des hormones cérébrales a lieu le :

- ☐ 10e jour du cycle.
- ☐ 14e jour du cycle.
- ☐ 20e jour du cycle.

c. D'après les *documents 3a* et *3b*, on peut conclure que :

- ☐ l'ovulation a lieu juste avant un pic de l'hormone LH.
- ☐ l'implant contraceptif permet un pic de l'hormone LH au 14e jour du cycle.
- ☐ il n'y a pas d'ovulation s'il n'y a pas de pic de l'hormone LH juste avant.

d. D'après les *documents 3a* et *3b*, la présence d'un implant :

- ☐ favorise l'ovulation.
- ☐ n'a pas d'effet sur l'ovulation.
- ☐ empêche l'ovulation.

4 À l'aide de l'ensemble des documents et de ses connaissances, expliquer comment l'implant contraceptif empêche une fécondation, et donc une grossesse.

DOC. 3 Le mode d'action de l'implant contraceptif

La LH est une des hormones produites par le cerveau. On a étudié les concentrations sanguines de cette hormone cérébrale chez des femmes avec et sans implant contraceptif. Les résultats sont présentés ci-dessous.

a. Évolution de la concentration sanguine d'une hormone cérébrale au cours d'un cycle sans implant contraceptif

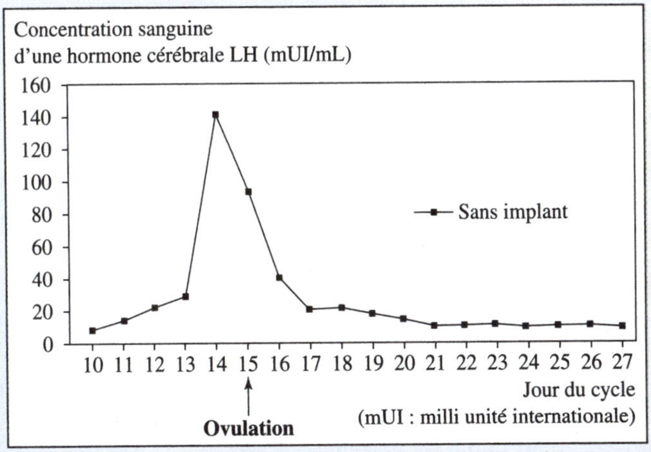

b. Évolution de la concentration sanguine d'une hormone cérébrale au cours d'un cycle avec implant contraceptif

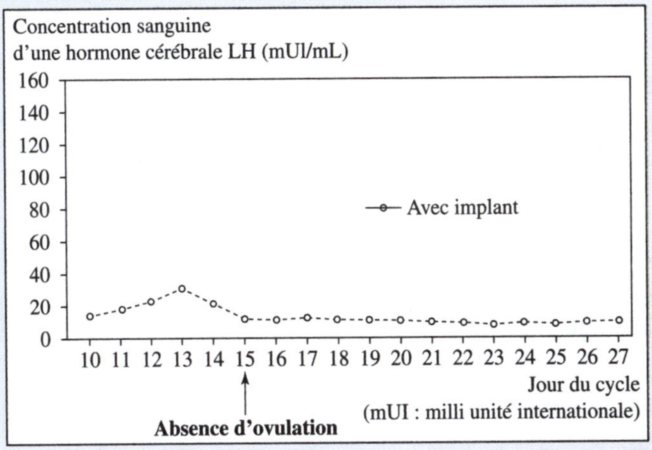

Source : Alvarez F., Brache V., Tejada AS., et al : Abnormal endocrine profile among women with confirmed or presumed ovulation during long-term Norplant use. Contraception 33:111, 1986.

Remarque : on appelle pic d'hormone une augmentation importante rapide et brève de la concentration hormonale.

PAR ÉTAPES

À CONNAÎTRE

- La **contraception** désigne l'ensemble des **méthodes** dont le but est d'**empêcher** la **fécondation** et/ou l'**implantation de l'embryon** et donc d'**éviter une grossesse**.
- Les **ovaires** produisent et libèrent des **hormones** qui provoquent indirectement l'**ovulation**. Une **hormone** est une substance produite et libérée dans le **sang** par une glande et qui a une action sur des **organes cibles**.
- Des **glandes** situées à la base du cerveau (**hypothalamus** et **hypophyse**) produisent et libèrent des hormones qui **contrôlent l'activité des ovaires**.
- L'**hypophyse** produit et libère un pic de concentration d'hormone **(LH)** qui provoque l'ovulation **24 heures plus tard**.

ANALYSER L'ÉNONCÉ ET LES DOCUMENTS

- Lisez l'ensemble des documents et des questions avant de répondre à la question **1** afin de mesurer l'étendue du sujet et sa progression.
- Repérez dans le texte les glandes et les hormones qu'elles produisent (*document 1*).
- Identifiez le type de contraception illustré : mécanique ou chimique (*document 2*).
- Comparez l'évolution des concentrations de LH avec et sans implant contraceptif, et repérez la conséquence sur l'ovulation (*document 3*).

BIEN COMPRENDRE LES QUESTIONS

Question 1

Complétez les cadres reliés entre eux avec le nom des glandes et les autres cadres avec le nom des hormones.

Question 2

a. Précisez comment la contraception permet d'éviter une grossesse.

b. Indiquez seulement le nom précis de trois moyens de contraception sans détailler leur mode d'action.

Question 3

Procédez par élimination pour ne conserver que la bonne proposition.

Question 4

Rédigez une explication en citant au moins un élément extrait de chaque document et en mettant ces éléments en relation entre eux et avec vos connaissances.

CORRIGÉ 6

Comprendre le corrigé

1 Communication entre cerveau et ovaires

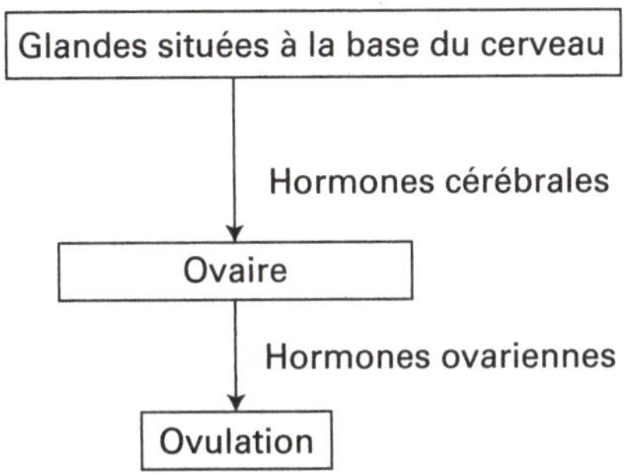

L'astuce du prof

Recopiez des extraits précis du texte de référence pour compléter le schéma.

Remarque

Ce schéma est cohérent avec le texte du doc. 1 mais pas d'un point de vue biologique, car ce sont bien les hormones hypophysaires qui contrôlent l'ovulation.

2 a. La contraception est l'**ensemble des moyens utilisés volontairement par un couple pour éviter une grossesse lors d'un rapport sexuel**. Il peut s'agir de moyens mécaniques ou chimiques qui empêchent la fécondation et/ou l'implantation de l'embryon.

Vocabulaire

« Contraception » vient des mots « contre » et « conception » (conception d'un enfant). C'est un mot-valise.

b. Le **préservatif** (masculin ou féminin), la **pilule contraceptive** et le **dispositif intra-utérin** sont des moyens de contraception.

Gagnez des points !

Évitez de citer l'implant contraceptif mentionné dans un des documents.

3 a. Le graphique du *document 3a* représente l'évolution de la concentration sanguine d'une **hormone cérébrale** au cours d'un cycle **sans implant contraceptif**.

b. D'après le *document 3a*, le pic de concentration des hormones cérébrales a lieu **le 14e jour** du cycle.

c. et **d.** D'après les *documents 3a* et *3b*, on peut conclure qu'il n'y a **pas d'ovulation s'il n'y a pas de pic de l'hormone LH juste avant** et que la présence d'un implant **empêche l'ovulation**.

4 L'implant contraceptif contient une **hormone de synthèse** (*document 2*) qui se diffuse dans le corps de la femme grâce au sang. En présence de cet implant, les glandes situées à la base du cerveau **modifient leur activité**. Or, on sait que les hormones cérébrales **contrôlent l'activité des ovaires** (*document 1*).

On constate, en outre, que **la présence de l'implant** entraîne **l'absence de pic** de concentration de l'hormone LH et que cette **absence de pic** provoque une **absence d'ovulation** (*document 3*). Or, on sait que **sans ovulation**, il n'y a **pas de fécondation possible** et donc **pas de grossesse**.

L'astuce du prof

Distinguez bien ce qui vient des documents (par exemple en les citant entre parenthèses) et ce qui vient de vos connaissances (par exemple en le soulignant en couleur).

SUJET 7 Amérique du Nord, juin 2017

25 pts 30 min

Le syndrome de Klinefelter

Le syndrome de Klinefelter est une anomalie chromosomique caractérisée par un caryotype comprenant 47 chromosomes, dont 3 chromosomes sexuels XXY.

DOC. 1 Le syndrome de Klinefelter

Ce syndrome affecte en particulier le développement physique d'individus de sexe masculin. Les individus atteints ont généralement des petits testicules qui ne produisent pas autant de testostérone que la normale […]

La testostérone est l'hormone qui est impliquée dans le développement sexuel masculin avant la naissance. Pendant la puberté, elle intervient également en moyenne entre 10 et 18 ans chez les garçons. Le manque de testostérone chez les individus atteints va conduire à une puberté tardive et anormale. Chez eux, le développement des seins, la réduction des poils du visage et du corps seront associés à une incapacité à avoir des enfants (infertilité) […].

D'après https://www.nlm.nih.gov/U.S. National Library of Medicine.

1 À partir du *document 1*, cocher pour chaque phrase la proposition exacte.

a. Le syndrome de Klinefelter :

- ☐ trouve son origine dans une infection bactérienne.
- ☐ est dû à la présence d'un chromosome sexuel supplémentaire.
- ☐ est dû à l'absence totale de testicules.

b. La puberté :

- ☐ est anormale chez le garçon atteint du syndrome de Klinefelter.
- ☐ intervient avant 6 ans chez l'enfant atteint du syndrome de Klinefelter.
- ☐ ne s'accompagne pas de modification physique.

c. Un manque de testostérone peut conduire à :

- ☐ un développement des poils chez une fille.
- ☐ l'apparition de seins chez le garçon.
- ☐ une puberté avant l'âge de 5 ans.

2 En s'appuyant sur des données chiffrées du *document 2*, comparer l'évolution du taux de testostérone dans le sang, chez un individu atteint du syndrome de Klinefelter et chez un individu non atteint, au cours de la puberté.

DOC. 2 Évolution du taux de testostérone dans le sang en fonction de l'âge chez le garçon et l'adolescent (entre 5 et 18 ans)

Âge en années	Taux moyen de testostérone plasmatique en ng*/dL Individu non atteint du syndrome de Klinefelter	Taux moyen de testostérone plasmatique en ng*/dL Individu atteint du syndrome de Klinefelter
5 ans	Traces	Traces
10 ans	Traces	Traces
12 ans	10	3
13 ans	120	3
18 ans	520	4

Sources : http://acces. ens-lyon.fr/biotic/procreat/determin /html/puberHorm.htm et International Journal of Endocrinology : Clinical presentation of Klinefelter's syndrome.

* ng : nanogrammes (10^{-9} grammes).

DOC. 3 Un traitement pour compenser le manque de testostérone

Il n'existe pas de traitement qui guérisse complétement les manifestations de ce syndrome. […] Dans la plupart des cas, le traitement consiste en une hormonothérapie* à base de testostérone qui devrait, de l'avis de certains médecins, être entreprise dès la puberté. […]

Ce traitement administré régulièrement contribue au développement des caractéristiques masculines secondaires (pilosité, voix grave, développement de la musculature) et peut éviter le développement des seins. […]

D'après http://klinefelter.valentin-apac.org/articles.php?lng=fr&pg=6, lu et validé par le Dr Nicole Morichon-Delvallez (Hôpital Necker), Article écrit le 22 janvier 2007.

* Hormonothérapie : traitement par injection d'hormones.

3 Des parents consultent un médecin spécialiste pour leur fils atteint du syndrome de Klinefelter qui prescrit le traitement décrit dans le *document 3*.

Préciser les éléments qui ont permis d'élaborer le diagnostic et justifier le traitement prescrit par le médecin. Un texte construit est attendu, il devra s'appuyer sur des arguments tirés des **trois** documents.

PAR ÉTAPES

À CONNAÎTRE

- Les chromosomes portent les **gènes** qui interviennent dans **l'expression des caractères** détectables ou observables.
- Les **caractères sexuels primaires** (l'organisation des appareils sexuels) se mettent en place **pendant la vie embryonnaire**.
- Les **caractères sexuels secondaires** (pilosité, développement des testicules...) se mettent en place **au cours de la puberté**, entre 12 et 18 ans.
- La **testostérone**, hormone produite par les testicules, est responsable du fonctionnement de l'appareil génital chez l'homme et de l'apparition des caractères sexuels secondaires chez les garçons. Le **taux plasmatique** d'une hormone est la quantité de cette hormone dans un volume donné de plasma (partie liquide du sang).
- Un **syndrome** désigne l'ensemble des symptômes qui caractérise une maladie.

ANALYSER L'ÉNONCÉ ET LES DOCUMENTS

- Lisez attentivement le *document 1* pour repérer le vocabulaire spécifique aux SVT. Cherchez les définitions des termes dans le document lui-même ou faites appel à vos connaissances.
- Analysez le titre du tableau et celui de ses colonnes (*document 2*). Cette analyse doit vous permettre de comprendre le but du tableau.
- Soulignez ou surlignez les sujets et les verbes du texte du *document 3*. Lisez le texte en associant chaque sujet avec son verbe pour bien comprendre la signification du texte.

BIEN COMPRENDRE LES QUESTIONS

Question 1

Lisez attentivement chaque proposition. Chaque mot compte pour déterminer la proposition exacte (par exemple, « absence **totale** de testicules »).

Question 2

- Citez, pour les deux cas, des valeurs des taux moyens de testostérone à 12 ans et à 18 ans pour bien montrer l'évolution au cours de la puberté (pensez à donner l'unité).
- Indiquez si l'évolution est une baisse, une stagnation ou une augmentation.
- Précisez si les variations sont fortes ou faibles.

Question 3

Cherchez les éléments de diagnostic du syndrome de Klinefelter dans les deux premiers documents en dressant une liste des symptômes présents chez le patient. Justifiez le traitement prescrit par le médecin en montrant ce qu'il permet de corriger chez le patient.

CORRIGÉ 7

Comprendre le corrigé

1 Les propositions exactes sont les suivantes :

a. Le syndrome de Klinefelter est dû à la présence d'un **chromosome sexuel supplémentaire**.

b. La puberté est **anormale** chez le garçon atteint du syndrome de Klinefelter.

c. Un manque de testostérone peut conduire à l'**apparition de seins** chez le garçon.

> **Attention**
> Il n'y a qu'une seule proposition exacte par phrase.

2 Au cours de la puberté, le taux moyen de **testostérone** chez l'individu non atteint **augmente fortement**, passant de 10 à 520 ng/dL, alors que ce taux **reste presque stable** (autour de 3-4 ng/dL) chez l'individu atteint par le syndrome de Klinefelter.

> **L'astuce du prof**
> Commencez la comparaison en décrivant l'évolution chez l'individu non atteint par le syndrome, car il sert de référence.

3 Le diagnostic du syndrome a été fait en **constatant** :

– la présence de seins, de **petits testicules**, la quasi-absence de poils sur le visage ;

– le **taux de testostérone très faible** ;

– la présence de **trois chromosomes sexuels** XXY (visibles dans un caryotype).

Le traitement par injection de testostérone permet de **compenser la faible production de testostérone** par les testicules trop petits. Ces injections vont permettre d'éviter le développement des seins et **contribuer au développement des caractères sexuels masculins** (musculature, voix, etc.).

> **Méthode**
> Séparez nettement ce qui relève du diagnostic du syndrome, de ce qui relève du traitement proposé de certains symptomes.

SUJET 8 **Polynésie, septembre 2019** 25 pts 30 min

Tiques et maladie de Lyme

La maladie de Lyme ou borréliose est une maladie infectieuse émergente d'origine bactérienne transmise à l'espèce humaine par les tiques. On constate dans les dernières décennies une forte augmentation du nombre de cas.

DOC. 1 Habitat et cycle de vie des tiques

Les tiques vivent habituellement dans les zones boisées et les prairies du Canada, des États-Unis, de l'Europe et de l'Asie. Les tiques infectées par la bactérie *Borrelia burgdorferi* transmettent la maladie de Lyme par un contact sanguin.

La vie d'une tique se compose de trois stades de développement après l'éclosion : larve, nymphe et adulte. À chaque stade, la tique prend un unique repas sanguin, sur un animal différent à chaque fois. Chaque stade est séparé par une métamorphose.

DOC. 2 Le cycle de vie d'une tique

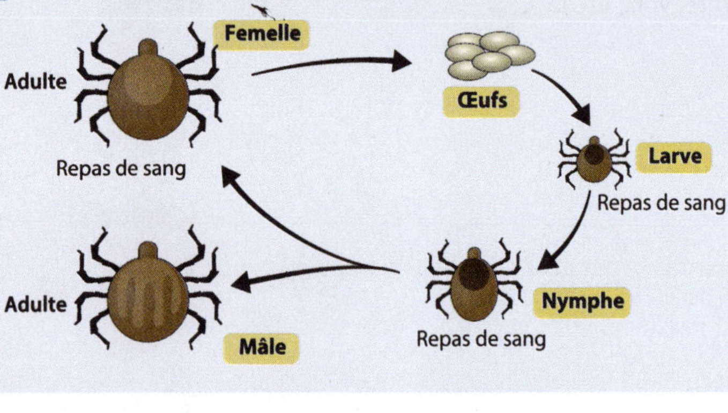

1 À l'aide des *documents 1* et *2*, indiquer à quel(s) moment(s) du cycle de vie de la tique la maladie peut être transmise. Justifier la réponse.

DOC. 3 **Classification en groupes emboîtés à partir des caractères partagés**

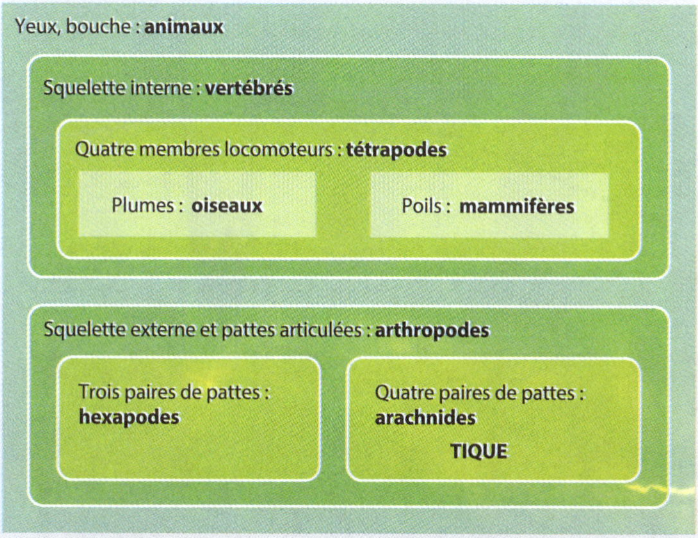

2 À partir du *document 3*, citer les caractères qui permettent de classer la tique chez les arachnides.

DOC. 4 **Résultat d'une étude sur l'émergence de la maladie de Lyme en Amérique**

Une étude parue en 2014 estime que le changement climatique serait en partie à l'origine de l'émergence de la maladie bactérienne de Lyme (ou borréliose), issue des tiques, dans le nord-est de l'Amérique du Nord et y favoriserait fortement sa propagation à l'avenir.

L'élévation de la température a augmenté le taux de reproduction des tiques qui transmettent la maladie de Lyme de 2 à 5 fois au Canada et de 1,5 à 2 fois aux États-Unis.

D'après https://reseauactionclimat.org/

3 D'après le *document 4*, donner la (ou les) explication(s) possible(s) à l'augmentation du nombre de cas de maladie de Lyme.

DOC. 5 Évolution de la surface forestière en France métropolitaine depuis 1830

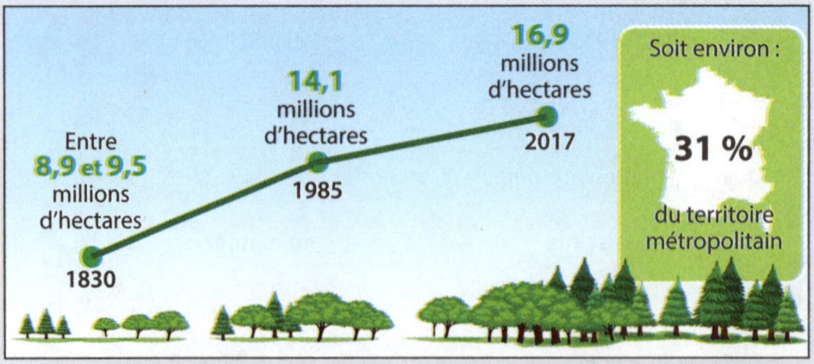

D'après http://education.ign.fr/

4 À partir des *documents 1* et *5*, proposer une autre explication à l'augmentation du nombre de cas de maladie de Lyme.

PAR ÉTAPES

À CONNAÎTRE

- Certaines espèces de bactéries sont **pathogènes**, c'est-à-dire que leur développement dans notre organisme provoque des maladies.
- Certaines bactéries pathogènes sont transportées par des **vecteurs**, qui sont souvent des arthropodes (moustiques, mouches, tiques…).
- Les **arthropodes** constituent le groupe d'animaux avec le plus grand nombre d'espèces, mais qui partagent tous un caractère commun : la possession d'un squelette externe et de pattes articulées.
- Chaque espèce d'être vivant occupe un **habitat** particulier dans lequel elle trouve ses ressources alimentaires, où elle se reproduit…
- **Différents facteurs favorisent le développement** des populations d'une espèce : l'extension de l'habitat, l'abondance de nourriture…

ANALYSER L'ÉNONCÉ ET LES DOCUMENTS

- Lisez l'ensemble des documents et des questions et soulignez ou surlignez les mots importants et les verbes des consignes.
- Recopiez les éléments du texte sur le schéma afin de le compléter (*documents 1* et *2*).
- Rappelez-vous que dans une classification emboîtée, un animal possède tous les caractères des boîtes auxquelles il appartient, de la plus grosse boîte à la plus petite (*document 3*).
- Décrivez l'évolution de la surface forestière de 1830 à 2017 en citant des valeurs (*document 5*).

BIEN COMPRENDRE LES QUESTIONS

Questions 1 et 2

- Justifiez votre réponse en exploitant la manière de se nourrir de la tique, et en éliminant les stades de développement de la tique incapables de transmettre la bactérie responsable de la maladie de Lyme.
- Justifiez le fait que la tique est un animal arthropode arachnide.

Question 3

Repérez dans le texte une (ou plusieurs) cause(s) qui pourrai(en)t expliquer une meilleure reproduction des tiques.

Question 4

Extrayez au moins une information de chaque document et mettez ces informations en relation pour construire une explication à l'augmentation du nombre de cas de maladie de Lyme.

CORRIGÉ 8

Comprendre le corrigé

1 Le cycle de vie de la tique comporte plusieurs étapes successives : œuf, larve, nymphe et adulte. Excepté pour les œufs, la tique prend un repas de sang à chacun de ses stades de développement. De plus, une tique prend chaque repas sur un animal différent. Or, la maladie de Lyme est causée par une bactérie qui se transmet par le sang. Par conséquent, une tique peut transmettre la maladie **lorsqu'elle est au stade de nymphe ou d'adulte, si elle a été infectée**.

La larve ne peut pas transmettre la maladie car elle fait un unique repas de sang et se transforme ensuite en nymphe.

L'astuce du prof

Représentez-vous mentalement les étapes de la vie d'une tique porteuse de la bactérie qui passe d'animal en animal.

2 Les tiques possèdent **une bouche** et **des yeux, un squelette externe** et **quatre paires de pattes** articulées.

Remarque

Rédigez une phrase réponse pour éviter d'écrire une simple liste de caractères.

3 Le nombre de cas de maladie de Lyme a augmenté ces dernières décennies. Or, on a constaté que l'élévation de la température a provoqué une augmentation du taux de reproduction des tiques (entre 1,5 et 5 fois). On peut donc supposer que le **réchauffement climatique** est responsable de l'augmentation des cas de maladie de Lyme.

Gagnez des points !

Une proposition d'explication doit s'appuyer sur des faits, si possible quantifiés.

4 Le *document 1* nous renseigne sur l'habitat des tiques. En effet, les tiques vivent habituellement dans les zones boisées et les prairies, que ce soit au Canada, aux États-Unis, en Asie ou en Europe. Or, le *document 5* montre que, depuis 1830, la surface occupée par les forêts n'a pas cessé de croître en France métropolitaine. En effet, cette surface est passée de 8,9 à 16,9 millions d'hectares en 2017, ce qui représente plus de 30 % du territoire. Ainsi, l'augmentation de la surface forestière favorise l'augmentation des populations de tiques. Or, les tiques peuvent être porteuses de la bactérie responsable de la maladie de Lyme. Par conséquent, on peut aussi expliquer l'augmentation du nombre de cas de maladie de Lyme par l'**extension de la surface des forêts,** habitat naturel des tiques.

L'astuce du prof

Citez des informations précises des documents en rapport avec la question posée en les mettant en évidence. Par exemple, en les surlignant.

SUJET 9 **Amérique du Nord, juin 2018** 25 pts 30 min

L'origine d'une perte d'audition

Monsieur X, âgé de 60 ans, consulte le médecin du travail pour réaliser un bilan de son audition.

1 À partir du *document 1*, cocher la bonne réponse pour chaque proposition :

a. Le graphique du *document 1* représente :

- ☐ la perte d'audition en fonction du sexe de l'individu.
- ☐ la perte d'audition en fonction de la fréquence des sons.
- ☐ une mesure du volume sonore.

b. Pour une fréquence de 1 000 Hz, un individu témoin de 60 ans a :

- ☐ une perte d'audition égale à environ 20 dB.
- ☐ une perte d'audition égale à environ 5 dB.
- ☐ une perte d'audition égale à environ 40 dB.

c. À 60 ans, la perte d'audition chez un individu témoin est :

- ☐ plus importante pour les sons aigus que pour les sons graves.
- ☐ plus importante pour les sons graves que pour les sons aigus.
- ☐ constante quelle que soit la fréquence des sons.

2 Comparer la perte d'audition de Monsieur X avec celle d'un individu témoin de même âge, pour des fréquences de 125 à 500 Hz, puis pour des fréquences de 500 à 4 000 Hz (*document 1*). Quelques valeurs numériques sont attendues pour la réponse.

Monsieur X cherche des explications à ses troubles auditifs et se renseigne sur le fonctionnement de l'oreille (*document 2*).

3 Utiliser les informations des *documents 2* et *3* pour expliquer pourquoi Monsieur X, travaillant dans une chaudronnerie sans avoir toujours porté son casque anti-bruit, a aujourd'hui une perte d'audition.

MÉTHODE
SUJETS PAS À PAS
SUJETS COMME À L'EXAMEN

DOC. 1 Tests d'audition réalisés chez un individu témoin et chez Monsieur X

Le médecin réalise un audiogramme qui permet de mesurer une éventuelle perte d'audition.

On mesure les pertes d'audition en décibels (dB) en fonction de la fréquence des sons, des sons graves (basses fréquences) aux sons aigus (hautes fréquences). Le résultat est présenté sur le graphique ci-après.

Si la perte d'audition est inférieure à 20 dB, l'audition est considérée comme normale.

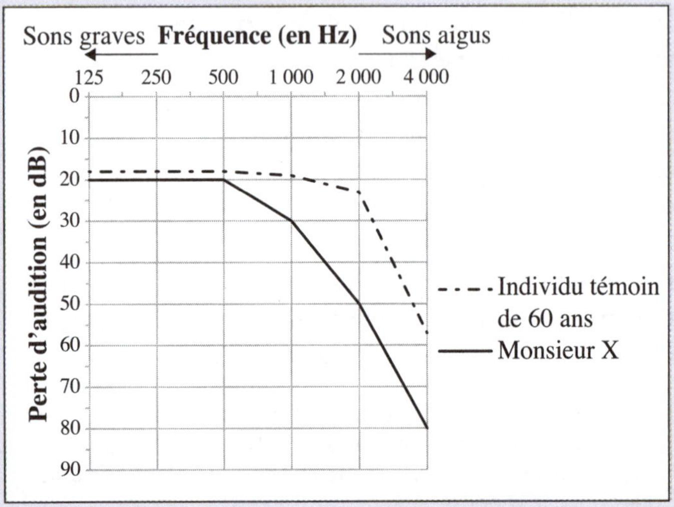

Graphique construit à partir des sources :
http://www.cochlea.eu/exploration-fonctionnelle/methodes-subjectives
http://crdp.ac-amiens.fr/enviro/bruit_maj_detail_p2_2.htm
http://www.uvmt.org/Formation/05/Cadre.htm
http://campus.cerimes.fr/orl/enseignement/alteration/site/html/3_32_1.html

DOC. 2 La perception du son

Dans l'oreille interne, de nombreuses cellules ciliées interviennent dans la perception du son. Ces cellules ciliées transforment les vibrations sonores en signal électrique (message nerveux) transmis par le nerf auditif jusqu'au cerveau, ce qui nous permet d'entendre le son. Ces cellules ciliées sont fragiles et elles peuvent être abîmées et détruites si l'oreille est « agressée » (bruit intense et brutal, sons trop aigus, durée d'écoute prolongée à un niveau sonore supérieur à 85 décibels (dB)).

D'après http://www.ecoute-ton-oreille.com

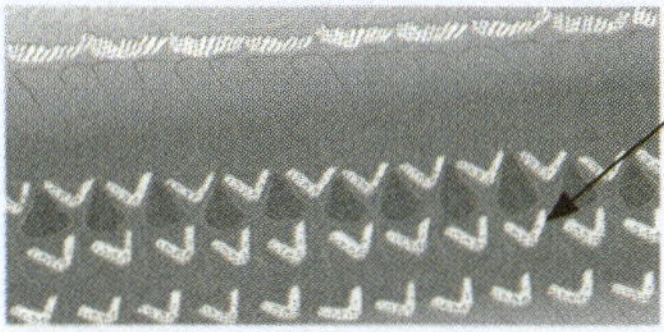

Schémas de cellules ciliées d'un individu ayant une audition normale

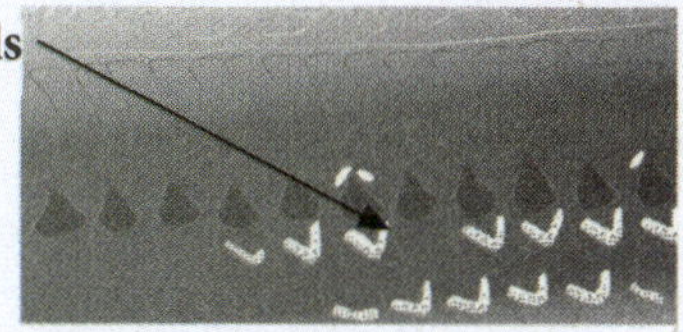

Schémas de cellules ciliées d'un individu (de même type que Monsieur X) atteint de troubles auditifs sévères

D'après : http://cochlea.eu/pathologie/surdites-neuro-sensorielles/traumatisme-acoustique

DOC. 3 Différents niveaux sonores et leurs effets

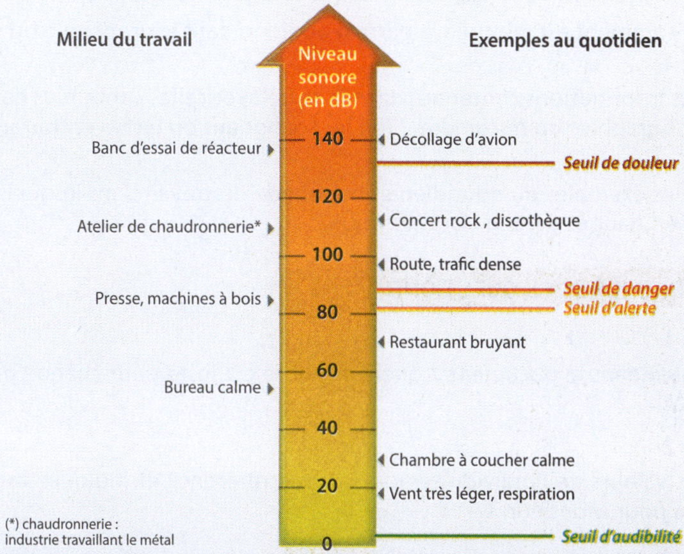

Source : d'après INRS, ED 962

Les traumatismes sonores en milieu professionnel sont encore fréquents, surtout lorsque le port de casque anti-bruit n'a pas toujours été respecté. Les surdités professionnelles s'observent en milieu industriel bruyant. Pour un bruit dont l'intensité est supérieure à 85 dB, l'oreille est en danger. La dangerosité va dépendre aussi de la durée d'exposition.

PAR ÉTAPES

À CONNAÎTRE

- Le **système nerveux** permet la perception de signaux physiques et chimiques de l'environnement.
- Ces signaux physiques ou chimiques sont **traduits en signaux électriques** dans les organes des sens (yeux, oreilles, etc.).
- Les cellules spécialisées dans la traduction des signaux physiques ou chimiques en signaux électriques sont des **cellules sensorielles**.
- Les cellules sensorielles sont **fragiles et peuvent être détruites** par des agents physiques (par exemple une lumière violente ou un son trop fort) ou chimiques.

ANALYSER L'ÉNONCÉ ET LES DOCUMENTS

- Lisez attentivement l'énoncé, car il indique le but général du sujet.
- Repérez comment est mesurée la perte d'audition dans le graphique du *document 1*.
- Reliez les informations contenues dans le texte avec celles contenues dans les deux photographies du *document 2* (en les soulignant ou en les entourant par exemple).
- Relevez les exemples du quotidien et du monde du travail dans lesquels l'audition est en danger dans le *document 3*.

BIEN COMPRENDRE LES QUESTIONS

Question 1

Vérifiez bien dans le *document 1* quelle réponse est juste pour chaque proposition.

Question 2

Prenez les valeurs de l'individu témoin comme référence et indiquez la perte d'audition pour Monsieur X.

Question 3

Cherchez l'intensité du bruit auquel Monsieur X a été soumis pendant sa vie professionnelle dans le *document 3*, puis cherchez la conséquence de cet environnement sonore dans le *document 4*.

CORRIGÉ 9

Comprendre le corrigé

1 **a.** Le graphique du *document 1* représente la **perte d'audition** en fonction de la fréquence des sons.

b. Pour une fréquence de 1 000 Hertz, un individu témoin de 60 ans a une perte d'audition égale à **environ 20 dB.**

c. À 60 ans, la perte d'audition pour un individu témoin est **plus importante pour les sons aigus** que pour les sons graves.

Méthode
L'axe vertical est orienté de haut en bas. Plus la courbe semble décroître, plus la perte d'audition est forte.

2 Pour des fréquences de 125 à 500 Hz, la **perte d'audition** de Monsieur X est de 20 dB, donc **presque égale** à celle de l'individu témoin.

Pour des fréquences de 500 à 4 000 Hz, la **perte** d'audition de Monsieur X est **supérieure** à celle de l'individu témoin : 10 dB de plus à 1 000 Hz ; 20 dB à 4 000 Hz.

L'astuce du prof
Calculez la différence de perte d'audition pour citer vos valeurs.

3 Les cellules ciliées de l'oreille interne (cellules sensorielles) sont **abîmées ou détruites** lorsqu'elles sont soumises à des sons de plus de 85 dB. Leur destruction entraîne une perte d'audition, car ces cellules transforment les vibrations sonores en message nerveux (*document 3*).

Or, Monsieur X a travaillé dans une chaudronnerie sans porter de casque anti-bruit, c'est-à-dire dans un environnement sonore professionnel de plus de 85 dB. Ainsi, cela explique la perte d'audition de Monsieur X, plus importante que celle d'un individu témoin du même âge.

Remarque
L'élément qui permet de connecter les données des différents documents est le niveau sonore en décibels.

SUJET 10 **Polynésie, septembre 2017** 25 pts 30 min

Le sport : dopage et EPO

DOC. 1 Définition de l'EPO

L'EPO est une substance chimique produite naturellement par les reins. Libérée dans le sang, elle stimule les cellules de la moelle rouge des os pour produire des globules rouges. Les globules rouges sont responsables du transport du dioxygène dans le sang. Le dioxygène est nécessaire à la production d'énergie, en particulier au niveau des muscles. L'EPO est une substance utilisée en médecine, et est aussi utilisée de façon illégale afin d'augmenter les performances musculaires des sportifs.

1 Justifier que l'EPO est une hormone.

On rappelle qu'une hormone est une substance chimique produite par un organe et libérée dans le sang pour agir sur des cellules cibles.

DOC. 2 Définition de l'hématocrite

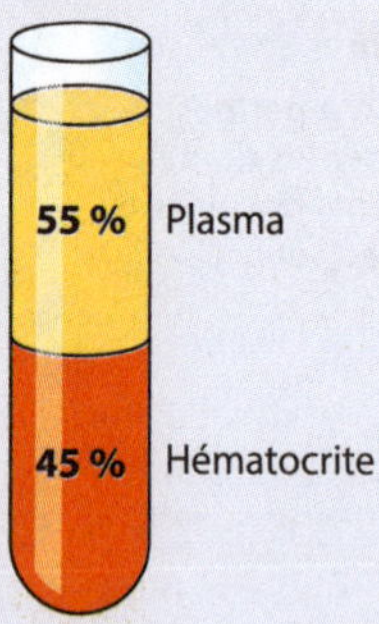

L'hématocrite est le pourcentage (%*) du volume occupé par les globules rouges dans le sang.

Afin de mesurer l'hématocrite, le sang est laissé à reposer dans un tube. Les globules rouges descendent alors naturellement dans le fond du tube comme le montre le document ci-contre.

Chez un individu sain, l'hématocrite garde une valeur stable située aux alentours de 45 % en moyenne.

*Parfois exprimé en mg/100 mL.

D'après le site wikipedia.com

2 À l'aide du *document 3*, déterminer pour chaque sportif entre quelles valeurs (minimale et maximale) varie l'hématocrite de la première à la cinquième année de mesures.

3 À partir de **l'ensemble des documents**, déterminer si l'un ou les deux sportifs sont dopés à l'EPO **en rédigeant un texte argumenté**.

DOC. 3 Évolution sur 5 années de l'hématocrite de deux sportifs suivant le même stage d'entraînement

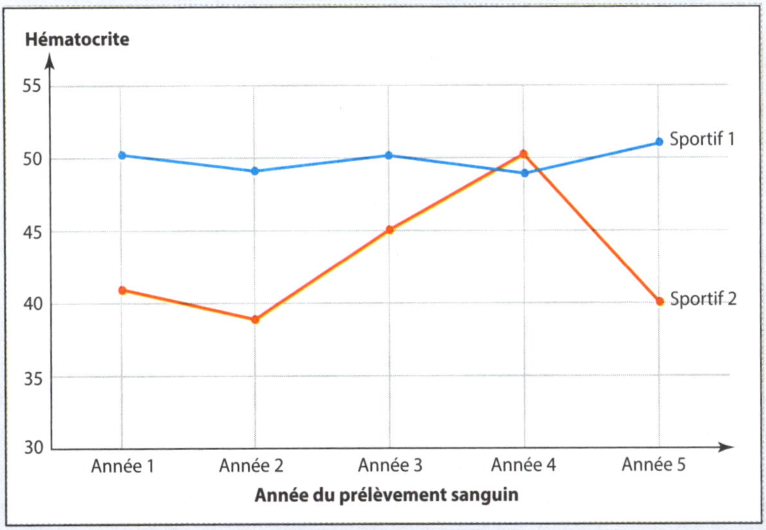

L'hématocrite est exprimé en pourcentage.

D'après l'Agence mondiale anti-dopage

PAR ÉTAPES

À CONNAÎTRE

- L'**organisme** humain est constitué d'organes qui coopèrent entre eux. Les **organes** sont eux-mêmes constitués de **cellules** spécialisées dans une fonction précise (par exemple, des cellules capables de se contracter constituent un organe : le muscle).
- Toutes les cellules utilisent du **dioxygène** et des **nutriments** pour produire leur énergie et leur matière.
- Les nutriments et le dioxygène sont **transportés dans le sang** qui irrigue tous les organes.
- Les **globules rouges** du sang sont responsables du transport du dioxygène.

ANALYSER L'ÉNONCÉ ET LES DOCUMENTS

- Traduisez rapidement le texte du *document 1* en schéma afin de comprendre les relations entre les informations qu'il contient.

- À côté du schéma réalisé précédemment, observez le *document 2*, puis recopiez la définition de l'hématocrite et sa valeur normale chez un individu sain.
- Sur le *document 3*, repérez les valeurs d'hématocrite des deux sportifs.

BIEN COMPRENDRE LES QUESTIONS

Question 1

- Repérez, dans le texte du *document 1*, les éléments qui précisent :

– l'organe qui produit l'EPO ;

– le lieu de libération de l'EPO ;

– les cellules cibles de l'EPO.

- Éventuellement, citez des extraits du texte en les écrivant entre guillemets.

Question 2

Tracez des traits parallèles à l'axe des abscisses pour déterminer le plus précisément possible les valeurs minimale et maximale d'hématocrite de chaque sportif.

Question 3

Utilisez la définition de l'hématocrite pour un individu sain afin de déterminer s'il est normal pour chaque sportif.

CORRIGÉ 10

Comprendre le corrigé

1 L'EPO est « **produite naturellement** par les reins ». Or, les reins sont des **organes** du corps humain. Le *document 1* indique aussi que l'EPO est « **libérée dans le sang** ». Enfin, on apprend qu'elle « stimule les cellules de la moelle osseuse ». Donc, ces cellules sont les **cellules cibles de l'EPO**. Par conséquent, l'EPO est une **hormone**, c'est-à-dire une substance chimique naturelle produite par un organe, libérée dans le sang et qui agit sur des cellules cibles.

> **Gagnez des points !**
> Dans un sujet, les informations indiquées en *italique* ou en **gras** sont souvent capitales.

2 **Chez le sportif 1**, l'hématocrite varie **entre 49 et 51 %** entre la première année et la cinquième année de mesures.

> **Méthode**
> Citez les valeurs les plus précises possibles.

Chez le sportif 2, l'hématocrite varie **entre 39 et 50 %** entre la première année et la cinquième année de mesures.

3 L'hématocrite est le pourcentage du volume occupé par les globules rouges dans le sang.

Chez un individu sain (non dopé), cette valeur est **stable** et se situe **autour de 45 %** (*document 1*).

Or, l'utilisation d'EPO augmente les performances musculaires des sportifs, car l'EPO stimule la production de globules rouges par la moelle osseuse. Cela provoque donc une augmentation de l'hématocrite (*document 2*).

Chez le sportif 1, la valeur de l'hématocrite est supérieure à celle d'un individu sain, **mais elle est stable** sur les cinq années de mesures. Donc, on peut penser que ce sportif ne se dope pas à l'EPO (*documents 3* et *4*) même si son taux d'hématocrite est un peu supérieur à la moyenne.

En revanche, **chez le sportif 2**, on relève **une forte augmentation de l'hématocrite** entre l'année 2 et l'année 4 (+ 25 %), puis un retour à la normale lors de la cinquième année de mesures. On peut donc penser que ce sportif s'est dopé à l'EPO (*documents 3* et *4*).

Remarque : d'après les informations des *documents 1* et *2*, il est possible de considérer que le sportif 1 s'est dopé parce que son taux d'hématocrite est supérieur à la valeur moyenne. Ce n'est toutefois pas le cas en réalité, car le taux d'hématocrite normal chez un homme adulte se situe entre 40 et 51 %, mais cette information n'est pas donnée dans l'énoncé du sujet.

À retenir

Chez un individu sain, de nombreux paramètres sanguins sont stables tout au long de la vie : température, quantités de sucre, de minéraux et de globules rouges.

Info santé

Avec des injections répétées d'EPO, le sang très riche en globules rouges devient visqueux, et des vaisseaux sanguins risquent de se boucher, ce qui peut provoquer des accidents cardiaques ou cérébraux.

Physique-Chimie

Faire le point

Organisation et transformations de la matière

1 Masse volumique et solubilité

- La **masse volumique ρ d'une espèce chimique**, en kilogrammes par mètre cube (kg/m^3), est le quotient de la masse *m*, en kilogrammes (kg), de cette espèce chimique par son volume *V*, en mètres cubes (m^3) : $\rho = \frac{m}{V}$.
- La **solubilité** d'une espèce chimique dans un solvant est la **masse maximale** de cette espèce chimique que l'on peut dissoudre **dans un litre de solution** ; elle s'exprime en grammes par litre (g/L).
- Un **corps pur** est constitué d'**espèces chimiques identiques** ; un **mélange** contient des **espèces chimiques différentes**.

→ S'entraîner

- Termes à relier et QCM p. 85
- Sujets guidés 13 p. 101 (Des verres correcteurs de plus en plus légers) et 14 p. 105 (Triathlon)

2 Changements d'état

- Un corps pur ou un mélange peuvent exister à l'état solide, à l'état liquide ou à l'état gazeux.

Corps pur ou mélange...	... possède un volume propre	... possède une forme propre
... à l'état solide	Oui	Oui
... à l'état liquide	Oui	Non (forme du récipient)
... à l'état gazeux	Non (volume du récipient)	Non (forme du récipient)

- Durant un changement d'état, la **masse du corps se conserve** mais son **volume varie ;** les changements d'état s'accompagnent de **transferts d'énergie.**

	État initial	État final
Fusion	Solide	Liquide
Vaporisation	Liquide	Gazeux
Liquéfaction	Gazeux	Liquide
Solidification	Liquide	Solide

→ **S'entraîner**
- QCM p. 85
- Sujet guidé 16 p. 115 (Entraînement d'une snowboardeuse)
- Sujet complet 4 p. 265 (Les causes de la fonte des glaciers)

3 Atomes, molécules et ions

- Les **atomes** sont représentés par **un symbole chimique**, une lettre majuscule quelquefois suivie d'une minuscule. Ces symboles figurent dans la **classification périodique des éléments**.
- L'**atome** est **électriquement neutre**, il est constitué d'un **noyau, chargé positivement,** et d'**électrons, chargés négativement**, en mouvement autour du noyau.
- Une **molécule** est un assemblage d'atomes. Elle est représentée par une **formule chimique** qui indique le **nom des atomes** qui la constituent et leur **nombre**.
- Les **ions** sont des édifices chargés électriquement : ce sont des atomes qui ont **perdu ou gagné des électrons.**

→ **S'entraîner**
- Texte à trous p. 85
- Sujets guidés 11 p. 90 (La chaux dans l'habitat) ; 14 p. 105 (Triathlon) ; 16 p. 115 (Entraînement d'une snowboardeuse) ; 18 p. 125 (Optimisation de la consommation énergétique)
- Sujets complets 1 p. 230 (Les Jeux olympiques et paralympiques) et 4 p. 265 (Les causes de la fonte des glaciers)

4 Transformations chimiques et pH

- Dans une **transformation chimique**, il y a **redistribution des atomes** qui constituent les **réactifs** pour former de **nouvelles molécules** ou de **nouveaux ions** que l'on nomme les **produits**.
- Au cours d'une **transformation chimique**, la **masse totale se conserve** : la valeur de la **masse des réactifs disparus** est égale à la valeur de la **masse des produits formés**.

- Une transformation chimique peut produire des **gaz à effet de serre**, responsables du **réchauffement climatique**, comme le dioxyde de carbone produit lors d'une combustion.
- Le **pH** est un nombre sans unité compris entre 0 et 14.
- Une solution est **acide** si son **pH est inférieur à 7, neutre si son pH est égal à 7, basique si son pH est supérieur à 7**.
- Une solution **acide** contient **plus d'ions hydrogène H^+ que d'ions hydroxyde HO^-**, tandis qu'une solution **basique** contient **plus d'ions hydroxyde HO^- que d'ions hydrogène H^+.**

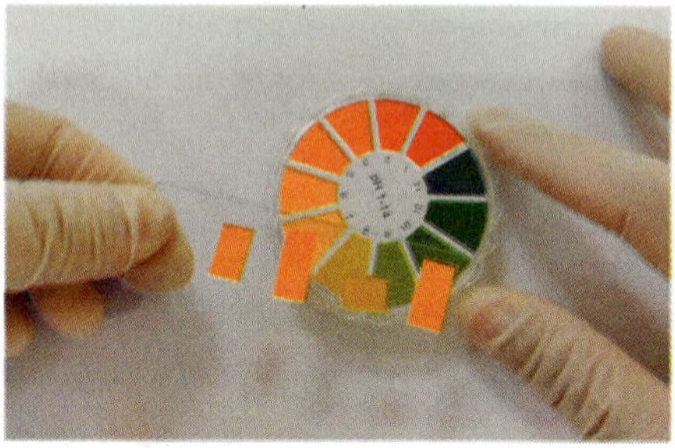

Utilisation de papier pH

→ S'entraîner

- Vrai-Faux p. 86
- Sujets guidés 11 p. 90 (La chaux dans l'habitat) ; 14 p. 105 (Triathlon) ; 19 p. 130 (Aménagement d'un fourgon) ; 20 p. 135 (Sécurité dans l'habitat)
- Sujets complets 1 p. 230 (Les Jeux olympiques et paralympiques) et 4 p. 265 (Les causes de la fonte des glaciers)

5 Constituants de l'atome

- L'atome est constitué d'un noyau, chargé positivement, et d'électrons, chargés négativement.
- Le **noyau** contient des **nucléons** : les **neutrons**, particules **sans charge électrique**, et les **protons**, particules **chargées positivement**.
- L'atome étant électriquement neutre, il contient **autant d'électrons que de protons** : l'électron et le proton ont des **charges électriques opposées**.

→ S'entraîner

- QCM p. 86
- Sujet guidé 12 p. 95 (Analyse de l'atmosphère terrestre)
- Sujet complet 2 p. 242 (L'augmentation du niveau marin)

6 Description de l'Univers

- La **matière** telle que nous la connaissons est le fruit de nombreuses transformations dans les instants primordiaux, il y a près de 13,8 milliards d'années. La théorie du **Big Bang** décrit notamment l'**expansion** de cette matière constituant l'Univers. Notre **système solaire** est ensuite né d'une **nébuleuse**.
- Plus un objet est éloigné de la Terre dans l'Univers, plus la **durée du trajet** parcouru par la **lumière est longue**, et plus nous observons dans le passé.
- L'**année-lumière (a.l.)** est la distance parcourue par la **lumière dans le vide**, en une **année**. L'ordre de grandeur d'une année-lumière est de **10^{13} km**.
- Quelques exemples de distances et d'ordres de grandeur de distances astronomiques sont à connaître (l'**ordre de grandeur** d'une longueur est **la puissance de dix la plus proche** de cette longueur).

Diamètre du système solaire	Distance Soleil-étoile la plus proche	Diamètre de la Voie Lactée	Distance Voie Lactée-Galaxie la plus proche
10^{10} km	4,3 a.l., ordre de grandeur 1 a.l.	100 000 a.l. soit 10^5 a.l.	10^6 a.l.

→ **S'entraîner**
- Termes à relier p. 86
- Exercice guidé p. 86

Mouvement et interactions

1 Caractérisation d'un mouvement

- Un même mouvement peut être caractérisé de manière différente suivant l'observateur.
- La **trajectoire du point** d'un objet est la **ligne formée par l'ensemble des positions successives** occupées par ce point au cours de son **mouvement.**
- La **valeur *v* de la vitesse** s'exprime le plus souvent en mètres par seconde (m/s). La valeur de la vitesse est alors égale **au rapport de la distance *d* parcourue**, en mètres (m), **par la durée considérée *t*,** en secondes (s) : $v = \frac{d}{t}$.
- La **direction de la vitesse** est une **droite tangente à la trajectoire,** et son **sens** est le **sens du mouvement** du corps.
- Lorsque la **valeur de la vitesse** est **constante**, le mouvement du corps est **uniforme**.

→ S'entraîner

- QCM p. 87
- Sujets guidés 14 p. 105 (Triathlon) ; 15 p. 111 (Saut en parachute) ; 16 p. 115 (Entraînement d'une snowboardeuse) ; 17 p. 121 (Distance d'arrêt et distance de sécurité d'un véhicule)
- Sujet complet 4 p. 265 (Les causes de la fonte des glaciers)

2 Modélisation d'une interaction

- Deux corps sont en **interaction** si le **mouvement de l'un dépend de la présence de l'autre**, et réciproquement.
- Chacun de ces deux corps exerce une **action mécanique** sur l'autre ; ces actions mécaniques peuvent être **modélisées** par des **forces,** caractérisées par une **direction,** un **sens** et une **valeur** exprimée en **newtons (N)**.

- Deux corps de centres A et B, de masses respectives m_A et m_B séparés d'une distance d, sont en **interaction gravitationnelle, modélisée par des forces d'attraction gravitationnelles** caractérisées par :

Direction	Sens	Valeur
Direction de la droite AB	Vers le corps qui exerce la force	$F = G \times \frac{m_A \times m_B}{d^2}$ avec F en N, m_A et m_B en kg, d en m et $G = 6{,}67 \times 10^{-11}\ N{\cdot}m^2/kg^2$ la constante de la gravitation universelle

- Un objet proche de la surface d'un astre subit une **force d'attraction gravitationnelle exercée par l'astre** ; cette force est nommée **poids** ou **force de pesanteur**.
- La valeur du poids est donnée par : $\boldsymbol{P = m \times g}$ avec P le poids en newtons (N), m la masse de l'objet en kilogrammes (kg) et g l'intensité de la pesanteur sur l'astre en newtons par kilogramme (N/kg).

→ S'entraîner

- Vrai-Faux p. 87
- Sujets guidés 14 p. 105 (Triathlon) et 15 p. 111 (Saut en parachute)

L'énergie, ses transferts et ses conversions

1 Énergie et puissance

- Les **sources d'énergie** peuvent être **renouvelables**, c'est-à-dire que leur exploitation est illimitée à l'échelle humaine, ou **non renouvelables**.
- L'énergie existe sous **différentes formes**. Une forme d'énergie peut être **convertie** en une autre forme d'énergie ou être **transférée** d'un objet à un autre objet. Lors d'une conversion ou d'un transfert, **l'énergie se conserve**.
- Certaines conversions d'énergie peuvent s'accompagner d'une **émission de dioxyde de carbone**, qui est un **gaz à effet de serre** responsable du réchauffement climatique.
- L'**énergie** E, en joules (J), produite ou consommée par un appareil dépend de la **puissance** P, en watts (W), et de la **durée** t de fonctionnement de l'appareil, en secondes (s) : $E = P \times t$.

→ S'entraîner

- Termes à relier p. 88
- Sujets guidés 14 p. 105 (Triathlon) ; 16 p. 115 (Entraînement d'une snow-boardeuse) ; 17 p. 121 (Distance d'arrêt et distance de sécurité d'un véhicule) ; 18 p. 125 (Optimisation de la consommation énergétique)
- Sujet complet 4 p. 265 (Les causes de la fonte des glaciers)

2 Lois de l'électricité

- Les **intensités des courants électriques** et les **tensions entre les bornes des dipôles électriques** peuvent être mesurées avec des **ampèremètres** et des **voltmètres**. Les intensités et les tensions peuvent aussi être calculées grâce à différentes lois (loi d'additivité des intensités dans un circuit à plusieurs mailles, loi d'additivité des tensions dans un circuit à une maille, etc.).
- D'après la **loi d'Ohm**, la tension U, en volts (V), aux bornes d'un conducteur ohmique de résistance R, en ohms (Ω), est proportionnelle à l'intensité I, en ampères (A), du courant électrique qui le traverse : $U = R \times I$.
- La **puissance électrique** P, en watts (W), d'un appareil dépend de la **tension** U, en volts (V), aux bornes de l'appareil électrique et de l'**intensité** I, en ampères (A), du courant électrique qui le traverse : $P = U \times I$.

→ S'entraîner

- Exercice guidé p. 88
- Sujet guidé 20 p. 135 (Sécurité dans l'habitat)

Des signaux pour observer et communiquer

1 Les signaux lumineux

- Une **source primaire de lumière produit elle-même la lumière** qu'elle émet ; un **objet diffusant** est un objet éclairé qui renvoie dans toutes les directions la lumière qu'il reçoit et **ne produit pas sa propre lumière**.
- Dans un **milieu homogène et transparent**, comme l'air, **la lumière se propage en ligne droite**. Ce phénomène est nommé la **propagation rectiligne de la lumière**.
- On modélise le **trajet rectiligne de la lumière** par un **rayon de lumière** qui est une **droite** munie d'une **flèche** indiquant le **sens de propagation, de la source de lumière vers l'objet** éclairé.
- Pour des **raisons de sécurité**, les sources lumineuses utilisées, plus particulièrement le **laser**, doivent être manipulées avec **précaution** car elles peuvent présenter des **dangers pour les yeux**.

→ S'entraîner
- Texte à trous p. 89
- Sujets guidés 19 p. 130 (Aménagement d'un fourgon) et 20 p. 135 (Sécurité dans l'habitat)

2 Les signaux sonores

- L'**oreille humaine** est un récepteur sensible à des sons dont la **fréquence est comprise entre environ 20 hertz (Hz) et 20 kilohertz (kHz)**, c'est-à-dire entre environ 20 Hz et 20 000 Hz. Ce domaine de fréquences est situé entre celui des **infrasons** et celui des **ultrasons**.
- Un **signal sonore** se propage dans un **milieu matériel** mais **ne peut pas se propager dans le vide.**
- La **distance** d, en mètres (m), **parcourue par un signal sonore** dépend de sa **vitesse de propagation** v, en mètres par seconde (m/s), et de la **durée** t **de propagation**, en secondes (s) : $d = v \times t$.

→ S'entraîner
- QCM p. 89

Contrôler ses connaissances

corrigés p. 222

Termes à relier

Relier les éléments correspondants.

- La masse d'une espèce chimique donnée •
- Au cours de la dissolution du sucre dans de l'eau, la masse ne change pas car •
- La masse volumique d'un mélange d'eau sucrée liquide •

- • le nombre de molécules de chaque substance se conserve.
- • n'est pas la même que les masses volumiques de l'eau liquide et du sucre solide.
- • est proportionnelle à son volume.

QCM

Cocher la (ou les) bonne(s) réponse(s).

1. Un mélange :

- ☐ **a.** contient des espèces chimiques identiques.
- ☐ **b.** contient des espèces chimiques différentes.
- ☐ **c.** est un corps pur.

2. Un solide a :

- ☐ **a.** une forme propre.
- ☐ **b.** un volume propre.
- ☐ **c.** la forme du récipient.

3. Les changements d'état s'accompagnent :

- ☐ **a.** d'une variation de masse.
- ☐ **b.** d'une variation de volume.
- ☐ **c.** de transferts d'énergie.

Texte à trous

Compléter le tableau.

Nom de la molécule	Constitution de la molécule	Formule chimique
Eau	....	....
....	....	CO_2
Méthane	1 atome de carbone 4 atomes d'hydrogène	....
Protoxyde d'azote	2 atomes d'azote 1 atome d'oxygène	....

Vrai ou Faux *Cocher la bonne réponse.*

1. **Le pH d'une solution acide est un nombre sans unité inférieur à 7.**

☐ Vrai ☐ Faux

2. **Le pH d'une solution basique est égal à 7.**

☐ Vrai ☐ Faux

3. **Les transformations chimiques ne produisent jamais de gaz à effet de serre.**

☐ Vrai ☐ Faux

QCM *Cocher la bonne réponse.*

1. **Un atome est :**

☐ **a.** chargé électriquement ☐ **b.** électriquement neutre

2. **Le noyau d'un atome de carbone contient 6 protons et 6 neutrons. Un atome de carbone contient donc :**

☐ **a.** 1 électron ☐ **b.** 6 électrons ☐ **c.** 12 électrons

Termes à relier *Relier les éléments correspondants.*

Notre système solaire est •
La Voie lactée est •
Une année-lumière est •

• la distance parcourue par la lumière en un an.
• constitué de 8 planètes.
• notre galaxie.

Exercice guidé

Exprimer, en utilisant l'écriture scientifique, les valeurs des longueurs suivantes, sans modifier l'unité.

Indication : 1 milliard = 1×10^9.

1. Longueur d'une cellule végétale : 100 µm.
2. Rayon de Jupiter : 71 490 km.
3. Distance du Soleil à l'étoile la plus proche : 41 000 milliards de kilomètres.

QCM *Cocher la (ou les) bonne(s) réponse(s).*

1. L'ensemble des positions successives occupées par un point au cours de son mouvement :

- ☐ **a.** forme la trajectoire du point.
- ☐ **b.** est toujours une droite.
- ☐ **c.** est une droite si le mouvement est rectiligne.

2. La valeur de la vitesse peut s'exprimer en :

- ☐ **a.** km/h.
- ☐ **b.** m/s.
- ☐ **c.** s/m.

3. Le mouvement d'un voyageur qui marche dans un train partant d'une gare :

- ☐ **a.** est le même mouvement par rapport au train et au quai.
- ☐ **b.** n'est pas le même mouvement par rapport au train et au quai.
- ☐ **c.** est toujours un mouvement à vitesse constante.

Vrai ou Faux *Cocher la bonne réponse.*

1. Une interaction entre deux objets peut s'exercer sans contact entre les objets.

☐ Vrai ☐ Faux

2. Plus deux corps s'éloignent, plus les valeurs des forces d'attraction gravitationnelles exercées par ces deux corps l'un sur l'autre augmentent.

☐ Vrai ☐ Faux

3. La masse d'un objet varie suivant l'astre sur lequel il se trouve.

☐ Vrai ☐ Faux

Termes à relier *Relier les éléments correspondants.*

 •

 •

 •

 •

- • énergie lumineuse
- • énergie thermique
- • énergie cinétique
- • énergie potentielle
- • énergie chimique
- • énergie électrique
- • énergie nucléaire

Exercice guidé

1. Schématiser le circuit électrique photographié ci-contre constitué d'un générateur, d'un conducteur ohmique, d'un ampèremètre mesurant une intensité de 5,7 mA, d'un voltmètre mesurant une tension de 2,68 V et de fils de connexion.

2. La valeur de la résistance du conducteur ohmique est environ égale à :

☐ 0,47 Ω ☐ 470 Ω
☐ 2,12 Ω ☐ 2 127 Ω

Texte à trous *Compléter le texte avec les mots :* diffusant, émet, lumière, primaire.

Un photographe prend les photographies nécessaires à la réalisation de ce livre. Pour cela, il a besoin d'éclairer les objets qui seront photographiés.

1. Une source .... de lumière produit elle-même la lumière qu'elle ....
2. Un objet .... est un objet éclairé qui renvoie dans toutes les directions la .... qu'il reçoit et ne produit pas sa propre lumière.

QCM *Cocher la (ou les) bonne(s) réponse(s).*

1. Les sons :

- ☐ **a.** se propagent dans les liquides.
- ☐ **b.** ne se propagent pas dans l'air.
- ☐ **c.** ne se propagent que dans un milieu matériel.

2. Un son de fréquence 30 000 Hz est :

- ☐ **a.** audible par un être humain.
- ☐ **b.** un infrason.
- ☐ **c.** un ultrason.

3. Un son de fréquence 1 000 Hz est :

- ☐ **a.** audible par un être humain.
- ☐ **b.** un infrason.
- ☐ **c.** un ultrason.

Sujets guidés

SUJET 11 Amérique du Sud, novembre 2019 25 pts 30 min

La chaux dans l'habitat

La chaux est un matériau utilisé très tôt dans l'histoire de l'Humanité pour différents usages, notamment la construction et la confection de mortier. Le mortier est un liant pour assembler les pierres d'un mur. L'utilisation de la chaux a connu son apogée sous l'Empire romain avant qu'elle ne soit remplacée par le ciment au début du XXe siècle.

La chaux décrit un cycle de vie appelé « cycle de la chaux ». De manière simplifiée, les transformations au cours du cycle peuvent se résumer par les étapes successives suivantes :

Étape du cycle de la chaux	Équation de réaction
Calcination du calcaire	$CaCO_3 \rightarrow CaO + CO_2$
Extinction de la chaux vive	$CaO + H_2O \rightarrow Ca(OH)_2$
Dissolution de la chaux éteinte dans l'eau lors de la préparation d'un mortier	$Ca(OH)_2 \rightarrow Ca^{2+} + 2\ OH^-$

1 Nommer les éléments chimiques communs au calcaire de formule $CaCO_3$ et à la chaux vive de formule CaO, en vous aidant de l'extrait de la classification périodique des éléments (*document 1*).

DOC. 1 Extrait de la classification périodique des éléments

H hydrogène							**He** hélium
Li lithium	**Be** béryllium	**B** bore	**C** carbone	**N** azote	**O** oxygène	**F** fluor	**Ne** néon
Na sodium	**Mg** magnésium	**Al** aluminium	**Si** silicium	**P** phosphore	**S** soufre	**Cl** chlore	**Ar** argon
K potassium	**Ca** calcium						

2 Indiquer si l'extinction de la chaux vive est une transformation physique ou une transformation chimique. Argumenter la réponse.

3 Lors de la fabrication d'un mortier à base de chaux, on dissout de la chaux éteinte de formule $Ca(OH)_2$ dans l'eau. Le pH de la solution obtenue prend une valeur comprise entre 9,5 et 11,5. Interpréter ce résultat expérimental à l'aide des informations fournies.

4 Les maisons anciennes (construites avant 1920) sont constituées dans certaines régions de murs de pierres. L'un des principaux défauts de ces habitations est l'effet de paroi froide. Cet effet est dû à une forte conductivité thermique de la pierre.

Pour améliorer le confort à l'intérieur de la maison, on envisage de couvrir le mur intérieur d'un enduit. L'objectif est de maintenir constants :

– la température intérieure ;

– le taux d'humidité à l'intérieur de l'habitat, en laissant passer la vapeur d'eau et en absorbant l'humidité de l'air intérieur.

Le *document 2* fournit le schéma en coupe d'un mur en pierres avec ou sans enduit intérieur. Le *document 3* de la page suivante compare des propriétés d'un mur en pierres nu et de plusieurs murs en pierres enduits.

Choisir l'enduit intérieur permettant d'assurer un bon confort à l'intérieur de la maison. Argumenter le choix.

DOC. 2 Schéma en coupe d'un mur en pierres

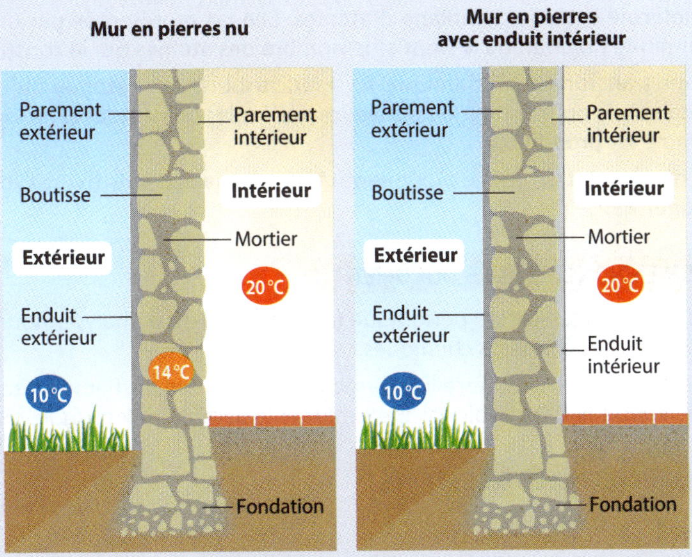

DOC. 3 Propriétés de murs en pierres enduits ou non

	Conductivité thermique*	Résistance à la diffusion de vapeur d'eau**	Capacité à absorber l'humidité de l'air
Mur enduit de ciment	Moyenne	Forte	Forte
Mur enduit de chaux	Moyenne	Faible	Forte
Mur enduit de chaux-chanvre	Moyenne	Faible	Très forte
Mur nu	Forte	Moyenne	Moyenne

* Conductivité thermique : capacité d'un matériau à se laisser traverser par la chaleur.
** Résistance à la diffusion de vapeur d'eau : capacité d'un matériau à résister au passage de la vapeur d'eau.

PAR ÉTAPES

À CONNAÎTRE

- **Les atomes** sont représentés par **un symbole chimique**, c'est-à-dire une lettre majuscule quelquefois suivie d'une minuscule.
- **Une molécule est un assemblage d'atomes.** Elle est représentée par une **formule chimique** qui indique le **nom** et le **nombre** des **atomes** qui la constituent.
- Dans une **transformation chimique**, il y a **redistribution des atomes** qui constituent les **réactifs** pour **former** de **nouvelles molécules** ou de nouveaux ions que l'on nomme les **produits**.
- **Le pH** d'une solution est lié aux **quantités respectives d'ions hydroxyde HO^- et hydrogène H^+**.

ANALYSER L'ÉNONCÉ ET LES DOCUMENTS

- L'extrait de la classification périodique (*document 1*) est à analyser pour identifier les noms des éléments chimiques.
- La dernière question doit être lue correctement afin d'identifier les critères de choix de l'enduit pour pouvoir ensuite exploiter le dernier tableau (*document 3*).

BIEN COMPRENDRE LES QUESTIONS

Question 1

Utilisez vos connaissances et le *document 1* pour identifier et nommer les éléments chimiques. Attention, seuls les éléments chimiques communs au calcaire et à la chaux vive doivent être relevés.

Question 2

Relevez dans l'énoncé l'équation de l'extinction de la chaux vive et utilisez ensuite vos connaissances pour déterminer si cette transformation est une transformation physique ou chimique.

Question 3

Le tableau préliminaire de l'énoncé donne l'équation de la dissolution de la chaux éteinte dans l'eau. Identifiez dans les produits de cette réaction les espèces qui possèdent un caractère acide ou basique.

Question 4

Lisez attentivement l'énoncé pour en extraire le (ou les) critère(s) de choix de l'enduit. Sélectionnez ensuite dans le tableau du *document 3* le (ou les) enduit(s) qui respecte(nt) au mieux ces critères.

CORRIGÉ 11

Comprendre le corrigé

1 Les éléments chimiques **communs** au calcaire, de formule $CaCO_3$, et à la chaux vive, de formule CaO, ont pour symboles **Ca et O**. Ce sont respectivement **les éléments chimiques calcium et oxygène**.

Piège à éviter
L'élément chimique carbone, de symbole C, n'est pas présent dans la chaux vive.

D'après l'énoncé, l'équation de la réaction associée à l'extinction de la chaux vive est :
$CaO + H_2O \rightarrow Ca(OH)_2$.

2 Il y a dans cette transformation **redistribution des atomes** qui constituent les réactifs CaO et H_2O pour former **une nouvelle molécule $Ca(OH)_2$** : la transformation est **une transformation chimique**.

3 D'après le tableau de l'énoncé, la dissolution de la chaux éteinte dans l'eau a pour équation :
$Ca(OH)_2 \rightarrow Ca^{2+} + 2\ HO^-$.

Remarque
L'ion noté OH^- dans l'énoncé correspond à l'ion hydroxyde HO^-.

La dissolution de la chaux éteinte entraîne donc **l'augmentation de la quantité d'ions hydroxyde dans la solution**. La solution devient ainsi **basique puisque la quantité d'ions hydroxyde devient plus importante que la quantité d'ions hydrogène**.

Le pH indiqué dans l'énoncé (**pH compris entre 9,5 et 11,5**) est cohérent avec cette analyse puisqu'il est **plus grand que 7**, la solution est bien une **solution basique**.

MÉTHODE
SUJETS PAS À PAS
SUJETS COMME À L'EXAMEN

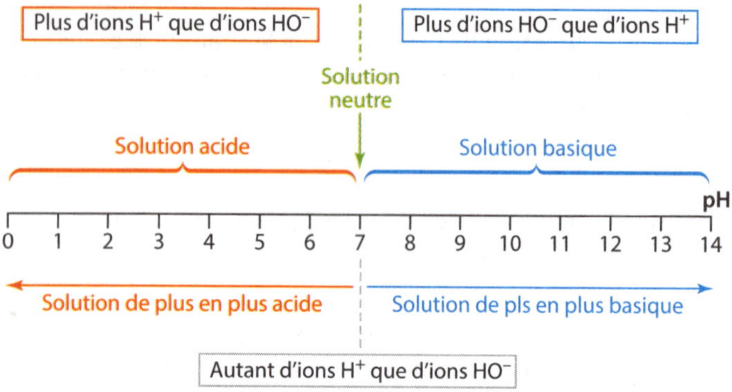

4 D'après l'énoncé, l'enduit doit permettre :
- de maintenir **constante la température intérieure** ;
- de **laisser passer la vapeur d'eau** ;
- d'**absorber l'humidité de l'air intérieur**.

Afin de permettre de maintenir la température intérieure constante, il faut que la **conductivité thermique du matériau constituant l'enduit intérieur soit la plus petite possible**. Ce critère conduit à **exclure de laisser le mur nu** car le *document 3* stipule que la conductivité thermique d'un mur nu est forte.

Les conductivités thermiques des murs avec les trois types d'enduits étant toutes moyennes, ce **critère n'est pas sélectif** pour l'enduit à retenir.

Le mur enduit de ciment ne laisse **pas passer facilement la vapeur d'eau**, contrairement aux murs enduits de chaux ou de chaux-chanvre, puisque le *document 3* mentionne une forte résistance à la diffusion de la vapeur d'eau pour un mur couvert de cet enduit. **Ce type d'enduit est donc à exclure.**

Les murs enduits **de chaux ou de chaux-chanvre** répondent **favorablement aux deux premiers critères** : conductivité thermique moyenne et faible résistance à la diffusion de vapeur d'eau. **Le mur enduit de chaux-chanvre permet cependant une meilleure absorption** de l'humidité intérieure que le mur enduit de chaux puisque le *document 3* lui attribue une capacité « très forte » d'absorption, contre une capacité « forte » pour le mur enduit simplement de chaux.

L'enduit intérieur permettant d'assurer le meilleur confort à l'intérieur de la maison est donc, en appliquant les critères de l'énoncé, le mur enduit de chaux-chanvre.

Remarque
Il est nécessaire de bien interpréter les différents critères pour les mettre en relation avec le *document 3*.

SUJET 12 France métropolitaine, juillet 2019 — 25 pts — 30 min

Analyse de l'atmosphère terrestre

Des cylindres de glace, de formule chimique H_2O, appelés « carottes », sont prélevés dans les régions polaires et dans les glaciers des montagnes ; ils contiennent des renseignements précieux pour l'étude du climat.

L'élément oxygène se trouve notamment sous la forme de trois atomes stables nommés oxygène 16, oxygène 17 et oxygène 18. À partir de la proportion d'oxygène 18 par rapport à l'oxygène 16 dans la glace, les chercheurs déterminent la température de l'atmosphère au moment de la formation de la glace.

DOC. 1 Un modèle de l'atome d'oxygène

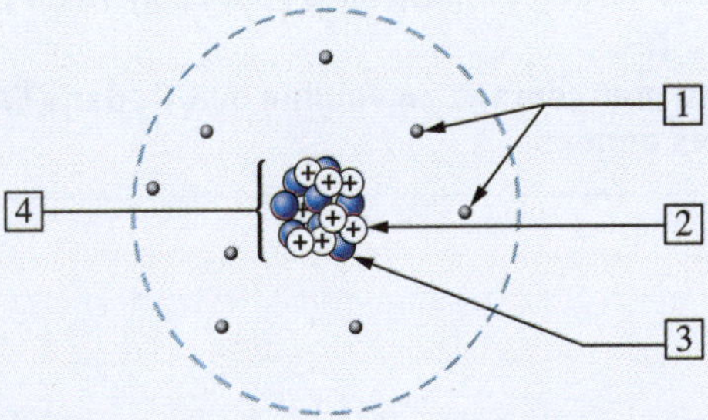

DOC. 2 Fiches d'identité des atomes d'oxygène stables

Oxygène 16

Symbole : $^{16}_{8}O$
Numéro atomique : 8
Nombre d'électrons : 8
Nombre de nucléons : 16
Masse de l'atome :
$2{,}67 \times 10^{-26}$ kg
Abondance : 99,76 %

Oxygène 17

Symbole : $^{17}_{8}O$
Numéro atomique : 8
Nombre d'électrons : 8
Nombre de nucléons : 17
Masse de l'atome :
$2{,}84 \times 10^{-26}$ kg
Abondance : 0,04 %

Oxygène 18
Symbole : ${}^{18}_{8}O$
Numéro atomique : 8
Nombre d'électrons : 8
Nombre de nucléons : 18
Masse de l'atome :
$3{,}01 \times 10^{-26}$ kg
Abondance : 0,20 %

1 **a.** Légender le *document 1* en affectant à chaque numéro un nom parmi les propositions suivantes : noyau, électrons, proton, neutron.

b. Quel est le nombre de protons présents dans chacun des trois atomes d'oxygène ? Justifier les réponses par une phrase.

2 L'analyse des bulles d'air piégées dans la glace permet de déterminer la quantité de dioxyde de carbone CO_2 contenu dans l'atmosphère du passé.

DOC. 3 Évolution du pourcentage en volume de CO_2 dans l'air au cours des années

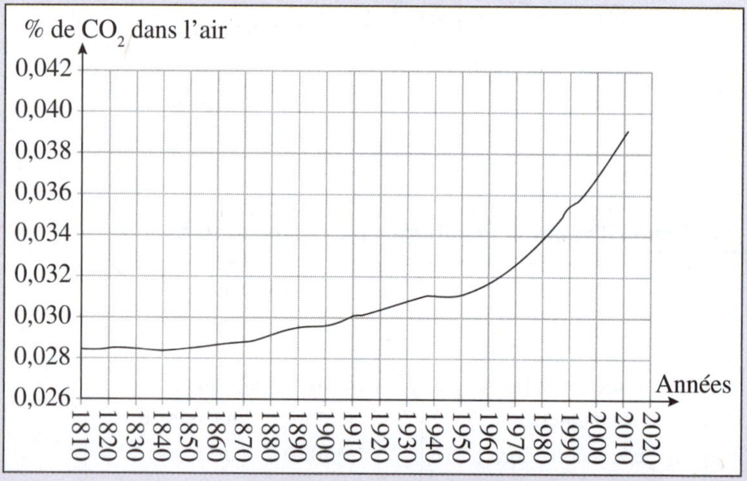

Données : https://www.eea.europa.eu/data-and-maps/figures/atmospheric-concentration-of-co2-ppm-1

a. En utilisant le graphique du *document 3*, indiquer le pourcentage en volume de dioxyde de carbone présent dans l'air en 1910.

b. En quelle année ce pourcentage a-t-il atteint 0,037 % ?

c. Comparer, en citant des données du graphe, l'évolution du pourcentage de CO_2 en volume dans l'air, entre 1810 et 1950, puis entre 1950 et 2010.

d. Quelle valeur pourrait atteindre ce pourcentage en 2020 ? Décrire et critiquer la méthode utilisée.

3 Le projet Ice Memory est un programme scientifique dont l'objectif est de constituer la première archive glaciaire du monde. Des carottes provenant des glaciers les plus en danger seront conservées à – 54 °C dans une cave creusée sous la neige de l'Antarctique.

DOC. 4

Lieu de prélèvement de carottes glaciaires	Intensité de pesanteur *g* du lieu
Glacier du Mont Illimani (Bolivie). Altitude 6 300 m	g = 9,76 N/kg
Glacier du Col du Dôme (France). Altitude 4 236 m	g = 9,79 N/kg
Base de Vostok (Antarctique). Altitude 3 800 m	g = 9,82 N/kg

a. À la base de Vostok qui se situe en Antarctique, on extrait une carotte de glace de 3 mètres de long, le poids du cylindre de glace est P = 236 N.

Schématiser le cylindre de glace en position verticale et représenter le poids de la glace par un segment fléché en prenant pour échelle 1 cm pour 100 N.

b. Utiliser les données du *document 4* et de la question **3** a. pour calculer la masse du cylindre de glace de Vostok en kilogrammes. Expliquer la démarche suivie et écrire la relation utilisée.

PAR ÉTAPES

À CONNAÎTRE

- Un **atome** est constitué d'**électrons**, chargés négativement, et d'un noyau. Ce noyau comporte des **neutrons** et des **protons**, chargés positivement.
- Le **numéro atomique** d'un atome correspond au **nombre de protons** présents dans le noyau de cet atome.
- Sur un graphique, une relation de **proportionnalité** entre les valeurs de l'axe des abscisses et de l'axe des ordonnées peut être représentée par une droite passant par l'origine.
- En première approximation, le **poids** d'un objet correspond à la force à distance exercée par la Terre sur cet objet.
- La valeur du poids P d'un objet de masse m est égale à : $\boldsymbol{P = m \times g}$, avec g l'intensité de pesanteur du lieu où se trouve l'objet.

ANALYSER L'ÉNONCÉ ET LES DOCUMENTS

- Certaines informations, comme les différentes formes stables de l'atome d'oxygène, sont données dans l'énoncé, mais elles ne sont pas utiles à la résolution de l'exercice.
- Le *document 1* représente un modèle de l'atome d'oxygène.
- Le *document 2* permet de retrouver le nombre d'entités contenues dans les atomes stables d'oxygène.
- Dans le *document 3*, lisez bien les valeurs données sur les axes des abscisses et des ordonnées, car elles ne commencent pas à zéro.
- Le *document 4* permet de connaître les valeurs de l'intensité de pesanteur d'un lieu, car l'intensité de pesanteur dépend de l'altitude du lieu.

BIEN COMPRENDRE LES QUESTIONS

Question 1

Faites le lien entre vos connaissances et les *documents 1* et *2* pour répondre aux premières questions.

Question 2

Rappelez-vous que la formule du dioxyde de carbone est CO_2 pour bien comprendre le *document 3*, qui est essentiel à la résolution de ces questions.

Question 3

Gardez du temps pour répondre à ces questions, car la réalisation d'un calcul est demandée.

CORRIGÉ 12

Comprendre le corrigé

1 a. Le modèle de l'atome d'oxygène représenté dans le *document 1* doit être légendé de la manière suivante.

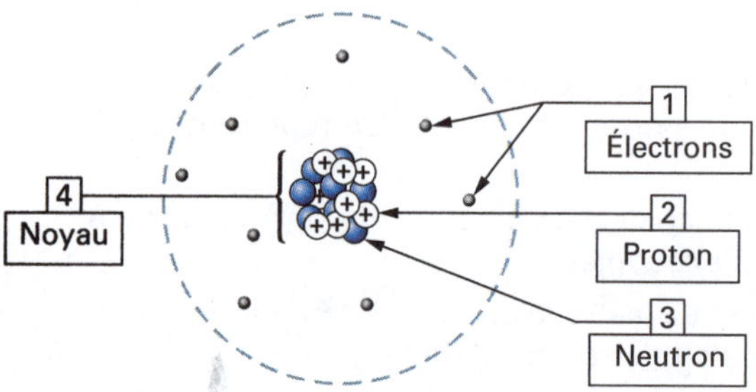

Ne pas confondre

Un proton a une charge électrique positive, tandis qu'un neutron est neutre.

b. Le numéro atomique d'un atome correspond au nombre de protons présents dans le noyau de cet atome.

D'après le *document 2*, l'oxygène 16, l'oxygène 17 et l'oxygène 18 contiennent donc chacun **8 protons dans leur noyau**.

Gagnez des points !
N'oubliez pas de justifier votre réponse, car c'est demandé dans l'énoncé.

2 a. D'après le *document 3*, le pourcentage en volume de dioxyde de carbone présent dans l'air en 1910 est égal à **0,030 %.**

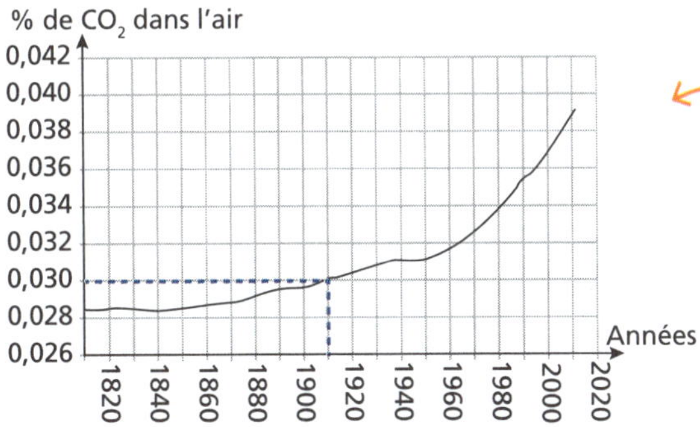

L'astuce du prof
Utilisez une règle, et éventuellement une équerre, pour réaliser les traits de construction sur le graphique vous permettant de trouver la bonne réponse.

b. D'après le *document 3*, le pourcentage en volume de dioxyde de carbone présent dans l'air a atteint 0,037 % en **2000**.

c. D'après le *document 3*, le pourcentage en volume de dioxyde de carbone présent dans l'air est égal :

- en 1810 à **0,0285 % ;**
- en 1950 à **0,031 % ;**
- en 2010 à **0,039 %.**

Le pourcentage en volume de dioxyde de carbone présent dans l'air a augmenté de :

0,031 – 0,0285 = **0,003 % en 140 ans entre 1810 et 1950**

et il a augmenté de :

0,039 – 0,031 = **0,008 % en 60 ans entre 1950 et 2010.**

Ainsi, le pourcentage en volume de dioxyde de carbone présent dans l'air a **augmenté beaucoup plus rapidement entre 1950 et 2010 qu'entre 1810 et 1950.**

Méthode
Réalisez des soustractions pour comparer les augmentations entre 1810 et 1950, et entre 1950 et 2010.

d. Si on prolonge le graphe sur le *document 3*, le pourcentage en volume de dioxyde de carbone pourrait atteindre **0,041 %** en 2020 (voir page suivante).

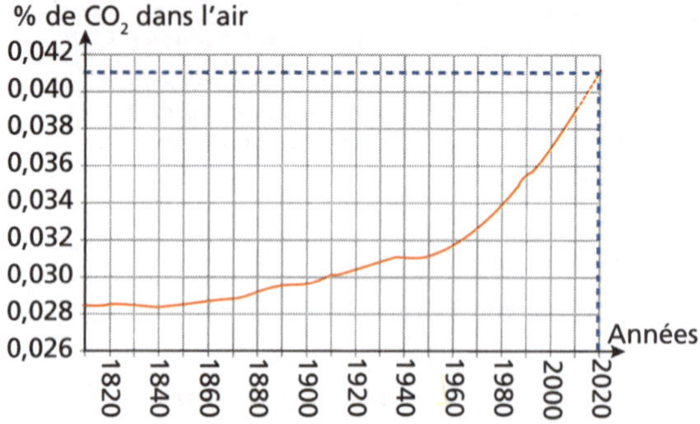

Gagnez des points !
Reproduisez le graphe rapidement sur votre feuille pour mieux expliquer votre méthode.

Cette méthode de prévision est **critiquable**, car prolonger la courbe par une droite sur le graphe sous-entend une **relation de proportionnalité** entre le pourcentage en volume de dioxyde de carbone et le temps. Or, l'observation du graphique du *document 3* ne permet pas du tout de prévoir une telle proportionnalité.

3 **a.** Un cylindre de glace en position verticale est représenté ci-après par un rectangle, et le poids de la glace est représenté par un segment fléché de 2,36 cm, en prenant pour échelle 1 cm pour 100 N.

L'astuce du prof
Vérifiez que le segment fléché est orienté vers le bas.

b. La valeur du poids *P* d'un cylindre de glace de masse *m* est égale à : $P = m \times g$, avec *g* l'intensité de pesanteur du lieu où se trouve l'objet.

La masse *m* du cylindre de glace de Vostok est donc égale à :

$$m = \frac{P}{g}$$

$$m = \frac{236}{9{,}82} = \mathbf{24{,}0\ kg}.$$

L'astuce du prof
Le résultat du calcul de la masse est donné directement dans la bonne unité, en kilogrammes.

SUJET 13 Asie, juin 2019

25 pts 30 min

Des verres correcteurs de plus en plus légers

Les verres correcteurs actuels équipant les lunettes sont généralement composés d'un matériau nommé CR39 qui remplace de plus en plus souvent d'autres matériaux tels que le crown. L'utilisation du CR39 à la place du crown permet de diviser par deux ou trois environ la masse d'un verre correcteur.

DOC. 1 Caractéristiques d'un verre correcteur en CR39

Forme	Le verre est bombé. Dimensions approximatives : 30 mm × 50 mm. L'épaisseur n'est pas uniforme.
Masse	4,1 g
Volume	3,1 mL

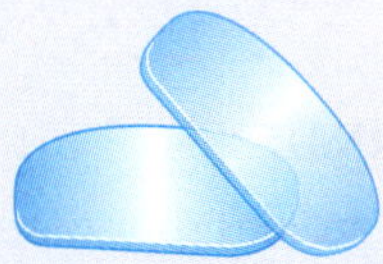

1 Le CR39 est fabriqué à partir d'une substance constituée de molécules de formule $C_{12}H_{18}O_7$. Indiquer la composition atomique de ces molécules.

L'un des intérêts du matériau CR39 est sa faible masse volumique par rapport à celle du crown, généralement comprise entre 2,2 et 3,8 g/mL.

2 À l'aide de calculs détaillés, justifier l'affirmation : « l'utilisation du CR39 à la place du crown permet de diviser par deux ou trois environ la masse d'un verre correcteur ».

Pour déterminer le volume d'un verre correcteur en CR39, on utilise une éprouvette graduée et de l'eau.

DOC. 2 Caractéristiques de quelques éprouvettes graduées

Capacité (mL)	Précision (mL)	Graduation (mL)	Diamètre intérieur (mm)	Hauteur intérieure (mm)
10	± 0,2	0,2	14	65
50	± 1,0	0,5	25	102
100	± 1,0	1	29	152
250	± 2,0	2	43	173
500	± 5,0	5	53	227

3 Le laboratoire dispose de diverses éprouvettes dont les caractéristiques sont données dans le *document 2*.

Choisir l'éprouvette la plus adaptée à la mesure que l'on veut faire, en justifiant à partir des données des *documents 1 et 2*.

4 Expliquer la méthode de mesure et la schématiser.

5 Parmi les propositions suivantes, choisir, en la justifiant, celle qui permet d'améliorer la précision de cette mesure en gardant la même éprouvette :

- **proposition a :** augmenter le volume d'eau ;
- **proposition b :** mesurer le volume total de plusieurs verres identiques ;
- **proposition c :** remplacer l'eau par un liquide de masse volumique plus petite.

PAR ÉTAPES

À CONNAÎTRE

- Les **atomes** sont représentés par un symbole chimique : une lettre majuscule quelquefois suivie d'une minuscule.
- Une **molécule** est un assemblage d'atomes électriquement neutre. Elle est représentée par une formule chimique qui indique le nom des atomes qui la constituent et leur nombre.
- La **masse volumique** d'une espèce chimique est le quotient de la masse m d'un échantillon par son volume V :

$$\rho = \frac{m}{V}$$

avec m en grammes (g), V en millilitres (mL) et ρ en grammes par millilitre (g/mL).

ANALYSER L'ÉNONCÉ ET LES DOCUMENTS

- La première partie du sujet est consacrée à la formule chimique de l'espèce chimique qui constitue le verre correcteur en CR39 et à la comparaison de sa masse volumique avec celle d'un autre verre.
- La seconde partie aborde la problématique de la mesure du volume d'un verre correcteur et de sa précision.

BIEN COMPRENDRE LES QUESTIONS

Question 1

Utilisez vos connaissances pour déterminer la composition atomique de la substance à partir de sa formule chimique.

Question 2

Le *document 1* donne la masse et le volume du CR39. Il faut calculer sa masse volumique et la comparer ensuite à celle du verre correcteur en crown indiquée dans l'énoncé.

Question 3

Le *document 1* indique les dimensions approximatives du verre correcteur. L'éprouvette retenue pour l'expérience doit bien évidemment pouvoir contenir ce verre, et sa précision doit être la plus grande possible.

Question 4

Il est nécessaire de réaliser des schématisations qui expliquent le principe de la mesure du volume du verre correcteur et de donner toutes les explications permettant de comprendre la méthode utilisée.

Question 5

L'énoncé précise qu'une seule des propositions est à retenir. Il n'est donc pas nécessaire d'expliquer en quoi deux de ces propositions sont à exclure, mais simplement d'argumenter sur celle qui sera retenue.

CORRIGÉ 13

1 L'entité chimique de formule chimique $C_{12}H_{18}O_7$ est une molécule constituée de **12 atomes de carbone, 18 atomes d'hydrogène et 7 atomes d'oxygène.**

2 La masse volumique du matériau CR39 est :

$\rho = \frac{m}{V}$ soit $\rho = \frac{4,1}{3,1} = \mathbf{1,3\ g/mL}$.

La masse volumique du crown est comprise entre 2,2 et 3,8 g/mL. On peut calculer les rapports de ces masses volumiques par celle du CR39 :

$\frac{2,2}{1,3} = 1,7$ et $\frac{3,8}{1,3} = 2,9$

Le CR39 a donc une masse volumique de 1,7 à 2,9 fois plus petite que celle du crown. Ce résultat est **cohérent** avec la division par 2 à 3 de la masse volumique citée dans le texte.

3 Il est nécessaire que **la dimension de l'éprouvette (diamètre intérieur) soit suffisante** pour que le verre puisse être immergé dans l'éprouvette. D'après le *document 1*, le verre a une dimension approximative de 30 mm par 50 mm. Le diamètre intérieur de l'éprouvette **doit être supérieur à 30 mm,** ce qui permet **d'écarter** les éprouvettes de capacités 10 mL, 50 mL et 100 mL.

Comprendre le corrigé

À savoir

Les atomes de carbone, d'hydrogène et d'oxygène ont pour symboles respectifs C, H et O.

Piège à éviter

Si la masse est en grammes (g) et le volume en millilitres (mL), la masse volumique est en grammes par millilitre (g/mL).

L'éprouvette graduée de 250 mL présente une **précision supérieure** à celle de l'éprouvette de 500 mL puisqu'elle permet de réaliser des mesures **à 2,0 mL près contre 5,0 mL** pour l'éprouvette de 500 mL.

On choisira ainsi l'éprouvette graduée de 250 mL.

Remarque
La précision de l'éprouvette graduée dépend des graduations de cette éprouvette.

4 ❶ **Première étape : on place un volume déterminé d'eau dans l'éprouvette graduée.** Ce volume doit être suffisant pour pouvoir immerger le verre, et il ne doit pas être trop grand pour que le volume mesuré après immersion reste dans les graduations (un volume de 100 mL suffira amplement). On lira avec le plus de précision possible le **volume V_1 d'eau** dans l'éprouvette.

❷ **Seconde étape : on immerge délicatement le verre correcteur** dans l'éprouvette graduée et on relève le plus précisément possible le nouveau volume d'eau, V_2.

Le volume du verre correcteur est ainsi égal à $V_2 - V_1$.

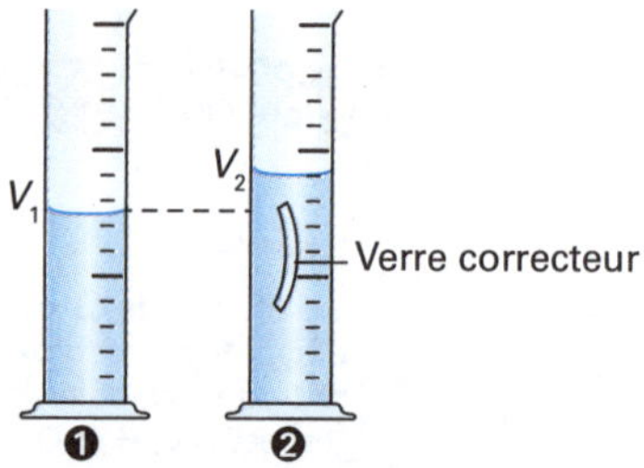

5 La **proposition b** permet d'améliorer la précision de la mesure du volume du verre correcteur en conservant la même éprouvette. En effectuant plusieurs fois une même mesure, on augmente toujours la précision de la mesure.

Pour aller plus loin
L'utilisation des outils statistiques permet ensuite de mieux caractériser la mesure effectuée et de quantifier l'erreur de mesure tout en la minimisant par un effet de moyennage.

SUJET 14 Centres étrangers, juin 2021

25 pts 30 min

Triathlon

Le triathlon est une discipline sportive réunissant trois épreuves : la natation, le cyclisme et la course à pied.

1 Épreuve de natation

Les concurrents démarrent le triathlon par une épreuve de natation.

DOC. 1 Chronophotographie d'une partie du déplacement d'une nageuse

Une chronophotographie est une succession de clichés pris à intervalles de temps égaux.

a. Décrire la trajectoire de la nageuse.

b. Décrire l'évolution de la vitesse de la nageuse au cours du temps. Justifier la réponse.

c. Qualifier le mouvement de la nageuse en choisissant deux termes parmi les suivants : *rectiligne / circulaire / ralenti / uniforme / accéléré*

2 Épreuve de cyclisme

À la sortie de l'eau, les concurrents récupèrent leur vélo.

a. Une athlète souhaite utiliser le vélo le plus léger possible parmi deux modèles à sa disposition.

DOC. 2 Modèles de vélo

Modèle	 Vélo 1	 Vélo 2
Matériau utilisé pour le cadre	Fibre de carbone	Aluminium

Les dimensions des deux modèles sont strictement identiques. Les volumes des tubes constituant les cadres sont les mêmes. Seuls les matériaux utilisés pour les cadres diffèrent.

Préciser le modèle choisi par l'athlète. Justifier.

Données :
– Masse volumique de la fibre de carbone : 1,8 × 10^3 kg/m^3.
– Masse volumique de l'aluminium : 2,7 × 10^6 g/m^3.

b. La pression des pneus est une donnée importante pour augmenter les performances. Le graphe ci-dessous donne la pression des pneus recommandée en fonction du poids du cycliste.

DOC. 3 Pression des pneus selon le poids du cycliste

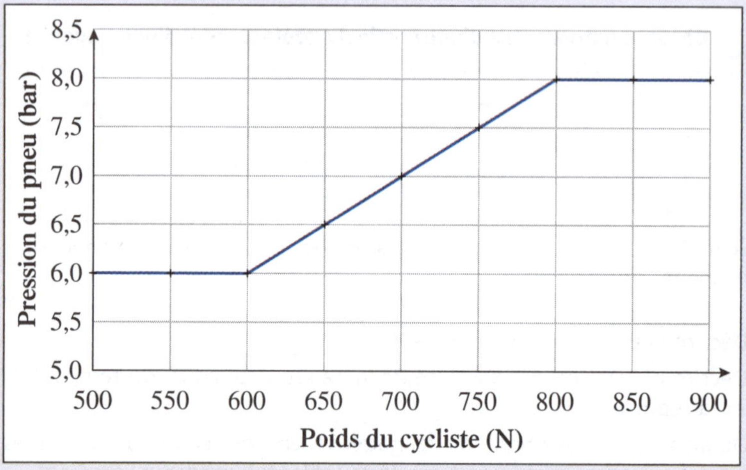

Déterminer la valeur de la pression à appliquer aux pneus du vélo d'une cycliste dont la masse est de 65 kg. *Toute démarche proposée sera prise en compte.*

Donnée : pour l'intensité de la pesanteur sur Terre, on prendra g_T = 10 N/kg.

3 Épreuve de course à pied

Les concurrents terminent le triathlon par une épreuve de course à pied.

Sur le parcours, des verres de boisson énergisante à base de glucose sont proposés aux points de ravitaillement.

a. Une molécule de glucose a pour formule chimique $C_6H_{12}O_6$.

Préciser le nombre et le nom de chacun des atomes composant une molécule de glucose.

DOC. 4 Extrait de la classification périodique des éléments

H 1 hydrogène							He 2 hélium
Li 3 lithium	Be 4 béryllium	B 5 bore	C 6 carbone	N 7 azote	O 8 oxygène	F 9 fluor	Ne 10 néon
Na 11 sodium	Mg 12 magnésium	Al 13 aluminium	Si 14 silicium	P 15 phosphore	S 16 soufre	Cl 17 chlore	Ar 18 argon

b. Au niveau des muscles a lieu une transformation chimique modélisée par la réaction entre le glucose et le dioxygène. Cette transformation s'accompagne d'un dégagement d'énergie.

L'équation de réaction est :

$$C_6H_{12}O_6 + 6\ O_2 \longrightarrow 6\ CO_2 + 6\ H_2O$$

Justifier qu'il s'agit bien d'une transformation chimique.

c. L'énergie chimique est convertie en énergie cinétique et en énergie thermique.

Recopier et compléter le diagramme énergétique d'un muscle, représenté ci-dessous.

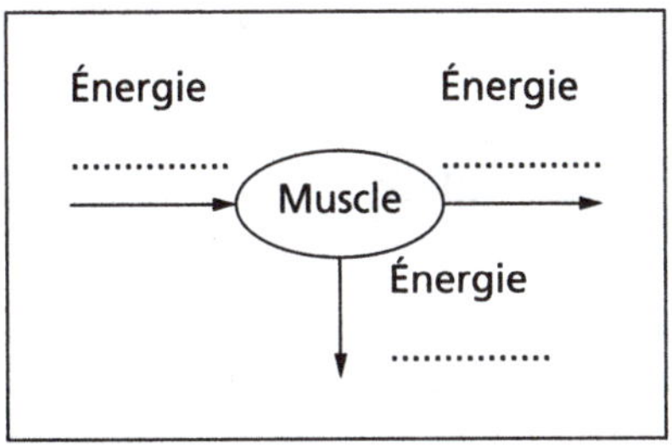

d. Pour couvrir ses besoins énergétiques, l'athlète consomme une boisson énergétique.

Durant une heure de course à pied, la dépense énergétique moyenne de l'athlète est d'environ 30 kJ par kg de masse corporelle.

Une athlète de 65 kg court pendant 30 min.

Déterminer le nombre de verres de boisson énergisante nécessaires pour couvrir la dépense énergétique sachant qu'un verre de boisson énergisante apporte une énergie d'environ 335 kJ à l'athlète.

Détailler le raisonnement. *Toute démarche proposée sera prise en compte.*

PAR ÉTAPES

À CONNAÎTRE

- La trajectoire d'un point est la **figure géométrique** que décrit le point au cours du temps.
- La valeur v de la vitesse d'un point est égale à $\boldsymbol{v = \frac{d}{t}}$ avec d la distance parcourue par le point pendant une durée t.
- La masse volumique ρ d'un objet de masse m et de volume V est égale à $\rho = \frac{\boldsymbol{m}}{\boldsymbol{V}}$.
- Le poids P d'un objet de masse m est égal à $\boldsymbol{P = m \times g}$, avec g l'intensité de la pesanteur.
- La **formule chimique** d'une molécule permet de connaître **le nombre et le nom des atomes** qui composent cette molécule.
- Lors d'une **transformation chimique**, il y a une **recombinaison des atomes**, ce qui n'est pas le cas lors d'une transformation physique.

ANALYSER L'ÉNONCÉ ET LES DOCUMENTS

- Le *document 1* est une chronophotographie, c'est-à-dire qu'il représente la même nageuse à différents instants.
- Dans le *document 3*, ne confondez pas poids et masse.
- Les énoncés des questions **2 b.** et **3 d.** indiquent que toute démarche proposée sera prise en compte. Écrivez donc ce à quoi vous avez pensé, même si vous ne trouvez pas la réponse finale.

BIEN COMPRENDRE LES QUESTIONS

Question 1

Étudiez la chronophotographie présentée dans le *document 1* pour décrire l'évolution de la vitesse de la nageuse au cours du temps.

Question 2

Ne vous trompez pas dans les unités des différentes grandeurs utilisées dans ces questions.

Question 3

Donnez un nombre entier de verres (sans chiffres après la virgule) lors de la résolution de la question **d.**.

CORRIGÉ 14

1 **a.** La trajectoire de la nageuse est une **droite**.

b. Une chronophotographie est une succession de clichés pris à intervalles de temps *t* égaux.

Comme la distance *d* entre deux positions de la nageuse augmente au cours du temps, la valeur $v = \frac{d}{t}$ de sa vitesse **augmente au cours du temps**.

c. D'après les questions précédentes, le mouvement de la nageuse est **rectiligne accéléré**.

2 **a.** Comme la masse volumique ρ d'un matériau de masse *m* et de volume *V* est égale à $\rho = \frac{m}{V}$, la masse *m* du matériau est égale à $\boldsymbol{m = \rho \times V}$.

Étant donné que les volumes *V* des tubes constituant les cadres des deux vélos sont identiques, la masse *m* d'un cadre de vélo est d'autant plus petite que la masse volumique ρ du matériau qui le constitue est petite.

Or, la masse volumique de la fibre de carbone ($1,8 \times 10^3$ kg/m^3) est plus petite que la masse volumique de l'aluminium ($2,7 \times 10^6$ g/m^3).

Ainsi, le modèle de vélo choisi par l'athlète, c'est-à-dire le modèle le plus léger, est **le vélo 1 avec un cadre en fibre de carbone**.

b. Sur Terre, le poids *P* d'une cycliste de masse $m = 65$ kg est égal à : $\boldsymbol{P = m \times g_T}$.

$P = 65 \times 10 =$ **650 N**

Ainsi, d'après le graphe ci-dessous présentant la pression des pneus recommandée en fonction du poids du cycliste, **la pression à appliquer aux pneus du vélo de la cycliste vaut 6,5 bar**.

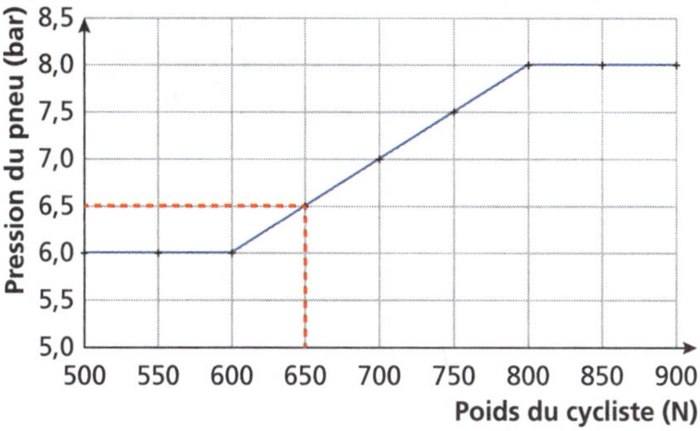

Comprendre le corrigé

Piège à éviter
Ne confondez pas trajectoire et caractéristique du mouvement : la trajectoire de la nageuse est une droite, et son mouvement est rectiligne.

Rappel
Si la valeur de la vitesse de la nageuse était constante, son mouvement serait uniforme.

Conversion d'unités
$1,8 \times 10^3$ kg/m^3
$= 1,8 \times 10^6$ g/m^3.

Remarque
Le kilogramme (kg) est une unité de la masse, le newton (N) est une unité du poids, tandis que le bar (bar) est une unité de la pression.

3 a. Une molécule de glucose a pour formule chimique $C_6H_{12}O_6$.

Ainsi, une molécule de glucose est composée de **6 atomes de carbone C, 12 atomes d'hydrogène H et 6 atomes d'oxygène O.**

> **L'astuce du prof**
> Si vous ne vous souvenez plus que C correspond au carbone, H à l'hydrogène et O à l'oxygène, lisez le *document 4* présentant un extrait de la classification périodique pour retrouver ces informations.

b. La transformation modélisée par la réaction entre le glucose et le dioxygène a pour équation :

$$C_6H_{12}O_6 + 6\ O_2 \longrightarrow 6\ CO_2 + 6\ H_2O$$

Lors de cette transformation, il y a **recombinaison des atomes de carbone C, d'hydrogène H et d'oxygène O**. Cette transformation est donc une **transformation chimique**.

c. Dans un muscle, l'énergie chimique est convertie en énergie cinétique et en énergie thermique.

Le diagramme énergétique d'un muscle peut donc être représenté de la manière suivante :

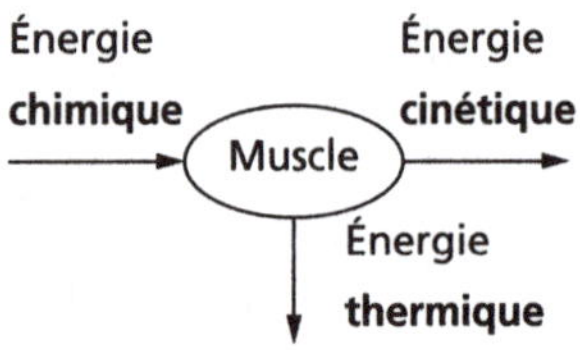

> **Gagnez des points !**
> Dans un diagramme énergétique, les convertisseurs sont notés dans des ovales, et les formes d'énergie à convertir ou converties sont indiquées au-dessus des flèches.

d. La dépense énergétique moyenne de l'athlète est égale à E_k = 30 kJ par kg de masse corporelle et par heure de course à pied.

Comme l'athlète de masse m = 65 kg court pendant une durée t = 30 min = 0,5 h, sa dépense énergétique notée E est égale à : $E = E_k \times m \times t$.

Sachant qu'un verre de boisson énergisante apporte une énergie E_b = 335 kJ à l'athlète, **le nombre N de verres de boisson énergisante** nécessaires pour couvrir sa dépense énergétique durant sa course vaut :

$$N = \frac{E}{E_b} = \frac{E_k \times m \times t}{E_b}$$

$$N = \frac{30 \times 65 \times 0{,}5}{335}$$

N = 3 verres

> **L'astuce du prof**
> Pour résoudre cette tâche complexe, il est aussi possible de réaliser des calculs intermédiaires :
> $E = E_k \times m \times t$
> $E = 30 \times 65 \times 0{,}5 = 975$ kJ
> $N = \frac{E}{E_b} = \frac{975}{335} = 3$

SUJET 15 Amérique du Nord, juin 2019

25 pts · 30 min

Saut en parachute

Un parachutiste saute habituellement depuis un avion en plein vol à une altitude d'environ 3 à 4 km. Pour battre un record de vitesse, l'Autrichien Felix Baumgartner a réalisé en 2012 un saut hors du commun depuis un ballon-sonde à 39 km d'altitude.

Schématisation de deux sauts en parachute

Saut depuis un avion

Saut de F. Baumgartner

1 Parmi les propositions suivantes, indiquer, en justifiant la réponse à partir du *document 1* de la page suivante, celle qui satisfait aux caractéristiques du saut de F. Baumgartner.

Le mouvement est :

- **proposition a :** accéléré puis ralenti ;
- **proposition b :** accéléré puis uniforme ;
- **proposition c :** uniforme puis accéléré.

2 Montrer sans calcul que l'analyse du *document 2* de la page suivante permet de retrouver la réponse précédente.

3 Le parachutiste est soumis à deux actions mécaniques : l'action de la Terre modélisée par le poids (appelée force de pesanteur) et les frottements de l'air. Indiquer, pour chacune de ces actions, s'il s'agit d'une action de contact ou d'une action à distance.

DOC. 1 Évolution de la vitesse de F. Baumgartner par rapport au sol terrestre en fonction du temps, avant l'ouverture du parachute

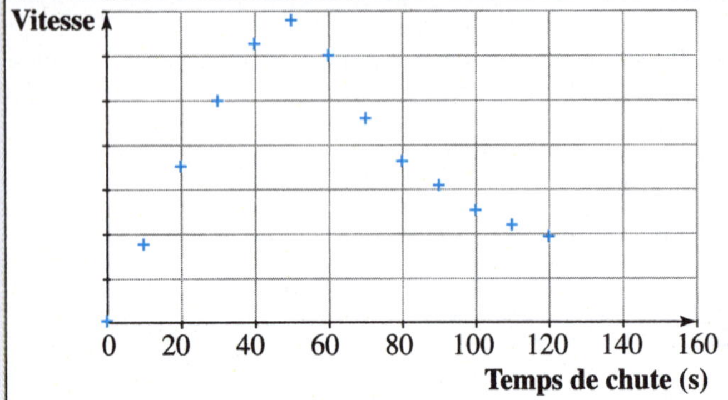

Les valeurs de la vitesse sont volontairement absentes.

DOC. 2 Positions successives de F. Baumgartner au début de sa chute, avant l'ouverture du parachute

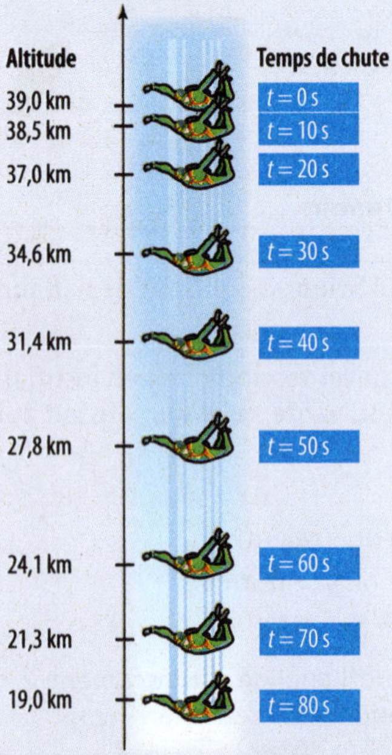

4 En exploitant les *documents 1* et *2*, expliquer, à l'aide de calculs, si la vitesse maximale atteinte par F. Baumgartner est proche de 250 m/s, 370 m/s ou 470 m/s.

PAR ÉTAPES

À CONNAÎTRE

- L'action de la Terre sur un objet ou sur un être humain est une **action à distance**.
- Un objet ou un être humain a un mouvement **accéléré** si la valeur de sa **vitesse augmente** au cours du temps.
- Un objet ou un être humain a un mouvement **uniforme** si la valeur de sa **vitesse** est **constante** au cours du temps.
- Un objet ou un être humain a un mouvement **ralenti** si la valeur de sa vitesse **diminue** au cours du temps.
- La valeur v de la vitesse d'un objet ou d'un être humain est égale à $v = \frac{d}{t}$, avec d la distance parcourue par l'objet ou l'être humain pendant une durée t.

ANALYSER L'ÉNONCÉ ET LES DOCUMENTS

- Les valeurs de la vitesse dans le *document 1* étant volontairement absentes, l'intérêt de ce document est d'étudier les variations de la valeur de la vitesse du parachutiste au cours de sa chute.
- Toutes les valeurs d'altitude du *document 2* ne sont pas utiles. Seules celles permettant de calculer la valeur maximale de la vitesse du parachutiste doivent être relevées. Analysez également l'évolution de la distance entre deux positions du parachutiste pendant sa chute.

BIEN COMPRENDRE LES QUESTIONS

Question 1

Reprenez les définitions des termes « accéléré », « uniforme » et « ralenti » pour justifier la réponse.

Question 2

Comparez les distances parcourues par le parachutiste pendant une même durée pour faire le lien avec le *document 1*.

Question 3

Cette question demande une réponse très courte.

Question 4

Calculez la distance maximale parcourue par le parachutiste pendant 10 s pour répondre à la question posée.

CORRIGÉ 15

Comprendre le corrigé

1 **Proposition a.** Le mouvement de F. Baumgartner est **accéléré, puis ralenti**. En effet, d'après le *document 1*, la valeur de la **vitesse** de F. Baumgartner **augmente, puis diminue** au cours de sa chute.

2 D'après le *document 2*, entre 0 s et 60 s, **la distance parcourue par F. Baumgartner pendant 10 s augmente**. Puis, entre 60 s et 80 s, **la distance parcourue par F. Baumgartner pendant 10 s diminue**.

Ainsi, comme la valeur v de la vitesse est égale à : $v = \frac{d}{t}$ avec d la distance parcourue pendant une durée t, **l'analyse du *document 2* permet de retrouver la réponse précédente** : la valeur de la vitesse de F. Baumgartner augmente, puis diminue au cours de sa chute.

L'astuce du prof
Pour être plus précis, vous pouvez donner les distances exactes parcourues par F. Baumgartner pendant 10 s, mais vous perdrez du temps sans obtenir de points supplémentaires.

3 L'action de la Terre sur le parachutiste F. Baumgartner, modélisée par le **poids du parachutiste** (aussi appelée force de pesanteur), est une **action à distance**.
Les **frottements** de l'air exercés sur le parachutiste sont une **action de contact**.

Gagnez des points !
Ne justifiez pas votre réponse, ce n'est pas demandé.

4 D'après le *document 1*, la valeur maximale de la vitesse de F. Baumgartner est atteinte après 50 s de chute, ce qui est cohérent avec le *document 2* dans lequel on voit que **la distance maximale parcourue par le parachutiste pendant une même durée est comprise entre 50 s et 60 s.**

Comme la valeur v de la vitesse est égale à $v = \frac{d}{t}$, avec d la distance parcourue pendant une durée t, la valeur maximale de la vitesse atteinte par F. Baumgartner est égale à :

$$v = \frac{27{,}8 - 24{,}1}{10} = \frac{3{,}7}{10} = 0{,}37 \text{ km/s} = \mathbf{370 \text{ m/s}}.$$

L'astuce du prof
Pensez à convertir le résultat en m/s.

SUJET 16 Sujet zéro, janvier 2018 — 25 pts — 30 min

Entraînement d'une snowboardeuse

Lors de ses entraînements, une snowboardeuse utilise divers dispositifs de mesure pour analyser ses sauts. Elle prend également soin de la semelle de ses planches de surf pour bien glisser sur la neige et améliorer ainsi ses performances.

1 La chronophotographie désigne une technique photographique qui consiste à prendre une succession de photographies, puis à les superposer, afin de permettre de bien observer les phases d'un mouvement.

DOC. 1 Chronophotographie d'un saut de Kelly Clark prise par Tom Zikas

Extrait de : www.espn.com

L'intervalle de temps entre deux prises de vue correspondant à deux positions successives de la snowboardeuse est égal à 125 ms.

Le mouvement de la snowboardeuse est décomposé en deux phases :

– la première partie du mouvement, appelée phase 1, correspond au mouvement ascendant de la snowboardeuse entre la position repérée par l'étiquette « Départ » sur la chronophotographie et le sommet de la trajectoire ;

– la seconde partie du mouvement, appelée phase 2, correspond au mouvement descendant de la snowboardeuse entre le sommet de la trajectoire et la position repérée par l'étiquette « Arrivée » sur la chronophotographie.

a. Évaluer, à l'aide de la chronophotographie et en justifiant la démarche, la durée de la phase 1 et la durée de la phase 2 du mouvement de la snowboardeuse.

b. En déduire la durée totale du mouvement en secondes.

2 L'exploitation de la chronophotographie permet d'obtenir certaines données comme le temps de parcours, la hauteur et la vitesse qui sont indiqués dans le tableau suivant.

	Départ						**Sommet**
Temps (en s)	0	0,125	0,250	0,375	0,500	0,625	0,750	0,875
Hauteur (en m)	0	0,97	2,0	3,1	4,0	4,9	5,8	6,4
Vitesse (en m/s)	12,5	11,3	9,8	8,8	7,9	7,6	6,9	5,3

							Arrivée
Temps (en s)	1,000	1,125	1,250	1,375	1,500	1,625	1,750
Hauteur (en m)	6,2	5,8	4,9	5,9	2,9	1,5	0,24
Vitesse (en m/s)	5,4	5,7	8,3	8,9	9,9	10,6	

a. Décrire l'évolution de la valeur de la vitesse pendant la phase 1, puis pendant la phase 2 du mouvement de la snowboardeuse.

b. En déduire la nature du mouvement – uniforme, accéléré ou ralenti – pour chacune des phases 1 et 2. Justifier.

c. Sur le *document 1*, représenter par un segment fléché les caractéristiques de la vitesse de la snowboardeuse à l'instant $t_0 = 0$ s. L'échelle choisie pour la représentation du segment fléché associé à la vitesse est la suivante : 1 cm correspond à 5 m/s.

3 On étudie désormais les énergies mises en jeu lors de la phase 2 du mouvement. La snowboardeuse possède de l'énergie potentielle, notée E_p, liée à sa hauteur, et de l'énergie cinétique, notée E_c, liée à sa vitesse.

a. Justifier l'affirmation suivante : « Au sommet de sa trajectoire, l'énergie cinétique de la snowboardeuse est minimale ».

b. Identifier la nature de la conversion d'énergie qui a lieu pendant la phase 2 du saut.

4 Pour améliorer la glisse, on réalise un « fartage » des planches de surf (snowboards). Pour cela, on dépose une couche de fart essentiellement constitué de paraffine sur la semelle de la planche de surf, c'est-à-dire sur la partie qui est en contact avec la neige.

DOC. 2 Propriétés de la paraffine et de l'eau

Espèce chimique	Formule chimique	Température de fusion	Propriété particulière
Paraffine	$C_{31}H_{64}$	69 °C	Espèce insoluble dans l'eau à toute température
Eau	?	0 °C	La neige, comme la glace, est de l'eau à l'état solide.

a. Donner la formule chimique de l'eau et la composition atomique d'une molécule de paraffine.

b. À l'aide des propriétés des différentes espèces chimiques, indiquer si les affirmations suivantes sont vraies ou fausses :

– **affirmation A** : la paraffine reste solide au contact de la neige ;

– **affirmation B** : pour farter des planches de surf, on dissout de la paraffine solide dans de l'eau chaude, on dépose le liquide sur la semelle des planches de surf et on laisse sécher ;

– **affirmation C** : pour farter des planches de surf, on peut utiliser un « fer à farter » porté à la température de 80 °C pour étaler la paraffine et on laisse refroidir.

PAR ÉTAPES

À CONNAÎTRE

- Le mouvement d'un objet est **ralenti** si la valeur de sa vitesse **diminue**.
- Le mouvement d'un objet est **accéléré** si la valeur de sa vitesse **augmente**.
- La vitesse d'un objet en mouvement se caractérise notamment par :

– une **direction** : la tangente à sa trajectoire ;

– un **sens** : le sens du mouvement.

- Un matériau est **solide** si sa température est **inférieure à sa température de fusion**.

ANALYSER L'ÉNONCÉ ET LE DOCUMENT

- Pour évaluer la durée d'un mouvement étudié avec une chronophotographie, relevez l'intervalle de temps entre deux prises de vue.
- Dans le tableau d'exploitation de la chronophotographie, il est équivalent de parler de vitesse (en m/s) ou de valeur de vitesse, comme cela est indiqué dans la question **2** **a**.

BIEN COMPRENDRE LES QUESTIONS

Question 1

Comptez le nombre de prises de vue pour évaluer la durée du mouvement.

Question 2

c. Le segment fléché doit avoir comme point d'application le centre de la snowboardeuse au départ. Servez-vous de la valeur de la vitesse de la snowboardeuse au départ pour calculer la longueur du segment fléché.

Question 3

Utilisez les informations données dans l'énoncé concernant les énergies cinétique et potentielle.

Question 4

a. La composition atomique d'une molécule se déduit de sa formule chimique.

b. Utilisez les valeurs des températures de fusion et les propriétés particulières de la paraffine et de l'eau énoncées dans le tableau.

CORRIGÉ 16

Comprendre le corrigé

1 a. Il y a 8 prises de vue, soit 7 intervalles de temps, entre la position repérée par l'étiquette « Départ » sur la chronophotographie et le sommet de la trajectoire.

Ainsi, la durée t_1 de la phase 1 est égale à :

$t_1 = 7 \times 125 = 875$ **ms**.

Il y a 8 prises de vue, soit 7 intervalles de temps, entre le sommet de la trajectoire et la position repérée par l'étiquette « Arrivée » sur la chronophotographie.

Ainsi, la durée t_2 de la phase 2 est égale à : $t_2 = 7 \times 125 = 875$ **ms**.

b. La durée totale t du saut de la snowboardeuse, en secondes, est égale à :

$t = t_1 + t_2 = 875 + 875 = 1\,750$ ms = **1,75 s.**

2 a. D'après le tableau décrivant l'évolution de la valeur de la vitesse de la snowboardeuse durant son saut, la valeur de la vitesse **diminue pendant la phase 1**, puis **augmente pendant la phase 2**.

b. Comme on voit que la valeur de la vitesse de la snowboardeuse diminue pendant la phase 1, on peut dire que son mouvement est **ralenti**.

Comme la valeur de la vitesse de la snowboardeuse augmente pendant la phase 2, son mouvement est **accéléré**.

c. Le segment fléché représentant les caractéristiques de la vitesse de la snowboardeuse à l'instant $t_0 = 0$ s a une longueur L égale à :

$L = \frac{12,5}{5} =$ **2,5 cm**.

L'astuce du prof

Ne confondez pas le nombre de prises de vue et le nombre d'intervalles de temps.

Gagnez des points !

1 s = 1 000 ms
1 ms = 0,001 s

3 **a.** D'après le tableau décrivant l'évolution de la valeur de la vitesse de la snowboardeuse durant son saut, la valeur de la vitesse diminue pendant la phase 1, puis augmente pendant la phase 2. La **valeur de la vitesse** est donc **minimale au sommet de la trajectoire**.

Comme **l'énergie cinétique** de la snowboardeuse est **liée à la valeur de sa vitesse,** cela signifie qu'« au sommet de sa trajectoire, l'énergie cinétique de la snowboardeuse est minimale ».

L'astuce du prof

L'énergie cinétique E_c est liée à la valeur v de la vitesse de la snowboardeuse de masse m par la relation :

$$E_c = \frac{1}{2} mv^2$$

b. Pendant la phase 2 du saut, la valeur de la vitesse de la snowboardeuse augmente, et sa hauteur diminue.

Comme l'énergie cinétique de la snowboardeuse est liée à la valeur de sa vitesse et que son énergie potentielle est liée à sa hauteur, il y a **une conversion d'énergie potentielle en énergie cinétique** lors de cette phase.

4 **a.** La formule chimique de l'eau est : $\mathbf{H_2O}$.

Comme la formule chimique de la paraffine est $C_{31}H_{64}$, une molécule de paraffine est composée de **31 atomes de carbone et 64 atomes d'hydrogène**.

b. L'affirmation A est vraie : la paraffine reste solide au contact de la neige, car la température de la neige est inférieure à la température de fusion de la paraffine (69 °C).

Gagnez du temps !

Il n'est pas demandé explicitement de justifier les réponses données.

L'affirmation B est fausse : pour farter des planches de surf, il n'est pas possible de dissoudre de la paraffine solide dans de l'eau chaude, car la paraffine est insoluble dans l'eau à toutes températures.

L'affirmation C est vraie : pour farter des planches de surf, on peut utiliser un « fer à farter » porté à la température de 80 °C pour étaler la paraffine avant de laisser refroidir. En effet, la paraffine est liquide à 80 °C, étant donné que cette température est supérieure à sa température de fusion (69 °C).

SUJET 17 **Sujet zéro, avril 2016** 25 pts 30 min

Distance d'arrêt et distance de sécurité d'un véhicule

La connaissance de la distance d'arrêt d'un véhicule est importante pour la sécurité routière. Le *document 1* fait apparaître trois distances caractéristiques.

DOC. 1 Distances de réaction, de freinage et d'arrêt

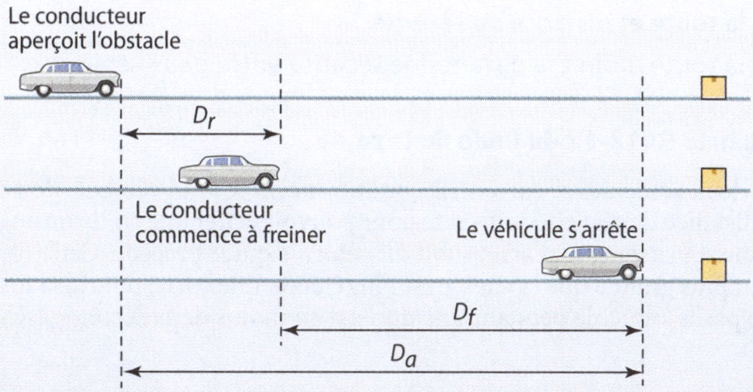

- D_r est la distance de réaction. C'est la distance parcourue par le véhicule entre le moment où le conducteur aperçoit l'obstacle et le moment où il commence à freiner. Elle dépend de la durée de réaction du conducteur.
- D_f est la distance de freinage. C'est la distance parcourue par le véhicule entre le moment où le conducteur commence à freiner et le moment où le véhicule s'arrête.
- D_a est la distance d'arrêt. C'est la distance parcourue par le véhicule entre le moment où le conducteur aperçoit un obstacle et l'arrêt du véhicule.

Le tableau suivant présente, pour différentes vitesses, la distance de réaction et la distance de freinage sur route sèche d'un véhicule correctement entretenu.

DOC. 2 Distances de réaction et de freinage selon la vitesse

Vitesse (km/h)	0	30	50	90	100	110	130
Vitesse (m/s)	0	8	14	25	28	31	36
D_r (m)	0	8	14	25	28	31	36
D_f (m)	0	6	16	50	62	75	104

MÉTHODE
SUJETS PAS À PAS
SUJETS COMME À L'EXAMEN

1 Distance d'arrêt

Au voisinage d'un collège, un véhicule roule à 30 km/h, vitesse maximale autorisée ; donner la valeur de la distance de réaction D_r, de la distance de freinage D_f et calculer la valeur de la distance d'arrêt D_a.

Commenter la valeur de la distance d'arrêt obtenue en la comparant à celle d'une autre longueur ou distance que l'on choisira.

2 Énergie cinétique

Rappeler l'expression de l'énergie cinétique d'un objet en fonction de sa masse m et de sa vitesse V. Calculer l'énergie cinétique d'un véhicule de masse m = 1 000 kg roulant à 50 km/h. Lors du freinage, l'énergie cinétique du véhicule diminue jusqu'à s'annuler. Décrire ce que devient cette énergie.

3 Code de la route et distance de sécurité

Le Code de la route définit la distance de sécurité entre deux véhicules :

DOC. 3 Article R412-12 du Code de la route

« Lorsque deux véhicules se suivent, le conducteur du second véhicule doit maintenir une distance de sécurité suffisante pour pouvoir éviter une collision en cas de ralentissement brusque ou d'arrêt subit du véhicule qui le précède. Cette distance est d'autant plus grande que la vitesse est plus élevée. Elle correspond à la distance parcourue par le véhicule pendant une durée d'au moins deux secondes. »

Sur autoroute, les panneaux ci-contre expliquent aux conducteurs comment respecter la distance de sécurité. L'automobiliste doit veiller à ce que le véhicule qui le précède soit séparé de lui d'au moins deux traits blancs sur le côté droit de la route. Le schéma ci-après représente les traits blancs et donne leur longueur exprimée en mètres.

DOC. 4 Distance de sécurité

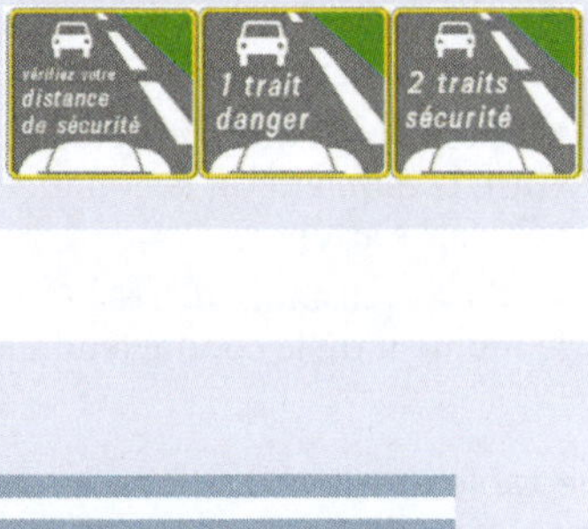

DOC. 5

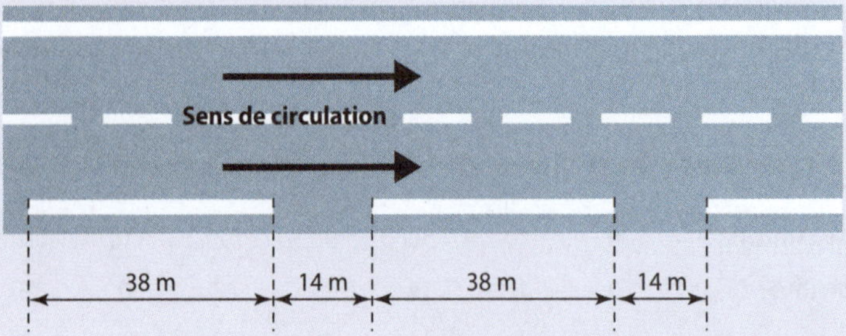

Sur autoroute et par temps sec, la vitesse des véhicules est limitée à 130 km/h.

À l'aide de calculs simples, expliquer pourquoi, sur autoroute, la règle « un automobiliste doit veiller à ce que le véhicule qui le précède soit séparé de lui d'au moins deux traits blancs » entraîne une distance de sécurité suffisante.

PAR ÉTAPES

À CONNAÎTRE

- L'énergie cinétique E_c d'un objet est égale à : $E_c = \frac{1}{2} mV^2$ avec E_c en joules (J), m la masse de l'objet en kilogrammes (kg) et V la vitesse de l'objet en mètres par seconde (m/s).
- La vitesse v d'un véhicule en m/s est égale à $v = \frac{d}{t}$, avec d la distance parcourue par ce véhicule (en m) et t la durée du parcours (en s).

ANALYSER L'ÉNONCÉ ET LES DOCUMENTS

Le tableau donné dans l'énoncé est très important : il relie les valeurs des vitesses d'un véhicule aux distances de réaction et de freinage.

BIEN COMPRENDRE LES QUESTIONS

Question 1

Comparez les distances d'arrêt à 30 km/h et à 50 km/h.

Questions 2 et 3

- Pour calculer l'énergie cinétique, utilisez la vitesse en m/s.
- La distance de sécurité sur une autoroute peut être inférieure à la distance d'arrêt des véhicules car les véhicules sont en mouvement.

CORRIGÉ 17

Comprendre le corrigé

1 Au voisinage d'un collège, un véhicule roule à 30 km/h, vitesse maximale autorisée. D'après le tableau du *document 2*, sur route sèche, si le véhicule est correctement entretenu, la valeur de sa distance de réaction D_r est égale à **8 m** et la valeur de sa distance de freinage D_f est égale à **6 m.**

La distance d'arrêt D_a est la distance parcourue par le véhicule entre le moment où le conducteur aperçoit un obstacle et l'arrêt du véhicule, c'est-à-dire que $\boldsymbol{D_a = D_r + D_f}$.

À 30 km/h, $D_a = 8 + 6 =$ **14 m**.

D'après le tableau du *document 2*, à 50 km/h, la distance d'arrêt est égale à :

$D_a = 14 + 16 = 30$ m.

Ainsi, **en augmentant sa vitesse de 20 km/h uniquement, la distance d'arrêt a plus que doublé**. Il est donc **essentiel de ne pas dépasser les limitations de vitesse** pour ne pas mettre en danger la vie d'autrui et la sienne !

2 L'énergie cinétique E_c d'un objet de masse m se déplaçant à une vitesse V est égale à :

$\boldsymbol{E_c = \frac{1}{2} mV^2}$ avec E_c en joules (J), m en kilogrammes (kg) et V en mètres par seconde (m/s).

D'après le tableau du *document 2*, un véhicule roulant à 50 km/h a une vitesse égale à 14 m/s.

Ainsi, l'énergie cinétique E_c d'un véhicule de masse $m = 1\,000$ kg roulant à $V = 50$ km/h soit 14 m/s est égale à :

$E_c = \frac{1}{2} \times 1\,000 \times 14^2 = \mathbf{9{,}8 \times 10^4\ J = 98\ kJ}$.

L'astuce du prof

On peut aussi retrouver la vitesse en m/s grâce à la formule :

1 km/h $= \frac{1}{3{,}6}$ m/s.

Lors du freinage, l'énergie cinétique du véhicule diminue jusqu'à s'annuler. Cette énergie cinétique est convertie en **énergie thermique**.

3 D'après le *document 5*, la règle « un automobiliste doit veiller à ce que le véhicule qui le précède soit séparé de lui d'au moins deux traits blancs » signifie que deux automobilistes doivent être séparés d'une distance minimum : $d = 38 + 14 + 38 =$ **90 m**.

Si un véhicule roule à la vitesse maximale $v = 130$ km/h $= 36$ m/s, il parcourt la distance d pendant une durée $t = \frac{d}{v} = \frac{90}{36} =$ **2,5 s.**

Pensez-y !

Comme $v = \frac{d}{t}$, $t = \frac{d}{v}$.

D'après l'article R412-12 du Code de la route (*document 3*), cette distance d est suffisante puisqu'elle correspond à la distance parcourue par le véhicule pendant une durée d'au moins 2 secondes.

SUJET 18 France métropolitaine, septembre 2021 25 pts 30 min

Optimisation de la consommation énergétique

Dans le cadre d'un développement durable, la France veut optimiser sa consommation énergétique globale pour lutter contre le réchauffement climatique. Ainsi dans le domaine de l'habitat, une nouvelle règlementation thermique, la RT 2020, vise à construire des logements bien isolés et économes en énergie en associant des matériaux efficaces, de nouvelles technologies de génération d'énergie électrique (panneaux photovoltaïques par exemple) et une meilleure gestion de la consommation énergétique grâce à la domotique.

1 On s'intéresse aux panneaux photovoltaïques de la toiture d'une habitation. Sans recopier le diagramme de conversion d'énergie ci-dessous, associer chacun des trois numéros à une forme d'énergie choisie parmi les suivantes : *énergie électrique, énergie lumineuse, énergie cinétique, énergie chimique, énergie thermique*.

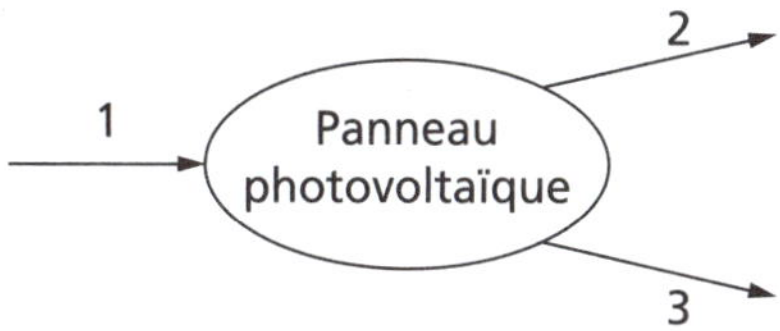

2 Afin qu'un bâtiment réponde à la règlementation RT 2020, sa consommation énergétique est réduite en choisissant des matériaux qui ont :

– un bon pouvoir isolant. Plus un matériau est isolant, plus sa conductivité thermique est faible ;

– un impact environnemental satisfaisant comme les matériaux biosourcés. Un matériau biosourcé est un matériau d'origine animale ou végétale.

DOC. 1 Matériaux de construction isolants

Matériau de construction	Laine de verre	Paille	Ouate de cellulose
Conductivité thermique (unité SI)	0,035	0,045	0,042
Biosourcé	Non	Oui	Oui

D'après https://conseils-thermiques.org

a. En s'aidant du tableau du *document 1*, classer les trois matériaux indiqués du moins isolant au plus isolant. Justifier la réponse.

b. Parmi les trois matériaux indiqués, choisir celui qui permet de répondre au mieux à la RT 2020. Fournir deux arguments justificatifs.

3 L'installation d'un isolant lors de la construction d'un bâtiment est soumise à des normes très strictes pour faire face aux risques d'incendie.

DOC. 2 La cellulose

L'isolant ouate de cellulose est un dérivé de la cellulose. La cellulose est formée de chaînes de glucose liées entre elles pour former une fibre. On donne, ci-contre, un modèle d'une molécule de glucose de formule brute $C_6H_{12}O_6$. L'équation de la réaction modélisant la combustion du glucose s'écrit :

$$C_6H_{12}O_6 + 6\,O_2 \longrightarrow 6\,CO_2 + 6\,H_2O$$

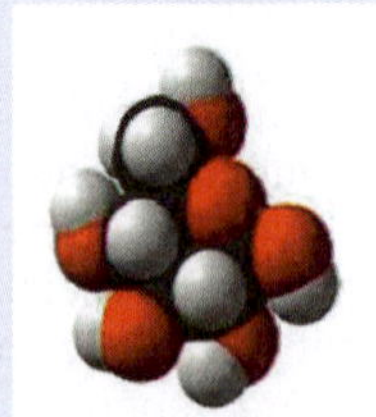

a. En s'aidant des informations ci-dessus, donner le nom et le nombre des atomes présents dans une molécule de glucose.

b. Donner le nom et la formule chimique des deux produits formés lors de la combustion du glucose.

4 Un constructeur propose à des acheteurs une maison d'une surface de 100 m^2. Elle bénéficie d'une bonne isolation en ouate de cellulose. La puissance totale perdue vers l'extérieur est compensée par la puissance du chauffage électrique de la maison. Pour une température moyenne intérieure de 19 °C, on relève une puissance moyenne perdue de 0,85 kW. Le constructeur indique que cette maison est de classe A.

DOC. 3 Classement de la consommation énergétique des bâtiments en kWh par an et par m^2

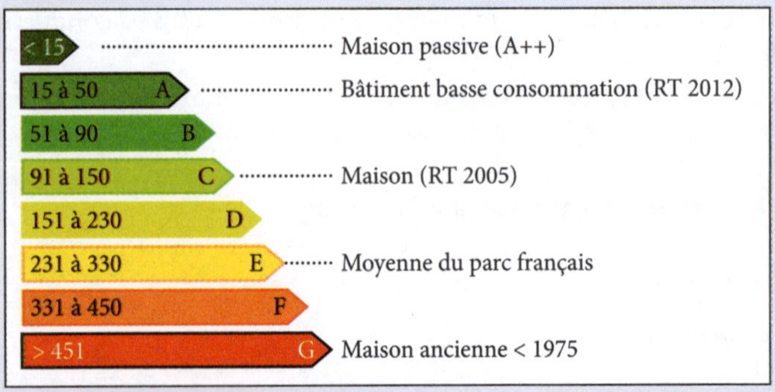

Ce classement est présenté avec une lettre qui va de A (bâtiment économe en énergie) à G (bâtiment gourmand en énergie).

D'après encyclopédie acqualys

a. Montrer que, pour cette maison, l'énergie électrique consommée par an est égale à environ 2 500 kWh. Préciser la relation utilisée.

Donnée : pour une année, on compte 120 jours de 24 h de chauffage.

b. À l'aide du classement de la consommation énergétique des bâtiments en kWh par an et par mètre carré (*document 3*) et d'un calcul, indiquer si l'affirmation du constructeur à propos du classement énergétique de la maison est exacte.

PAR ÉTAPES

À CONNAÎTRE

- Chaque **conversion d'énergie** s'accompagne d'un **dégagement d'énergie thermique**.
- La **formule brute** d'une molécule permet de connaître **le nombre et le nom des atomes** qui composent cette molécule.
- Dans l'**équation d'une réaction chimique**, les **réactifs** sont notés à gauche de la flèche et les **produits** à droite.
- L'énergie électrique E consommée est égale à $\boldsymbol{E = P \times t}$ avec P la puissance électrique consommée et t la durée de la consommation.

ANALYSER L'ÉNONCÉ ET LES DOCUMENTS

- Dans le *document 1*, « unité SI » signifie « unité du système international ».
- Les chiffres indiqués dans le *document 3* ont pour unité : kWh par an et par m^2.
- L'énoncé de la question **4 a.** indique que toute démarche, même partielle, sera prise en compte. Écrivez donc ce à quoi vous avez pensé même si vous ne trouvez pas la réponse finale.

BIEN COMPRENDRE LES QUESTIONS

Question 1

Ne confondez pas conversion et transfert d'énergie.

Question 2

Lisez bien l'énoncé pour être capable de répondre aux questions posées.

Question 3

Basez-vous sur la formule brute du glucose et sur l'équation de la réaction modélisant la combustion du glucose pour répondre aux questions posées.

Question 4

Distinguez bien la puissance, en watts (W) ou en kilowatts (kW), et l'énergie, en joules (J) ou en kilowattheures (kWh).

CORRIGÉ 18

Comprendre le corrigé

1 Le diagramme de conversion énergétique d'un panneau photovoltaïque peut être représenté de la manière suivante.

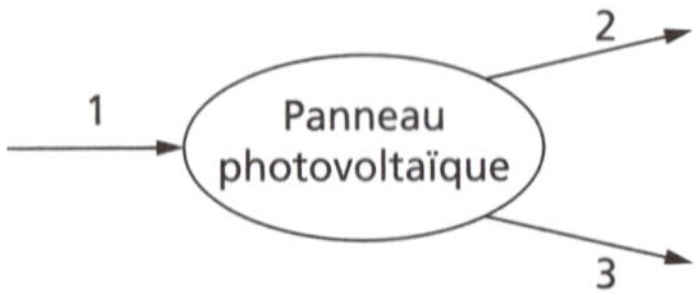

1 : énergie lumineuse ; 2 : énergie électrique ; 3 : énergie thermique

Gagnez des points !

Dans un diagramme de conversion énergétique, les convertisseurs sont notés dans des ovales, et les formes d'énergie à convertir ou converties sont indiquées au-dessus des flèches.

2 **a.** D'après le *document 1*, le classement des trois matériaux, **du moins isolant au plus isolant**, est :

1. paille
(conductivité thermique de 0,045 unité SI) ;

2. ouate de cellulose
(conductivité thermique de 0,042 unité SI) ;

3. laine de verre
(conductivité thermique de 0,035 unité SI).

Remarque

L'énoncé indique que plus un matériau est isolant, plus sa conductivité thermique est faible.

b. D'après l'énoncé, le matériau permettant de répondre au mieux à la RT 2020 est le matériau le plus isolant et ayant un impact environnemental satisfaisant, comme les matériaux biosourcés.

Or, d'après le *document 1*, **la laine de verre** est le matériau le plus isolant, mais il **n'est pas biosourcé**, au contraire de **la ouate de cellulose**, le **deuxième matériau le plus isolant**.

Pour aller plus loin

La laine de verre n'est pas un matériau biosourcé, car elle n'est pas d'origine animale ou végétale.

Ainsi, même si ce n'est pas le matériau le plus isolant, **la ouate de cellulose** est le matériau qui permet de **répondre au mieux à la RT 2020**.

3 **a.** D'après le *document 2*, une molécule de glucose a pour formule chimique $C_6H_{12}O_6$.

Vocabulaire

Les expressions « formule brute » et « formule chimique » sont synonymes.

Ainsi, une molécule de glucose est composée de **6 atomes de carbone C, 12 atomes d'hydrogène H et 6 atomes d'oxygène O**.

b. L'équation de la réaction modélisant la combustion du glucose s'écrit :

$$C_6H_{12}O_6 + 6\ O_2 \longrightarrow 6\ CO_2 + 6\ H_2O$$

Les deux produits formés lors de la combustion du glucose sont donc le **dioxyde de carbone** de formule chimique $\mathbf{CO_2}$ et l'**eau** de formule chimique $\mathbf{H_2O}$.

4 a. Dans une maison de 100 m^2, on relève une puissance moyenne perdue de 0,85 kW pour chauffer l'air intérieur à 19 °C. Sachant que cette puissance perdue est compensée par le chauffage électrique de la maison, la puissance électrique P consommée par le chauffage électrique est égale à : $P = 0{,}85$ kW.

Or, l'énergie électrique E consommée par an par le chauffage électrique de la maison est égale à : $\boldsymbol{E = P \times t}$ avec t la durée de cette consommation.

Comme on considère qu'il y a 120 jours de 24 heures de chauffage par an, la durée t est égale à :

$t = 120 \times 24 = 2\,880$ heures.

Si l'on considère que l'énergie électrique consommée dans la maison est environ égale à l'énergie électrique consommée par son chauffage électrique, l'énergie électrique E consommée par an est donc égale à :

$E = P \times t$

$E = 0{,}85 \times 2\,880 \approx$ **2 500 kWh**.

b. L'énergie électrique E consommée par an dans la maison de 100 m^2 est égale à environ 2 500 kWh.

La consommation énergétique de ce bâtiment est donc égale à :

$\frac{2\,500}{100}$ = **25 kWh par an et par m^2**.

D'après le *document 3*, cette consommation énergétique correspond bien à celle d'une maison de classe A : **l'affirmation du constructeur est donc exacte**.

Unités

Pour obtenir une valeur d'énergie en kilowattheures (kWh), multipliez une puissance en kilowatts (kW) par une durée en heures (h).

Gagnez des points !

La consommation énergétique d'une maison de classe A est comprise entre 15 et 50 kWh par an et par m^2 (*document 2*).

SUJET 19 Centres étrangers, septembre 2020 25 pts 30 min

Aménagement d'un fourgon

Pour voyager, de plus en plus de personnes aménagent un fourgon. Les installations électriques sont des étapes importantes de l'aménagement.

1 Lampes LED

Un fourgon aménagé doit être équipé d'une installation lumineuse.

a. Recopier la phrase suivante en choisissant à chaque fois la bonne proposition :

« Dans un circuit électrique, la lampe LED se comporte comme un *récepteur/générateur*. Alimentée en énergie *thermique/électrique*, elle émet de l'énergie *lumineuse/électrique* ».

b. Préciser, en justifiant la réponse, si la lampe LED réalise un transfert ou une conversion d'énergie.

2 L'installation électrique

Pour réaliser l'installation électrique, on utilise des câbles constitués de brins en cuivre recouverts d'une fine couche en plastique appelée gaine.

a. Justifier brièvement la présence d'une gaine en plastique enrobant les brins en cuivre pour garantir la sécurité de l'utilisateur.

b. En contact avec l'air, le cuivre noircit. Il participe à une transformation chimique qui peut être modélisée par la réaction d'équation : $2\ Cu + O_2 \longrightarrow 2\ CuO$.

Indiquer si le dioxygène de l'air est un produit ou un réactif de cette transformation chimique. Justifier.

Expliquer la présence du chiffre « 2 » devant la formule chimique de l'oxyde de cuivre CuO.

c. On modélise l'installation électrique du fourgon par le circuit schématisé ci-après (*document 1* de la page suivante). La batterie est modélisée par une pile. Reproduire le schéma de la pile.

d. On souhaite ajouter dans le circuit un interrupteur capable d'allumer et d'éteindre toutes les lampes en même temps.

Indiquer, parmi les positions A, B, C ou D proposées sur le *document 1* où pourrait être placé l'interrupteur pour répondre à ce cahier des charges.

e. Lorsque toutes les lampes sont allumées, la pile a une tension électrique à ses bornes $U = 12$ V. À l'aide d'un ampèremètre, on réalise plusieurs mesures :

– intensité du courant électrique dans la branche principale : $I_P = 0{,}15$ A ;

– intensité du courant électrique traversant les lampes L_2 et L_3 : $I_2 = 0{,}12$ A.

L'aménagement ne permettant pas de mesurer directement l'intensité I_1 du courant électrique traversant la lampe L_1, on cherche à calculer sa valeur.

Vérifier, en justifiant la réponse, que la valeur de l'intensité I_1 du courant électrique traversant la lampe L_1 est égale à 30 mA.

Sur la lampe L_1 figurent les indications suivantes : 12 V ; 0,36 W. Justifier que la lampe L_1 fonctionne dans les conditions normales d'utilisation.

DOC. 1 Schéma électrique

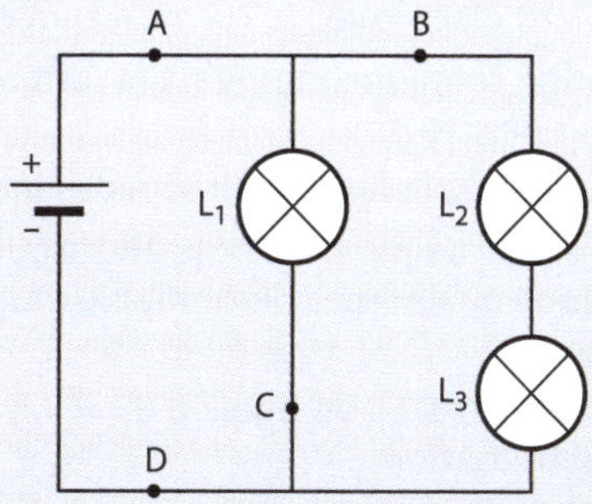

3 Choix d'une batterie

Pour alimenter en énergie les différents appareils électriques, la batterie auxiliaire choisie doit être à décharge lente. À l'aide des *documents 2* et *3*, déterminer la batterie la moins chère qui offrirait deux jours d'autonomie dans des conditions normales d'utilisation. Une démarche et des calculs sont attendus.

DOC. 2 Données sur les besoins de l'utilisateur

Appareils utilisés	Puissance (en W)	Temps d'utilisation par jour (en h)
Ensemble des lampes	6	2
Glacière	37	8
Téléphone portable	5	2

DOC. 3 Batteries disponibles

	Batterie A	Batterie B	Batterie C
Type	Décharge lente	De démarrage	Décharge lente
Énergie disponible (en Wh)	588	756	840
Prix (en €)	87	93	120

PAR ÉTAPES

À CONNAÎTRE

- L'**énergie** existe sous **différentes formes** : énergie thermique, énergie électrique, énergie lumineuse, etc.
- L'énergie change de forme lors d'une **conversion d'énergie** ; elle ne change pas de forme lors d'un **transfert d'énergie**.
- Le plastique est un **isolant électrique** ; le cuivre est un **conducteur électrique**.
- Lors d'une transformation chimique, des **réactifs** sont consommés et des **produits** sont formés à partir des réactifs.
- Dans un circuit à deux mailles, la **loi d'additivité des intensités** s'applique.
- La **puissance électrique** P reçue par un dipôle électrique est égale à $\boldsymbol{P = U \times I}$, avec U la tension électrique aux bornes de ce dipôle et I l'intensité du courant électrique qui le traverse.
- **L'énergie** E utilisée par un appareil est égale à $\boldsymbol{E = P \times t}$, avec P la puissance de l'appareil et t sa durée d'utilisation.

ANALYSER L'ÉNONCÉ ET LES DOCUMENTS

- Le *document 1* présente le schéma d'un circuit électrique. Remarquez qu'il s'agit d'un circuit à deux mailles.
- Le *document 2* donne des informations sur les besoins quotidiens de l'utilisateur.
- N'oubliez pas de prendre en compte le type de batterie lorsque vous étudiez le *document 3*.

BIEN COMPRENDRE LES QUESTIONS

Question 1

a. et **b.** Ne confondez pas les différentes formes d'énergie.

Question 2

c., **d.** et **e.** Étudiez attentivement le *document 1*.

Question 3

Rappelez-vous que la batterie doit offrir deux jours d'autonomie, alors que le *document 2* présente uniquement les besoins quotidiens de l'utilisateur.

CORRIGÉ 19

Comprendre le corrigé

1 **a.** La phrase correcte est la suivante : « Dans un circuit électrique, la lampe LED se comporte comme un **récepteur**. Alimentée en énergie **électrique**, elle émet de l'énergie **lumineuse** ».

b. La lampe LED est **alimentée en énergie électrique** et elle **émet de l'énergie lumineuse**. Elle réalise donc une **conversion d'énergie** car l'énergie électrique et l'énergie lumineuse sont **deux formes d'énergie différentes**.

> **Pour aller plus loin**
> La lampe LED émet aussi de l'énergie thermique.

2 **a.** Pour garantir la sécurité de l'utilisateur, une gaine plastique enrobe les brins de cuivre des câbles électriques. En effet, le plastique est un **isolant électrique**, ce qui évite à l'utilisateur d'être en contact avec le courant électrique qui traverse les brins de cuivre, qui sont eux conducteurs électriques.

b. Le cuivre participe à une transformation chimique qui peut être modélisée par la réaction d'équation :

$$2\ Cu + O_2 \longrightarrow 2\ CuO$$

D'après cette équation, le dioxygène est un **réactif** de cette transformation chimique : il est **consommé** au cours de la transformation.

Le chiffre « 2 » devant la formule chimique de l'oxyde de cuivre CuO est un **coefficient stœchiométrique**. Cela signifie qu'il y a deux fois plus d'oxyde de cuivre formé que de dioxygène O_2 consommé.

> **Bien comprendre**
> L'absence de chiffre devant « O_2 » dans l'équation signifie que le coefficient stœchiométrique devant « O_2 » est égal à 1.

c. Le schéma de la pile est :

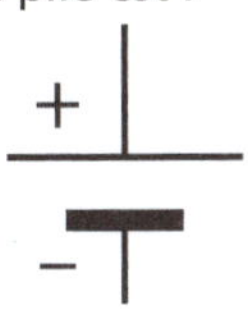

> **Piège à éviter**
> Ne confondez pas le schéma d'une pile avec celui d'une lampe.

d. On souhaite ajouter dans le circuit un interrupteur capable d'allumer et d'éteindre toutes les lampes en même temps. Pour cela, l'interrupteur doit être placé dans la branche principale, c'est-à-dire à la **position A ou D**.

e. D'après la loi d'additivité des intensités dans un circuit à deux mailles, l'intensité I_p du courant électrique dans la branche principale est égale à : $I_p = I_1 + I_2$ avec I_1 l'intensité du courant électrique traversant la lampe L_1 et I_2 l'intensité du courant électrique traversant les lampes L_2 et L_3.

Ainsi, $I_1 = I_p - I_2$.

$I_1 = 0,15 - 0,12 =$ **0,03 A = 30 mA**.

> **Rappel**
> 1 mA = 0,001 A.

Lorsque toutes les lampes sont allumées, la pile a une tension électrique à ses bornes $U = 12$ V. Comme la lampe L_1 est en dérivation avec la pile, la tension électrique aux bornes de la lampe L_1 est égale aussi à U **= 12 V**.

Ainsi, la puissance électrique de la lampe L_1 vaut :

$P = U \times I_1 = 12 \times 0,03 =$ **0,36 W**.

Comme les indications « 12 V ; 0,36 W » figurent sur la lampe L_1, **cette lampe fonctionne bien dans les conditions normales d'utilisation**.

3 Pour alimenter en énergie les différents appareils électriques présentés dans le *document 2*, la batterie auxiliaire choisie doit être **à décharge lente**. D'après le *document 3*, **seules les batteries A et C peuvent donc être choisies**.

> **Remarque**
> Le critère de prix (choisir la batterie la moins chère) ne peut pas être pris en compte, car seule la batterie C a les caractéristiques techniques demandées.

De plus, d'après le *document 2*, pour offrir deux jours d'autonomie dans des conditions normales d'utilisation, la batterie doit avoir une énergie disponible au moins égale à :

$E = 6 \times 2 \times 2 + 37 \times 2 \times 2 + 5 \times 2 \times 2 =$ **636 Wh**.

Or, d'après le *document 3*, l'énergie disponible de la batterie A est uniquement de 588 Wh. Seule **la batterie C, ayant une énergie disponible de 840 Wh, peut donc convenir**.

SUJET 20 Asie, juin 2017

25 pts · 30 min

Sécurité dans l'habitat

Pour prévenir les intoxications domestiques, l'État encourage l'installation de détecteurs dans les habitations.

1 Détection de fumée

Les détecteurs de fumée à principe optique (*document 1*) sont très utilisés. Un signal d'alarme s'enclenche lorsque la photodiode présente dans la chambre optique reçoit de la lumière. Une photodiode est un composant électrique ayant la capacité de détecter une lumière et de la convertir en courant électrique.

DOC. 1 Schéma en coupe et principe de fonctionnement d'un détecteur de fumée à principe optique

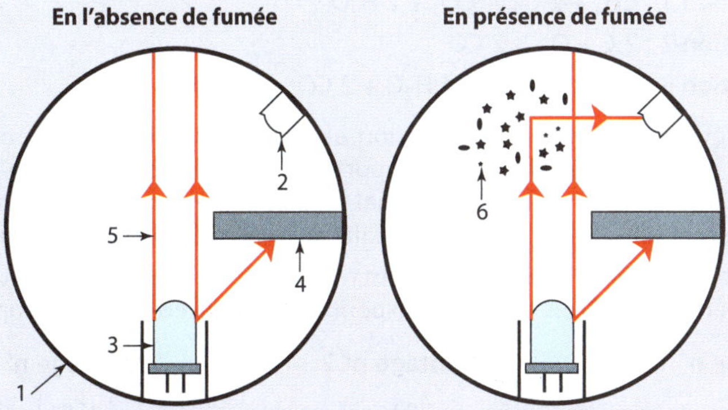

1 : chambre optique
2 : photodiode
3 : diode électroluminescente (LED)
4 : cache opaque
5 : rayon de lumière
6 : particules de fumée

a. Nommer la source primaire de lumière contenue dans un détecteur de fumée optique.

b. Expliquer pourquoi la photodiode détecte de la lumière en présence de fumée.

2 Détection de monoxyde de carbone

Les chaudières à gaz des habitations fonctionnent grâce à la combustion du gaz de ville, composé essentiellement de méthane de formule chimique CH_4. Au cours de leur fonctionnement, ces chaudières peuvent s'encrasser. Cela provoque une combustion incomplète du méthane. Des fumées et des gaz nocifs sont alors produits, notamment le monoxyde de carbone. Ce gaz transparent, inodore et toxique est responsable chaque année d'une centaine de décès en France.

a. Parmi les propositions ci-après, recopier celle qui modélise la transformation chimique à l'origine de la formation de monoxyde de carbone dans une chaudière à gaz :

Proposition 1 : $CH_4 + 2\ O_2 \rightarrow CO_2 + 2\ H_2O$

Proposition 2 : $2\ C + O_2 \rightarrow 2\ CO$

Proposition 3 : $2\ CH_4 + 3\ O_2 \rightarrow 4\ H_2O + 2\ CO$

b. Pour prévenir le risque d'intoxication au monoxyde de carbone, on peut utiliser un détecteur spécifique. Il comporte un disque recouvert d'un gel. En présence de monoxyde de carbone, le gel s'assombrit et limite alors le passage de la lumière. L'alarme s'enclenche du fait de la diminution de l'éclairement.

On souhaite modéliser le fonctionnement d'un tel détecteur, en réalisant un dispositif expérimental. Trois montages expérimentaux différents sont proposés :

Montage n° 1

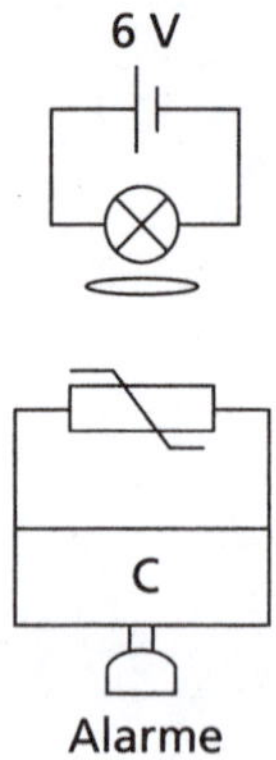

Montage n° 2

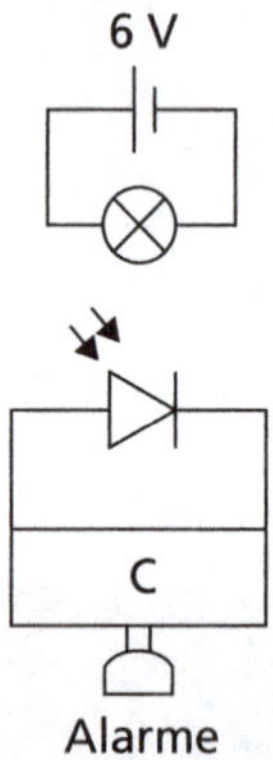

Montage n° 3

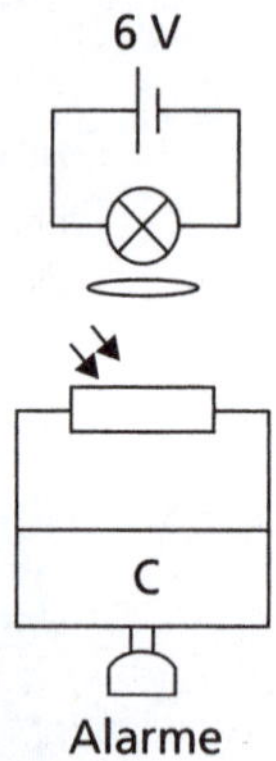

L'alarme s'active lorsque le « circuit de contrôle » C détecte une diminution importante de l'intensité électrique dans le circuit.

Choisir parmi les trois montages expérimentaux celui qui correspond le mieux au fonctionnement d'un détecteur à monoxyde de carbone à disque. Argumenter la réponse en exploitant les *documents 2*, *3* et *4*.

DOC. 2 Symbole des composants

Lampe	Photodiode	Thermistance	Photorésistance	Disque recouvert de gel

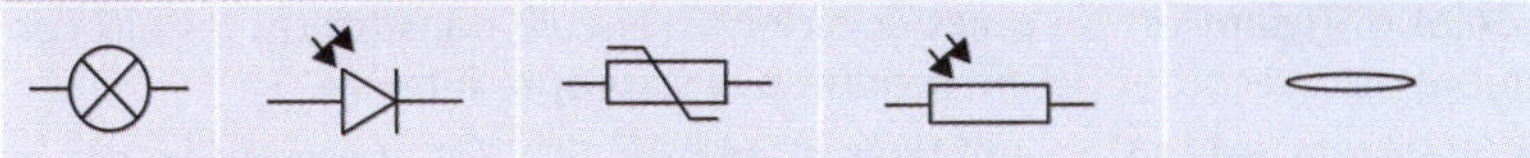

DOC. 3 Évolution de la résistance de la thermistance en fonction de la température

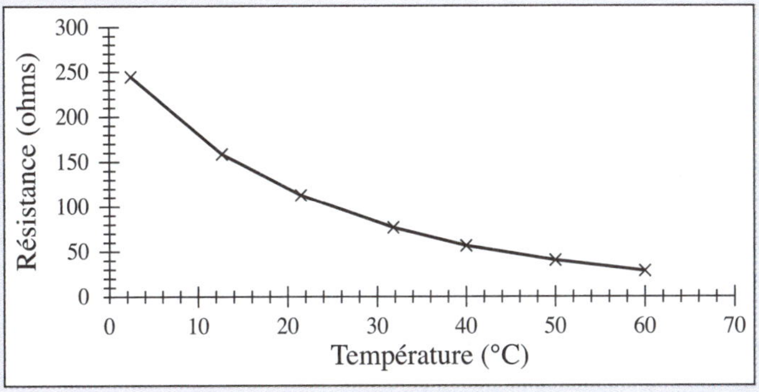

DOC. 4 Évolution de la résistance d'une photorésistance en fonction de l'éclairement

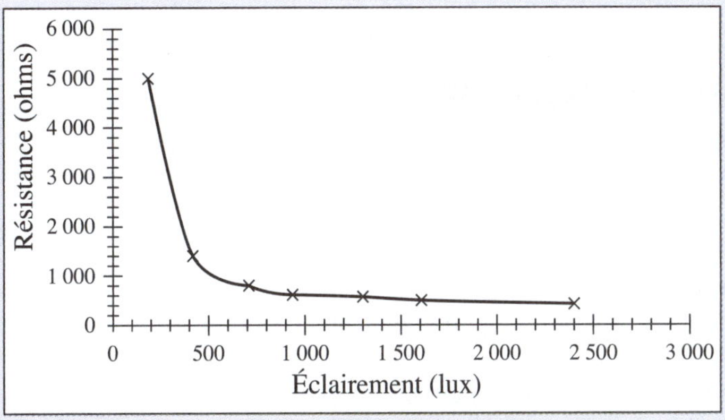

PAR ÉTAPES

À CONNAÎTRE

- **Une source primaire de lumière produit elle-même la lumière** qu'elle émet.
- Dans un **milieu homogène et transparent, comme l'air**, la lumière se **propage en ligne droite**.
- **Un objet diffusant** est un objet éclairé qui renvoie dans toutes les directions la lumière qu'il reçoit et qui **ne produit pas sa propre lumière**.
- **Une molécule est un assemblage d'atomes**. Elle est représentée par une formule chimique qui indique le nom des atomes qui la constituent et leur nombre.
- Dans **une transformation chimique**, il y a **redistribution des atomes** qui constituent les **réactifs** pour former de **nouvelles molécules** ou de nouveaux ions **nommés produits**.

ANALYSER L'ÉNONCÉ

Une lecture attentive de l'énoncé est primordiale pour répondre correctement.

- L'énoncé précise que le signal d'alarme se déclenche lorsque la photodiode reçoit de la lumière.
- Le texte d'introduction de la question 2 indique que la formule du méthane est CH_4 et que la combustion incomplète du méthane dégage des gaz nocifs, notamment le monoxyde de carbone.
- Le détecteur de monoxyde de carbone utilise un disque recouvert d'un gel. Ce disque s'assombrit et limite le passage de la lumière en présence de monoxyde de carbone.
- L'activation de l'alarme correspond à une baisse de l'intensité du courant électrique traversant le circuit de contrôle C.
- Les graphiques des *documents 3* et *4* représentent les évolutions de la résistance d'une thermistance en fonction de la température et de la résistance d'une photorésistance en fonction de l'éclairement.

BIEN COMPRENDRE LES QUESTIONS

Question 1

a. Analysez le *document 1* en utilisant la définition d'une source primaire de lumière.

b. Comparez les deux schémas du *document 1*.

Question 2

a. Identifiez la proposition pour laquelle le méthane est un réactif et le monoxyde de carbone un produit.

b. Choisissez le circuit qui incorpore un composant mettant en jeu l'éclairement.

CORRIGÉ 20

Comprendre le corrigé

1 a. Les rayons de lumière modélisent la propagation de la lumière émise par une source de lumière. D'après le *document 1*, la **source primaire** de lumière contenue dans un détecteur de fumée optique est donc **la diode électroluminescente** (LED ou DEL).

Vocabulaire
Les rayons de lumière peuvent aussi être appelés rayons lumineux.

b. La fumée est constituée de fines particules solides en suspension dans l'air. **Ces particules solides diffusent la lumière émise** par la diode électroluminescente, et la renvoient dans toutes les directions.

Bien comprendre
Les particules solides de fumée sont des objets diffusants.

La lumière ainsi déviée par la fumée atteint la photodiode et l'alarme est déclenchée.

2 a. La proposition 2 n'est pas adaptée, car le méthane CH_4 n'est pas un réactif dans cette transformation chimique 2.

On ne retient pas la proposition 1, car le monoxyde de carbone n'est pas un produit de cette transformation 1.

La proposition 3 permet de modéliser la transformation chimique observée, car le méthane est bien un réactif dans cette transformation et le monoxyde de carbone de formule CO un produit.

Gagnez des points !
La formule du dioxyde de carbone est CO_2. Elle contient deux atomes d'oxygène.

b. Le montage n° 2 n'est pas adapté, car le schéma de ce montage ne contient pas de disque recouvert de gel.

On ne retient pas le montage n° 1, car d'après l'énoncé, la diminution de l'éclairement, et non l'évolution de la température, est la cause du déclenchement de l'alarme.

Le montage n° 3 permet de modéliser le détecteur de monoxyde de carbone, car le composant électrique utilisé dans le circuit est une photorésistance, **composant dont la résistance augmente lorsque l'éclairement diminue. Cette augmentation de la résistance entraîne une diminution importante de l'intensité** du courant électrique traversant la photorésistance et le circuit C, ce qui déclenche l'alarme.

Faire le point

Design, innovation et créativité

1 De la naissance du besoin au cahier des charges

- Avant de fabriquer un objet, il est nécessaire de définir précisément le **besoin** auquel cet objet devra répondre.
- Il faut ensuite rédiger un document qui liste les **fonctions et contraintes à respecter** : le **cahier des charges**.

2 Organiser un projet

- Pour parvenir à produire un bien ou un service, il faut **organiser un projet**. Ce projet est planifié en suivant des **étapes**.
- Le **planning** permet d'estimer le temps nécessaire à la réalisation du projet et d'éviter les pertes de temps.

3 De la conception à la réalisation d'un projet

- Une fois le produit défini par le cahier des charges, la **conception** consiste à **rechercher des solutions techniques**. Cette conception peut se faire à l'aide d'outils informatiques, elle aboutit généralement à la réalisation d'un **prototype**.
- Ce prototype subit un **ensemble de tests** afin de vérifier qu'il répond entièrement au cahier des charges et de déceler les défauts qui pourraient nuire à son utilisation.
- L'objet est ensuite fabriqué.

→ S'entraîner
- Vrai-Faux p. 147
- Texte à trous p. 147
- Sujets guidés 21 p. 152 (Aide au stationnement) et 30 p. 210 (Laboratoire automatisé d'analyse ADN)
- Sujet complet 1 p. 233 (La lutte contre les feux de forêt)

Objets techniques, services et changements induits dans la société

1 Histoire des solutions techniques

- L'**évolution** de nos objets techniques est la conséquence de nombreuses **découvertes et innovations technologiques.** Ces évolutions améliorent les performances et les fonctionnalités de nos objets.
- Les objets peuvent être classés en **familles (même besoin)** et en **lignées (même principe technique)**.

2 Étude de l'évolution d'un objet technique

- Nos objets subissent parfois de grands bouleversements appelés **ruptures technologiques.** Au fil du temps, ces innovations ont modifié notre quotidien de manière importante.
- Connaître l'histoire des objets permet de comprendre leur **évolution** et d'imaginer les changements futurs.

3 Cycle de vie et impact environnemental

- Les objets techniques **modifient nos sociétés** et **impactent l'environnement**. L'impact environnemental d'un objet est évalué par le fabricant, qui cherche des **solutions pour limiter les pollutions**.
- Des **normes** sont fixées par les États ou les organisations (ONU, UE) afin de limiter l'impact environnemental des objets, et de garantir leur **qualité**, leur **provenance** ou leur **sécurité**.

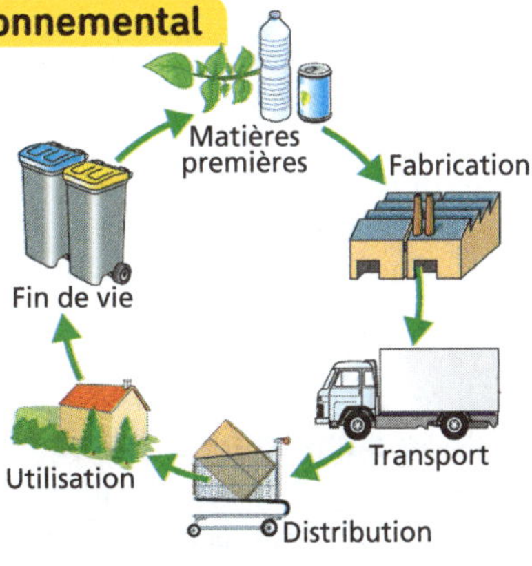

Cycle de vie d'un objet

→ S'entraîner
- QCM p. 147
- Termes à relier p. 148
- Sujets guidés 23 p. 166 (Conditionnement du sirop d'érable) et 28 p. 197 (Drones et agriculture de précision)

Structure et fonctionnement des objets et des systèmes techniques

1 Analyse fonctionnelle d'un système

- On appelle **système** un **objet complexe qui possède plusieurs fonctions**, alors qu'un **objet simple** dispose d'**une seule fonction**.
- Le **diagramme de fonctionnement** décrit la fonction globale d'un objet ou d'un système, l'énergie entrante et l'action effectuée (résultat obtenu) :

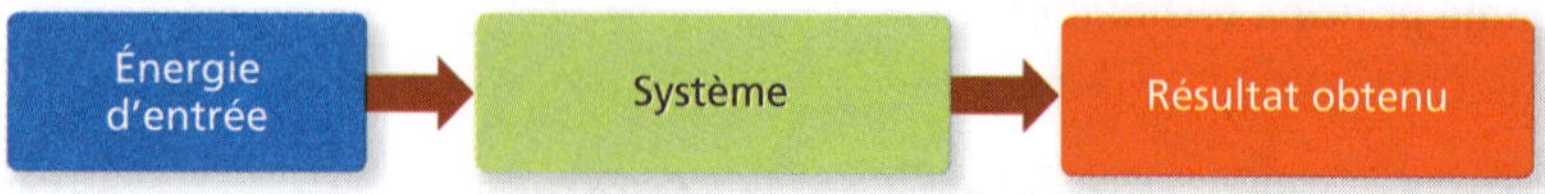

- Un système peut être décomposé en **fonctions techniques**. Une fonction technique est un sous-ensemble qui a un rôle précis dans le fonctionnement de l'objet. Chaque fonction technique est réalisée à l'aide de **composants dédiés** à cette fonction.
- Le **diagramme fonctionnel** décrit un système en le décomposant en fonctions et solutions techniques.

2 Choix des solutions techniques

- Une **solution technique** est un ensemble de composants qui permet de réaliser une fonction technique.
- Pour réaliser une fonction technique, plusieurs solutions techniques sont souvent possibles. Le concepteur d'un système doit analyser différentes solutions techniques afin de choisir la plus adaptée au cahier des charges (choix des matériaux qui constitueront le système, énergie qu'il consommera, coût de la solution retenue, etc.).

3 Chaîne d'énergie et chaîne d'information

- Dans un système, un **flux** est un **déplacement d'énergie, de matière ou d'information.**
- La **chaîne d'information** décrit la circulation des **flux d'information** dans les systèmes :

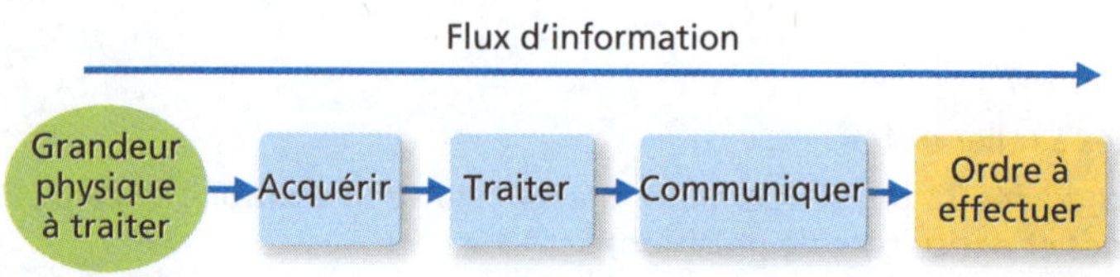

- La **chaîne d'énergie** décrit la circulation des **flux d'énergie** dans les systèmes :

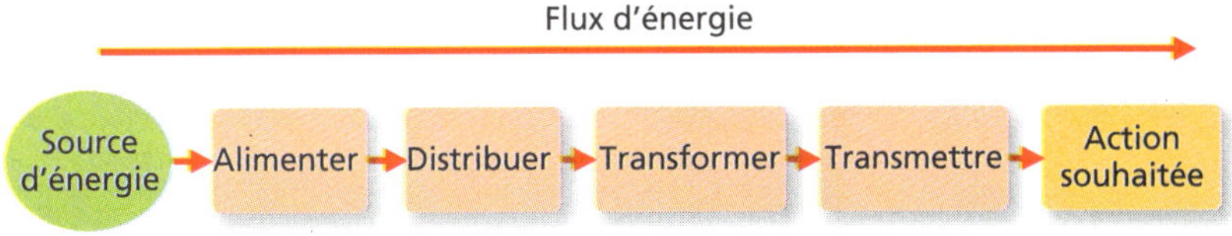

- Chaque bloc représente une opération effectuée par le système sur ces flux.

→ **S'entraîner**

- Texte à trous et Exercice guidé p. 148
- Sujets guidés 21 p. 152 (Aide au stationnement) et 24 p. 173 (Portique automatique de lavage de voiture)
- Sujet complet 1 p. 233 (La lutte contre les feux de forêt)

De la modélisation à la validation du prototype

1 Modélisation d'un système ou d'un objet technique

- La **modélisation informatique** et la **fabrication d'un prototype** permettent de visualiser et de tester le futur objet.
- Grâce aux **modélisations 2D** (plans) ou **3D** (maquettes virtuelles), les architectes et ingénieurs communiquent, échangent des idées et visualisent l'apparence de l'objet ou du système.

Vue en 3D d'un appartement

2 Simulation du comportement d'un système ou d'un objet technique

- La **simulation** permet d'effectuer des **tests sur une maquette numérique**. Les logiciels de simulation permettent de visualiser le fonctionnement des objets, le comportement des matériaux et des différents composants. Certains défauts de fabrication peuvent être évités.
- Lorsque le **modèle numérique** est validé, on peut fabriquer un **prototype**.

3 Contrôle et validation du prototype

- Le prototype est une **maquette qui va subir des tests**.
- Lors de la fabrication des pièces d'un objet technique, il faut effectuer des **mesures** et des **contrôles** pour vérifier la **conformité** de la réalisation.

- Il est nécessaire d'établir et de suivre des **protocoles de contrôle**. Des **instruments de mesure** et des **gabarits** sont utilisés.
- Si les contraintes sont respectées, le prototype est validé, et la **fabrication en série** peut commencer.

→ S'entraîner

- QCM et Vrai-Faux p. 149
- Sujet guidé 22 p. 159 (Système d'arrosage automatique par goutte à goutte)

Fonctionnement d'un réseau informatique

1 Matériel d'un réseau informatique

- Un **réseau informatique** est un ensemble d'ordinateurs ou de terminaux **reliés entre eux** à l'aide de matériels d'interconnexion (smartphones, tablettes, imprimantes, objets connectés).

- Pour connecter les ordinateurs d'un réseau, on peut utiliser des **moyens câblés** (ou filaires) ou des **moyens de connexion sans fil** (par exemple, la Wi-Fi).

2 Réseau Internet et routage

- Un **ordinateur** appelé **client** utilise le réseau pour accéder à des services fournis sur un serveur. Le client et le **serveur** communiquent suivant un **protocole**.
- **Internet** est le plus grand réseau informatique du monde. Il connecte des millions de terminaux. Les routes pour connecter deux machines peuvent être multiples. Le **routage** permet de trouver la route la plus appropriée.
- Nos activités sur Internet font intervenir une multitude d'appareils électriques qui ont un **impact environnemental**.

3 Protocoles de communication

- Afin de communiquer entre elles à travers les réseaux, les machines doivent respecter des règles de communication.
- Ces protocoles de communication sont généralement organisés en **couches**. Il est souvent nécessaire d'utiliser plusieurs protocoles en même temps pour qu'un échange de données soit possible.

→ S'entraîner
- QCM et Exercice guidé p. 150
- Sujet guidé 30 p. 210 (Laboratoire automatisé d'analyse ADN)

Écriture, mise au point et exécution d'un programme

1 Capteurs, actionneurs et interfaces

- Les systèmes techniques disposent souvent de **capteurs** et d'**actionneurs** pour agir sur leur environnement.
- Un **capteur** (de luminosité, d'humidité, de mouvement...) **acquiert des données sur l'environnement du système** (grandeur physique) et les transforme en **information** compréhensible par un ordinateur (souvent une intensité de courant ou une tension électrique).
- Un **actionneur** (moteur, lampe, haut-parleur...) **agit sur l'environnement** du système : il **transforme l'énergie** qui lui est transmise en une **action**.
- L'**interface utilisateur** permet à l'homme et à la machine de communiquer.

2 Cartes programmables et objets connectés

- Pour fonctionner, les systèmes informatiques ont besoin de **programmes** leur indiquant comment se comporter. Ces programmes sont implantés dans un composant électronique appelé **carte programmable**.
- Une carte programmable traite les données et commande les actionneurs. Les composants d'une carte programmable sont généralement le **processeur**, la **mémoire**, les **entrées/sorties** et l'**alimentation**.

Carte programmable

MÉTHODE
SUJETS PAS À PAS
SUJETS COMME À L'EXAMEN

- Un **objet connecté** est composé d'une carte programmable avec une fonction supplémentaire qui lui permet de **communiquer avec un réseau**. Il peut échanger des informations avec d'autres systèmes.

3 Programmes et algorithmes

- L'« intelligence » d'un système ne provient pas de son matériel, mais plutôt du programme informatique écrit par un programmeur avec un **langage informatique spécifique** et transféré dans la carte programmable. Un ordinateur utilise différents langages pour communiquer avec les périphériques et faire fonctionner les logiciels. Les langages sont choisis pour des usages spécifiques.
- Un **programme informatique** est un ensemble d'opérations destinées à être exécutées par un ordinateur. Un programme fait généralement partie d'un logiciel, c'est-à-dire d'un ensemble de composants numériques destiné à fournir un service informatique. Un **algorithme** est une succession d'opérations et d'instructions permettant la réalisation d'une tâche ou la résolution d'un problème. L'**algorigramme** permet de représenter les algorithmes pour comprendre rapidement le fonctionnement du programme.

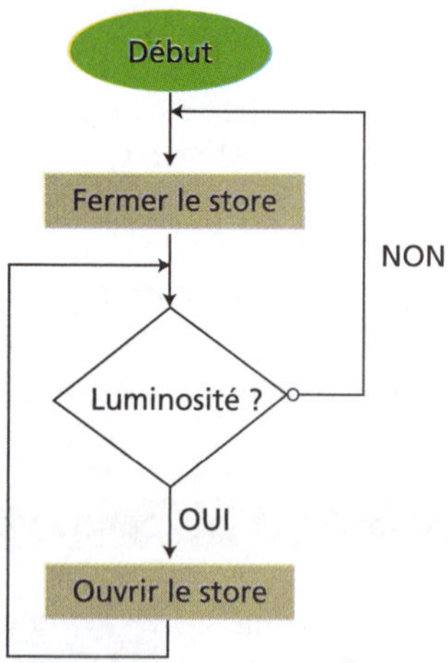

Algorigramme du fonctionnement d'un store automatique

→ S'entraîner

- QCM et Exercice guidé p. 151
- Sujets guidés 25 p. 178 (L'eau : système de captage et distribution) ; 26 p. 185 (Dispositif de freinage sans blocage des roues) ; 29 p. 203 (Pilote automatique)
- Sujets complets 1 p. 233 (La lutte contre les feux de forêt) et 3 p. 256 (Robot collecteur de déchets flottants)

Contrôler ses connaissances

corrigés p. 225

Vrai ou Faux *Cocher la bonne réponse.*

1. Les objets techniques et les services sont créés pour répondre à un besoin.
☐ Vrai ☐ Faux

2. Le garagiste produit un bien.
☐ Vrai ☐ Faux

3. Quand le besoin est défini, il faut rédiger un cahier des charges.
☐ Vrai ☐ Faux

4. Un planning prévisionnel permet d'établir une facture.
☐ Vrai ☐ Faux

••• Texte à trous *Compléter les mots manquants.*

Les étapes de production d'un bien sont les suivantes :

1. Définir le .... et rédiger un ....
2. Organiser le projet en étapes et définir un ....
3. Rechercher des .... techniques.
4. Réaliser un .... et le tester.
5. Fabriquer le produit.

QCM *Cocher la (ou les) bonne(s) réponse(s).*

1. Des objets sont de la même famille s'ils :
☐ **a.** répondent au même besoin.
☐ **b.** ont une fonction d'usage différente.
☐ **c.** n'ont pas le même matériau.

2. Des objets appartiennent à la même lignée s'ils :
☐ **a.** répondent au même besoin.
☐ **b.** ont une forme identique.
☐ **c.** utilisent le même principe technique pour répondre au besoin.

3. Une rupture technologique est :
☐ **a.** une petite évolution d'un objet.
☐ **b.** un grand changement qui rend l'objet plus performant.
☐ **c.** la fin du cycle de vie d'un objet.

4. Pour évaluer l'impact écologique d'un produit, il faut prendre en compte :
☐ **a.** sa fabrication.
☐ **b.** son utilisation.
☐ **c.** son recyclage.

Termes à relier

Relier les étapes du cycle de vie aux étapes de la vie d'une pile.

Extraction des matières premières •	• La pile est placée dans un appareil électronique et l'alimente en énergie.
Recyclage •	• Le zinc, le manganèse et le carbone qui serviront à fabriquer la pile sont extraits dans des mines.
Utilisation •	• La pile usagée est rapportée dans un lieu de collecte afin que ses matériaux soient réutilisés.

Texte à trous

Compléter les diagrammes de fonctionnement ci-dessous.

Énergie d'entrée	→	Système	→	Résultat obtenu
....	→	**Bateau à voile**	→	....
....	→	**Chauffage électrique**	→	....
....	→	**Aspirateur**	→	....

Exercice guidé

1. Identifier la fonction d'usage du quad ci-contre.
2. Donner les composants assurant la fonction technique « diriger le quad ».
3. Quelle est la fonction technique assurée par le phare ?

Composants d'un quad

QCM *Cocher la (ou les) bonne(s) réponse(s).*

1. Le prototype est :
- ☐ **a.** la version définitive de l'objet à produire.
- ☐ **b.** une première version de l'objet à produire.
- ☐ **c.** une version qui sert à effectuer des tests.

2. Un plan est une représentation en :
- ☐ **a.** 2 dimensions.
- ☐ **b.** 3 dimensions.
- ☐ **c.** 4 dimensions.

3. La simulation sur une maquette numérique permet :
- ☐ **a.** d'identifier les défauts de conception d'un objet.
- ☐ **b.** de visualiser le fonctionnement d'un objet.
- ☐ **c.** de toucher l'objet.

4. Un gabarit de contrôle permet de :
- ☐ **a.** vérifier rapidement la conformité d'une pièce.
- ☐ **b.** corriger une pièce défectueuse.
- ☐ **c.** fabriquer une pièce.

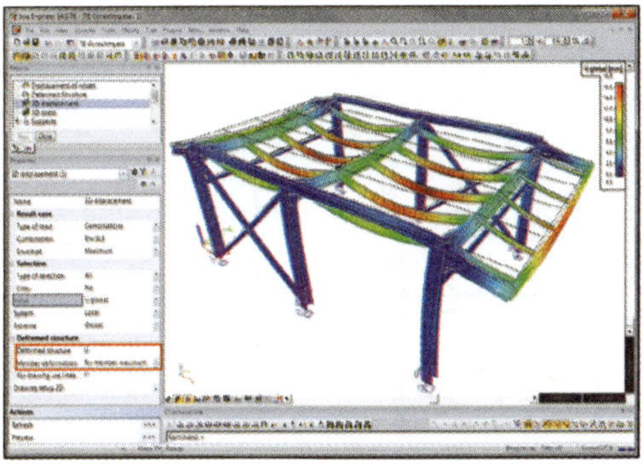

Simulation de déformation du toit d'un abribus

Vrai ou Faux *Cocher la bonne réponse.*

1. La simulation numérique permet de tester le comportement mécanique des matériaux.
☐ Vrai ☐ Faux

2. Un plan en 3 dimensions permet de visualiser l'apparence de l'objet ou du système.
☐ Vrai ☐ Faux

3. Lorsqu'une pièce est non conforme, elle est forcement jetée.
☐ Vrai ☐ Faux

4. Si le prototype est validé, la fabrication en série est alors terminée.
☐ Vrai ☐ Faux

QCM *Cocher la (ou les) bonne(s) réponse(s).*

1. Internet est :

- ☐ **a.** un serveur de données.
- ☐ **b.** un moteur de recherche.
- ☐ **c.** un réseau informatique.

2. Le routage permet de :

- ☐ **a.** vérifier la validité des échanges.
- ☐ **b.** sélectionner des chemins dans un réseau.
- ☐ **c.** dessiner le plan d'un réseau.

3. Un serveur est :

- ☐ **a.** un câble Ethernet.
- ☐ **b.** un ordinateur qui fournit des services.
- ☐ **c.** un réseau sans fil.

4. Un protocole de communication est :

- ☐ **a.** un logiciel de messagerie.
- ☐ **b.** un ordinateur client.
- ☐ **c.** un ensemble de règles.

Exercice guidé

Voici le schéma simplifié du réseau informatique d'une entreprise.

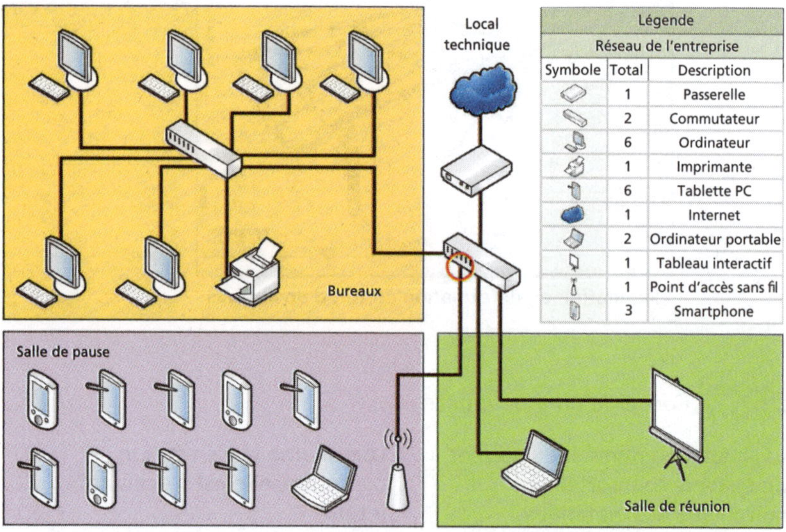

Légende		
Réseau de l'entreprise		
Symbole	Total	Description
	1	Passerelle
	2	Commutateur
	6	Ordinateur
	1	Imprimante
	6	Tablette PC
	1	Internet
	2	Ordinateur portable
	1	Tableau interactif
	1	Point d'accès sans fil
	3	Smartphone

1. Identifier trois matériels d'interconnexion dans ce réseau et indiquer leur fonction.
2. Identifier trois types de terminaux différents dans ce réseau.
3. Que se passe-t-il si l'on débranche le câble entouré en rouge sur le schéma ?

QCM *Cocher la (ou les) bonne(s) réponse(s).*

1. Un capteur acquiert :
- ☐ **a.** une représentation numérique.
- ☐ **b.** des composants électroniques.
- ☐ **c.** une grandeur physique.

2. Une carte programmable est :
- ☐ **a.** un actionneur.
- ☐ **b.** un système électronique qui exécute un programme enregistré dans sa mémoire.
- ☐ **c.** une interface utilisateur.

3. Un objet connecté :
- ☐ **a.** communique avec un réseau.
- ☐ **b.** est une représentation d'un algorithme.
- ☐ **c.** fonctionne forcément avec des piles.

4. L'algorigramme permet :
- ☐ **a.** de soustraire des informations.
- ☐ **b.** de représenter un algorithme.
- ☐ **c.** d'afficher des variables.

Exercice guidé

L'algorigramme ci-dessous gère les stocks d'un magasin.

1. Quelles sont les variables dans cet algorigramme ?
2. Combien de tests sont à effectuer ?
3. Combien d'actions sont à réaliser ?

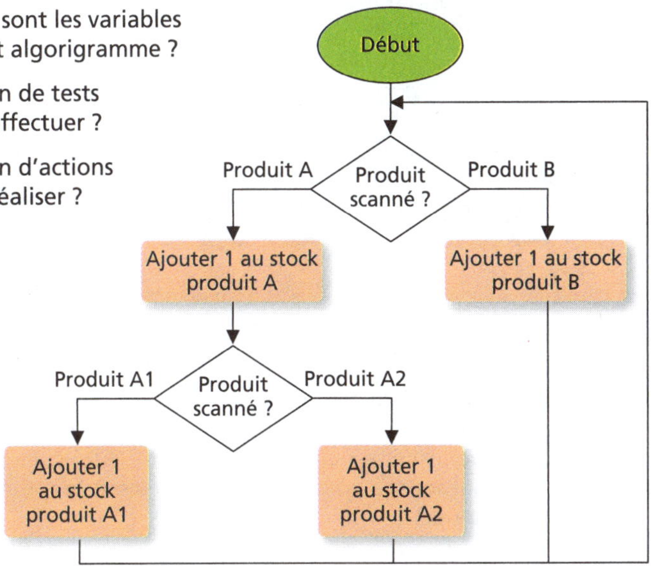

Algorigramme de gestion de stock de trois produits

Sujets guidés

SUJET 21 Centres étrangers, juin 2021

25 pts 30 min

Aide au stationnement

Le radar de recul est un système utilisé à l'arrière de certains véhicules pour faciliter la manœuvre de stationnement.

Il est constitué de 4 capteurs à ultrasons positionnés sur le pare-chocs du véhicule. Lorsqu'un obstacle est détecté (mur, véhicule, arbre, personne…) (*document 1*), le système émet des bips sonores et affiche la position de l'obstacle sur un écran au tableau de bord (*document 2*).

Chaque capteur est capable d'émettre et de recevoir des ultrasons. Lorsqu'un obstacle est présent face au capteur, le délai entre l'émission et la réception de l'onde permet de connaître la distance qui le sépare de l'obstacle (*document 1*). Les informations sont ensuite traitées par l'ordinateur de bord.

DOC. 1 Principe du radar de recul

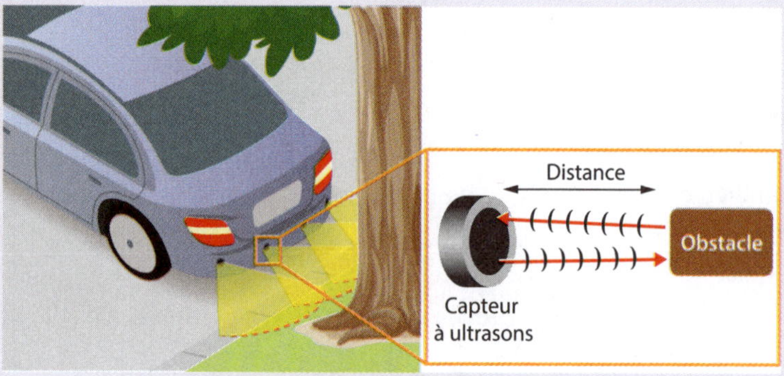

L'affichage au tableau de bord s'active lorsque la distance avec l'obstacle est inférieure ou égale à 2 m. Des voyants verts apparaissent puis orange, puis rouges au fur et à mesure que le véhicule se rapproche de l'obstacle (*document 2*). Ils sont accompagnés d'un signal sonore émis par un buzzer dont le rythme s'accélère lorsque la distance diminue.

DOC. 2 **Affichage du tableau de bord**

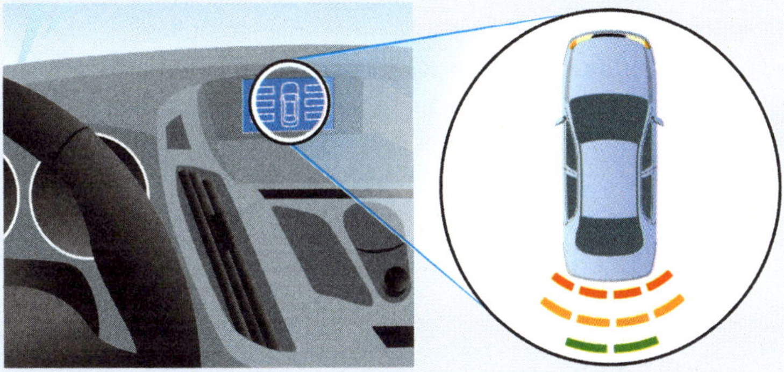

DOC. 3 **Signaux visuels et sonores pour le conducteur**

Distance de l'obstacle (en mètres)	Couleur du voyant	Rythme du signal sonore
À partir de 2 m et jusqu'à 1 m	Vert	Signal toutes les 0,5 s
Inférieure à 1 m et jusqu'à 0,50 m	Orange	Signal toutes les 0,25 s
Inférieure à 0,50 m	Rouge	Signal continu

1 Donner la fonction d'usage du radar de recul (rédiger la réponse).

2 Choisir la réponse correcte. Un capteur est un élément :

a. permettant d'avertir par un signal sonore.

b. capable de prélever une information.

c. pouvant transformer un mouvement.

d. permettant d'alimenter en énergie.

3 a. Compléter les deux affirmations ci-dessous concernant le capteur à ultrasons en utilisant les mots : *court* et *long*.

– Plus la distance entre le radar de recul et l'obstacle est petite, plus le délai émission/réception de l'onde est ....

– Plus la distance entre le radar de recul et l'obstacle est grande, plus le délai émission/réception de l'onde est ....

b. Quel paramètre permet de déterminer la distance entre le véhicule et l'obstacle ?

☐ Le délai entre l'émission et la réception de l'onde.

☐ La vitesse du véhicule.

☐ Le nombre de capteurs.

4 Compléter la chaîne d'information du système d'aide au stationnement.

a. Compléter les deux cases par une fonction (verbe à l'infinitif).

b. Replacer les solutions techniques suivantes sur les pointillés :

Buzzer ; Capteur à ultrasons ; Écran avec voyants ; Ordinateur de bord

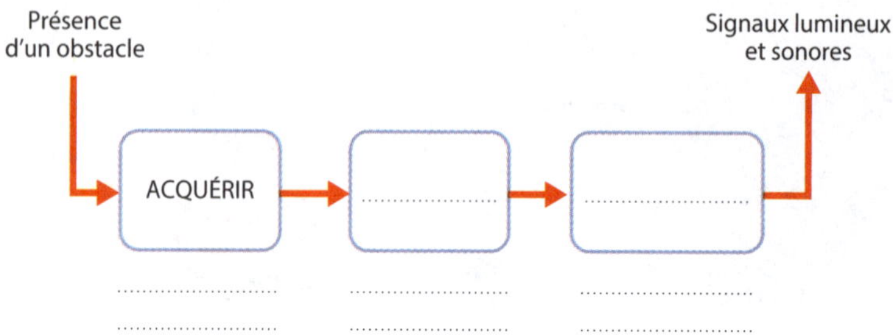

5 Pour le bon fonctionnement du système, le capteur à ultrasons doit avoir un temps de réponse inférieur à 500 ms et doit capter un obstacle à partir de 2 m de distance.

À partir du *document 4*, choisir le capteur le plus approprié. Justifier le choix.

DOC. 4 Différents modèles de capteurs à ultrasons

	Modèle A	Modèle B	Modèle C
Détection entre	8 m et 0,1 m	0,6 m et 0,065 m	2 m et 0,2 m
Temps de réponse	240 ms	64 ms	530 ms
Diamètre	35 mm	65 mm	30 mm

6 À partir du *document 3* et du *document 5*, compléter les huit cases blanches du programme ci-après lié au fonctionnement du radar de recul (les distances sont en mètres).

DOC. 5 Système de codage informatique des couleurs

Les couleurs sont notées « RVB » pour le système de codage informatique.

- Code couleur RVB pour le **Vert** : (rouge 0 ; vert 255 ; bleu 0).
- Code couleur RVB pour le **Rouge** : (rouge 255 ; vert 0 ; bleu 0).
- Code couleur RVB pour le **Orange** : (rouge 255 ; vert 150 ; bleu 20).

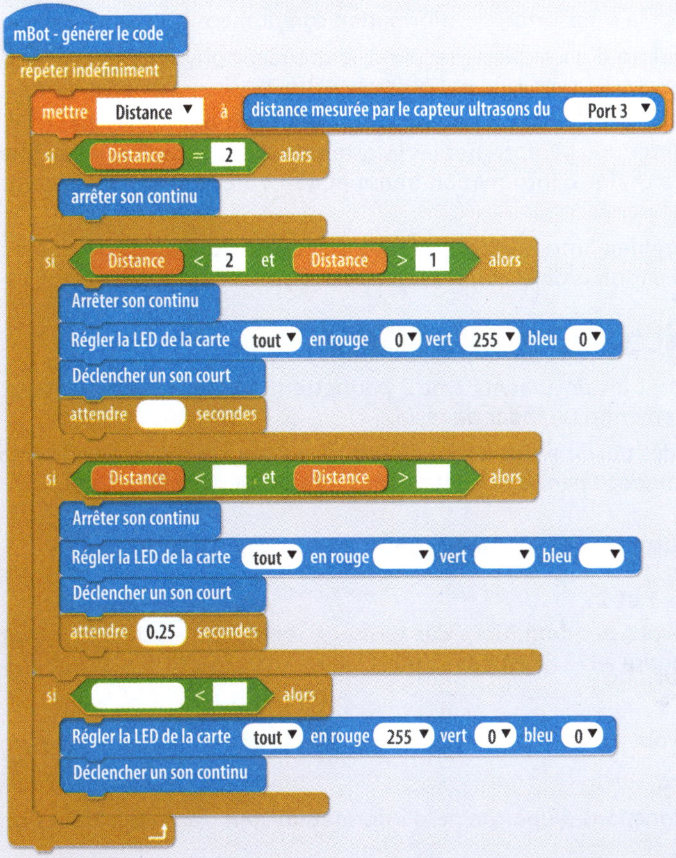

PAR ÉTAPES

À CONNAÎTRE

- La **fonction d'usage** d'un objet correspond au **service qu'il rend**. Par exemple, la fonction d'usage d'une voiture est de transporter des personnes.
- Un **capteur acquiert une grandeur physique**, comme une température par exemple, et la transforme en information compréhensible par un ordinateur.
- Le **paramètre** d'un radar de recul est la grandeur physique qui **varie** lorsque la distance entre le véhicule et l'obstacle varie.
- Une **chaîne d'information** est l'**ensemble des fonctions techniques** d'un objet qui permettent de gérer toutes les informations indispensables à son fonctionnement. La chaîne d'information transmet des ordres à la chaîne d'énergie, qui les réalise.
- Un **programme** informatique est un **ensemble d'opérations** destinées à être exécutées par un ordinateur.

ANALYSER L'ÉNONCÉ ET LES DOCUMENTS

- L'énoncé et les *documents 1* et *2* permettent de comprendre l'intérêt et le fonctionnement d'un radar de recul.
- L'étude des *documents 3* et *5* est nécessaire pour répondre à la question **6** ; l'analyse du *document 4* permet de résoudre la question **5**.

BIEN COMPRENDRE LES QUESTIONS

Questions 1 et 2

Rappelez-vous des définitions des termes « fonction d'usage » et « capteur » pour répondre à ces questions.

Question 3

Appuyez-vous sur la réponse à la question **3 a.** pour répondre à la question **3 b.**.

Question 4

Les trois fonctions d'une chaîne d'information sont : acquérir, traiter et communiquer.

Question 5

Tenez compte du temps de réponse, mais aussi de la portée du capteur à ultrasons pour choisir le modèle approprié.

Question 6

Dans un programme, le nombre « 0,5 » s'écrit : 0.5.

CORRIGÉ 21

Comprendre le corrigé

1 La fonction d'usage d'un radar de recul est d'**avertir de la présence d'un obstacle**.

> **L'astuce du prof**
> Une fonction d'usage est toujours exprimée de la même façon : un verbe à l'infinitif suivi éventuellement d'un groupe nominal.

2 Un capteur est un **élément capable de prélever une information**.

3 **a.** Plus la distance entre le radar de recul et l'obstacle est petite, plus le délai émission/réception de l'onde est **court**.

Plus la distance entre le radar de recul et l'obstacle est grande, plus le délai émission/réception de l'onde est **long**.

> **Pour aller plus loin**
> La distance d entre le radar de recul et l'obstacle est égale à $d = \frac{v \times t}{2}$, avec v la vitesse de propagation de l'onde et t le délai entre l'émission et la réception de l'onde.

b. Le paramètre qui permet de déterminer la distance entre le véhicule et l'obstacle est **le délai entre l'émission et la réception de l'onde**. En effet, d'après la réponse à la question précédente, le délai émission/réception de l'onde varie lorsque la distance entre le radar de recul et l'obstacle varie.

4 La chaîne d'information du système d'aide au stationnement est la suivante.

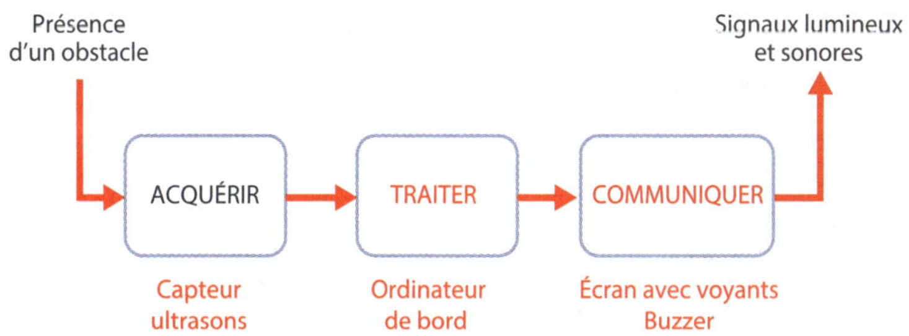

5 Pour le bon fonctionnement du système, le capteur à ultrasons doit avoir un temps de réponse inférieur à 500 ms, ce qui est le cas des modèles de capteurs à ultrasons A et B.

De plus, le capteur à ultrasons doit capter un obstacle à partir de 2 m de distance, ce qui est le cas du modèle A, mais pas du modèle B.

> **Gagnez des points !**
> N'oubliez pas de justifier votre réponse.

Ainsi, le capteur le plus approprié est le **modèle A**.

6 Le programme lié au fonctionnement du radar de recul est le suivant.

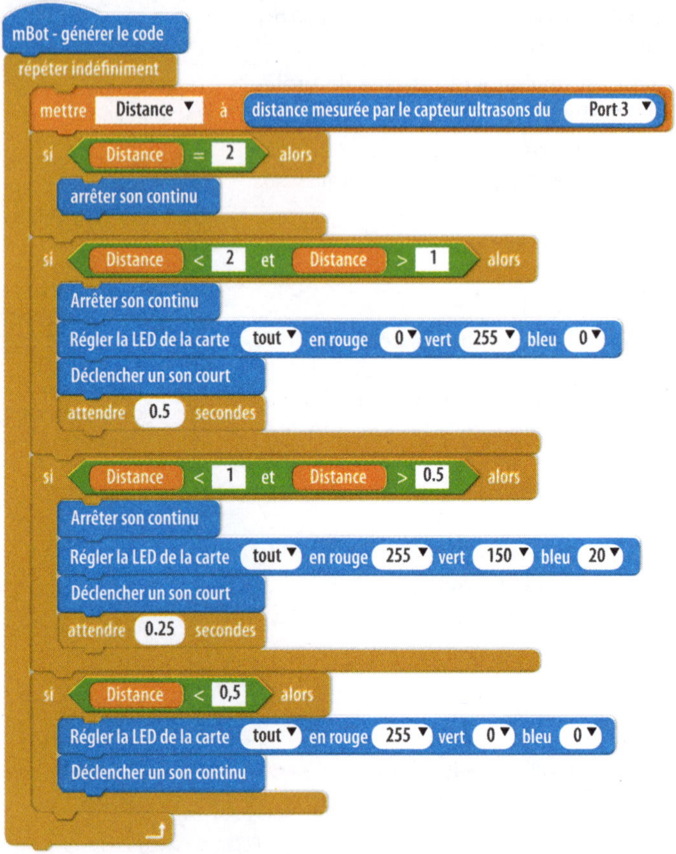

SUJET 22 Nouvelle-Calédonie, décembre 2019 25 pts 30 min

Système d'arrosage automatique par goutte à goutte

Afin d'économiser les ressources en eau, un producteur de tomates sous serre décide d'installer un système d'arrosage par goutte à goutte automatique dans son exploitation. Chaque pied de tomate se voit munir d'un tuyau d'arrivée d'eau, et un capteur d'humidité est planté dans la terre, à proximité des pieds de tomate.

DOC. 1 Types de signaux

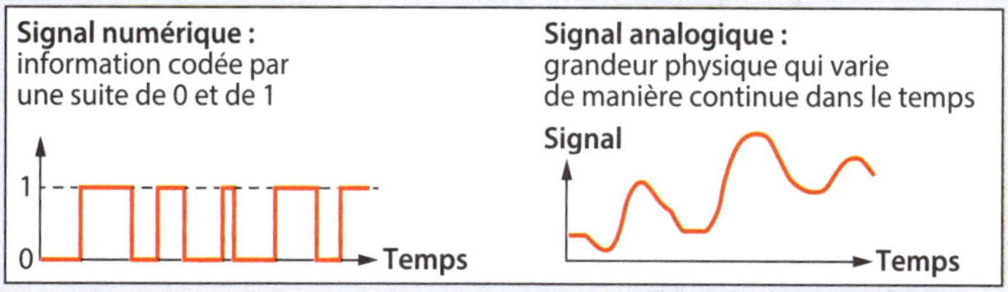

Le capteur d'humidité renvoie une valeur qui varie de 0 à 1 024. La valeur 0 correspond à 0 % d'humidité, la valeur 1 024 à 100 % d'humidité.

DOC. 2 Enregistrement des valeurs envoyées par le capteur d'humidité de la terre pendant une journée

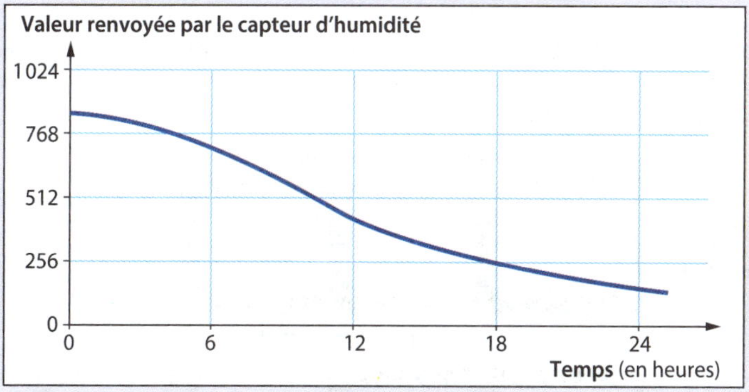

1 D'après les *documents 1 et 2*, comment s'appelle le type de signal produit par le capteur d'humidité ? Justifier la réponse.

2 On considère que les pieds de tomate ont besoin d'eau lorsque l'humidité de la terre est en dessous de 25 %. Il faut alors déclencher l'arrosage. À quelle valeur envoyée par le capteur faut-il déclencher l'arrosage ? Expliquer la réponse.

3 D'après le *document 2*, pendant la journée où ces données ont été enregistrées, à quelle heure aurait-il fallu déclencher l'arrosage ?

DOC. 3 Schéma du dispositif d'arrosage par goutte à goutte automatique

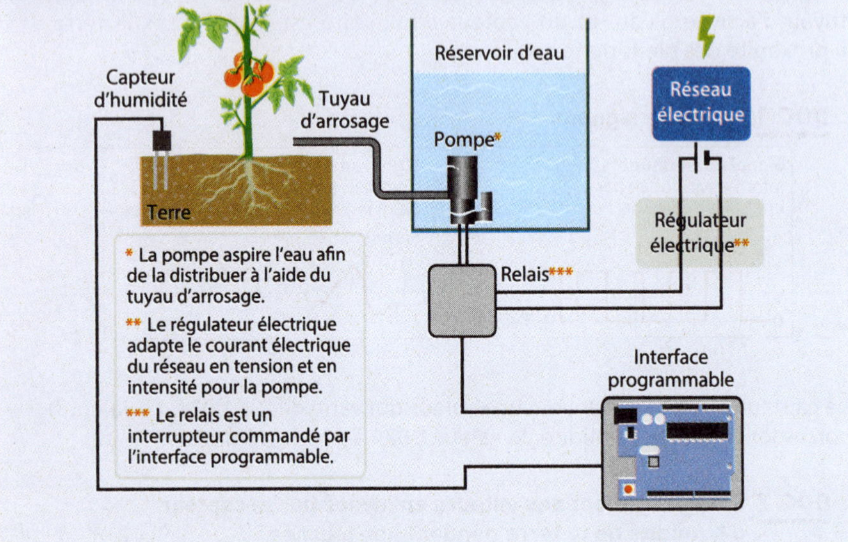

4 À l'aide du *document 3*, compléter les chaînes d'énergie et d'information du système sur le schéma ci-après avec les éléments suivants : *capteur d'humidité*; *interface programmable*; *régulateur électrique*; *pompe*.

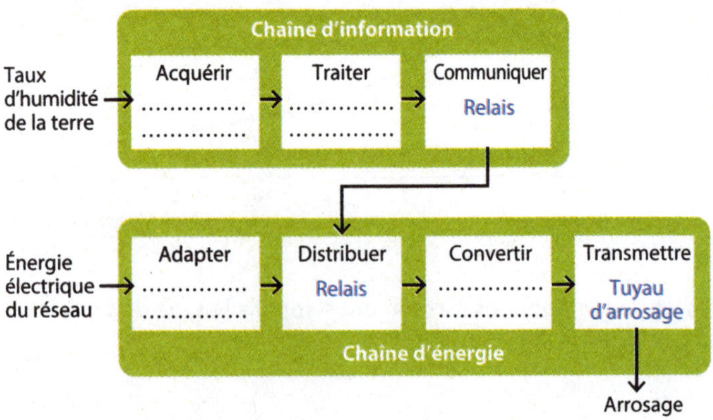

5 Compléter le programme ci-dessous qui sera transféré dans l'interface programmable avec les propositions suivantes : *pompe arrêtée ; pompe en marche ; relais ; relais ; taux d'humidité de la terre ; taux d'humidité de la terre ; valeur de déclenchement ; valeur de déclenchement.*

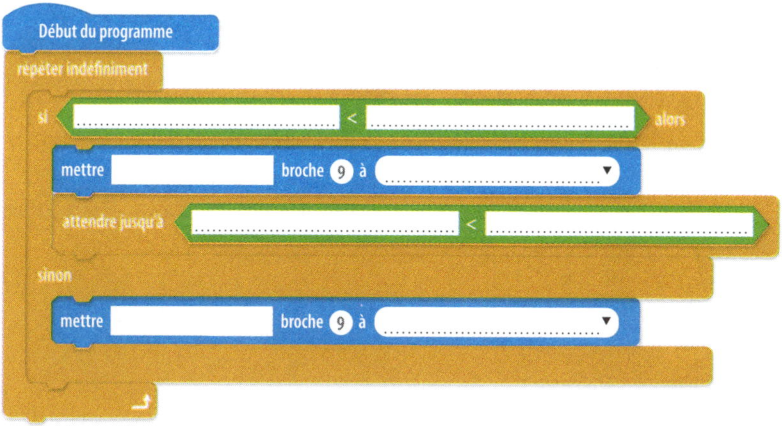

DOC. 4 Détail de l'arrivée de l'arrosage au niveau du pied de tomate

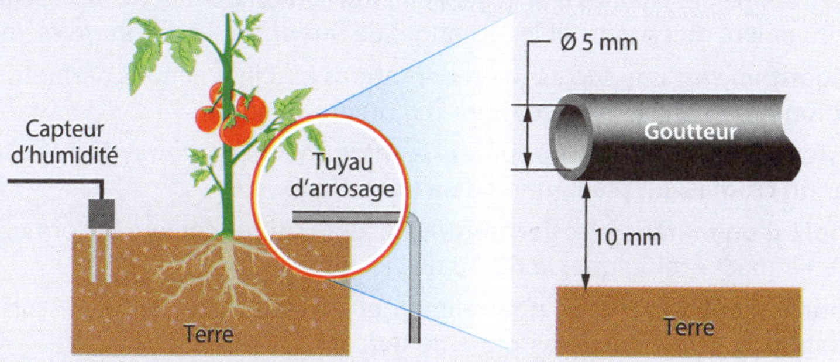

6 Le goutteur du tuyau d'arrosage est simplement posé à terre au niveau du pied de tomate, mais on s'aperçoit très vite qu'il finit par s'encrasser et le pied finit par ne plus être irrigué.

À l'aide du *document 4*, dessiner une pièce qui permettra de tenir le goutteur à 1 cm du sol, afin qu'il ne se salisse pas. Vous pouvez indiquer des dimensions et autres légendes nécessaires à la compréhension.

7 À l'aide du *document 5* ci-après, quel type de matériau faudrait-il choisir pour fabriquer la pièce de maintien du goutteur ? Justifier la réponse.

8 Le producteur est satisfait de son installation, mais il désire réduire sa facture d'électricité. Rédiger un court paragraphe pour lui proposer une solution afin de réduire le coût de la consommation d'énergie de ce système.

DOC. 5 Tableau comparatif des matériaux envisagés pour fabriquer la pièce de maintien du goutteur

	Résistance à la corrosion (rouille)	Résistance aux changements de température	Résistance à la dégradation par les rayons du soleil	Résistance à l'humidité	Prix	Impact écologique
Matière plastique	Excellente	Excellente	Mauvaise	Excellente	Peu cher	Important
Bois	Excellente	Moyenne	Moyenne	Mauvaise	Très cher	Faible
Matériau ferreux	Mauvaise	Excellente	Excellente	Excellente	Cher	Moyen

PAR ÉTAPES

À CONNAÎTRE

- Le diagramme des **chaînes d'énergie et d'information** permet de représenter le fonctionnement du système et les échanges de flux entre ses différents éléments.
- Un **algorithme** est une succession d'opérations et d'instructions permettant la réalisation d'une tâche ou la résolution d'un problème.
- Il existe plusieurs méthodes pour représenter une pièce d'un système, comme réaliser un **croquis, un plan**, un **modèle numérique**, etc.
- Le **choix d'un matériau** s'effectue suivant des critères comme la formabilité, le coût, l'impact écologique, la durée de vie.
- La **source d'énergie** choisie pour alimenter un système va modifier son coût d'utilisation et son impact environnemental.

ANALYSER L'ÉNONCÉ ET LES DOCUMENTS

- Le *document 1* présente un signal numérique et un signal analogique.
- Le *document 2* représente les valeurs renvoyées par un capteur.
- Le *document 3* est une représentation des éléments du système d'arrosage et des liens qui existent entre eux.
- Le *document 4* montre le goutteur (l'arrivée de l'arrosage) au niveau du pied de tomate.
- Le *document 5* permet de comparer différents matériaux suivant des critères définis pour fabriquer la pièce de maintien du goutteur.

BIEN COMPRENDRE LES QUESTIONS

Question 1

Le *document 2* montre que la valeur du capteur d'humidité varie dans le temps. Le *document 1* vous permet d'identifier ce type de signal.

Question 2

Les valeurs du capteur d'humidité sont proportionnelles à l'humidité de la terre.

Question 3

Utilisez la valeur trouvée dans la question **2**.

Questions 4 et 5

Positionnez les éléments donnés dans les bonnes cases de la chaîne d'information et de l'algorithme.

Question 6

Dessinez une pièce (type croquis ou plan). La contrainte principale consiste à maintenir le tuyau à 1 cm du sol.

Question 7

Utilisez le *document 5* pour choisir un matériau en fonction des critères présentés (prix, résistance à l'humidité…).

Question 8

L'utilisation d'une source d'énergie renouvelable permettrait de réduire le coût d'utilisation du système.

CORRIGÉ 22

Comprendre le corrigé

1 Le signal produit par le capteur d'humidité est un **signal analogique**. Il varie de manière continue dans le temps suivant l'humidité de la terre. Le capteur renvoie une valeur entre 0 et 1 024 : la valeur 0 correspond à 0 % d'humidité, la valeur 1 024 correspond à 100 % d'humidité.

Gagnez des points !
Pour bien comprendre les documents de l'énoncé, n'hésitez pas à les lire plusieurs fois.

2 La valeur varie proportionnellement entre 0 et 1 024 pour une humidité de 0 % à 100 %.

Taux d'humidité	0 %	25 %	100 %
Valeur	0	x	1 024

Calcul : $x = \frac{(25 \times 1\,024)}{100} = 256$.

L'astuce du prof
Utilisez un produit en croix pour effectuer ce calcul.

Lorsque le taux d'humidité est à 25 %, le capteur renvoie une valeur de 256. Il faut donc déclencher l'arrosage pour **une valeur inférieure ou égale à 256**.

3 D'après le *document 2*, la valeur renvoyée par le capteur est égale à 256 à 18 h, puis inférieure par la suite.

Il aurait donc fallu déclencher l'arrosage **à 18 h**.

4 Voici les chaînes d'information et d'énergie complétées :

Gagnez des points !
Placer en premier les éléments que vous connaissez.

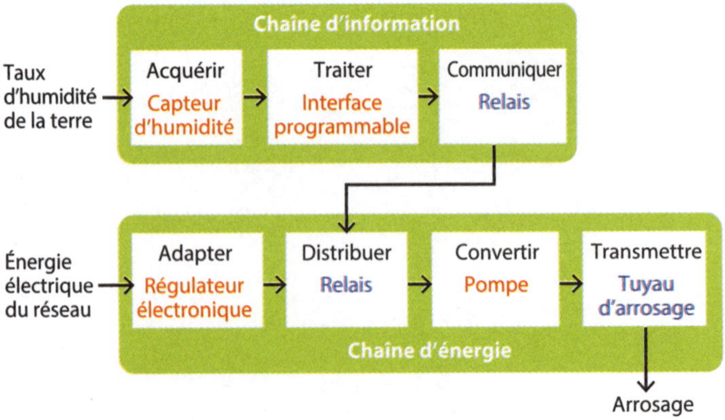

5 Il faut mettre en marche la pompe lorsque le taux d'humidité de la terre est inférieur à la valeur de déclenchement (256). Puis il faut arrêter la pompe lorsque la valeur de déclenchement est supérieure au taux d'humidité de la terre.

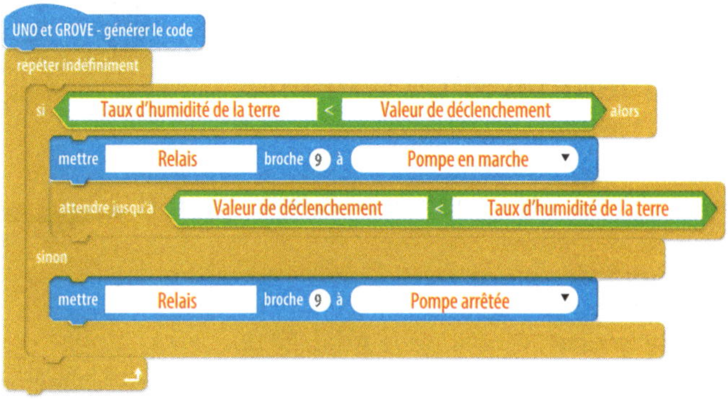

6 Voici un croquis d'une pièce pour tenir le goutteur. La partie rouge est en contact avec le sol et permet de fixer le goutteur à 1 cm du sol.

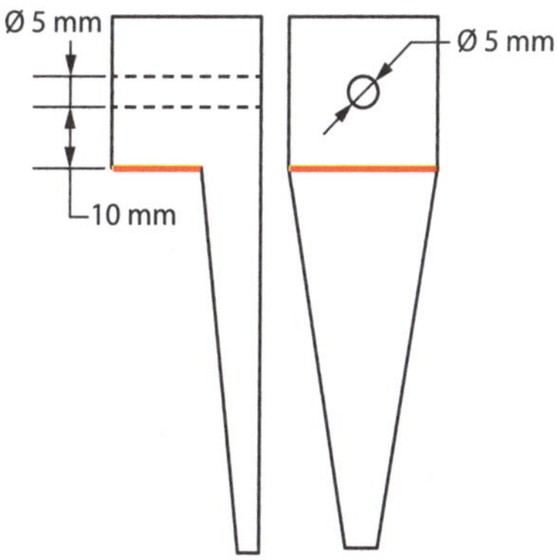

Ce croquis est une proposition, d'autres solutions techniques sont envisageables.

7 Le **plastique** pourrait être choisi pour fabriquer cet élément car il résiste à l'humidité et ne rouille pas. En effet, la rouille pourrait nuire au développement des plantes.

L'impact écologique est important, mais les autres matériaux ne répondent pas aux contraintes imposées.

8 Pour réduire la facture d'électricité, une source d'énergie différente comme l'énergie solaire pourrait être utilisée. L'utilisation d'un **panneau solaire** associé à un régulateur et une **batterie** permettrait une alimentation électrique suffisante pour faire fonctionner ce système qui consomme peu d'énergie.

L'astuce du prof

Vous pouvez utiliser des couleurs pour légender votre dessin et le rendre ainsi plus facile à comprendre.

Gagnez des points !

Le choix d'un matériau est toujours le fruit d'un compromis. Donnez les critères qui justifient votre décision.

SUJET 23 **Sujet zéro, janvier 2018** 25 pts 30 min

Conditionnement du sirop d'érable

Le sirop d'érable est produit essentiellement au Canada et plus particulièrement au Québec (72 % de la production mondiale).

La France est une grande consommatrice de ce nectar et était, il y a cinq ans, le cinquième pays importateur de sirop d'érable du Canada (source : Global Trade Atlas, 2012).

Pour les producteurs de sirop d'érable, il faut pouvoir le commercialiser dans les meilleures conditions afin de satisfaire le consommateur.

Un producteur souhaite revoir le conditionnement de son sirop et donc choisir un nouveau récipient pour une commercialisation dans une grande enseigne française de distribution.

DOC. 1 Diagramme d'exigences du récipient

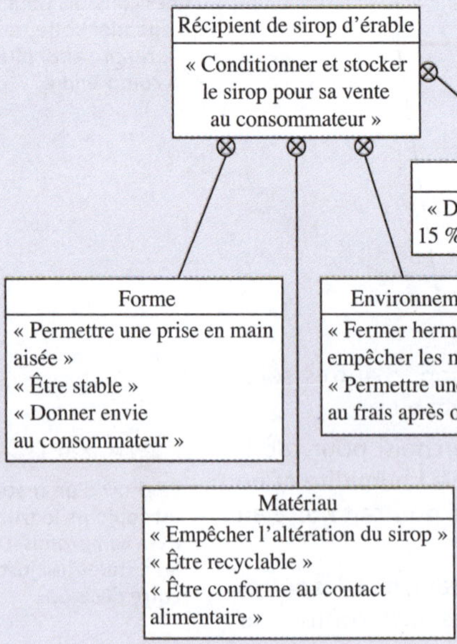

1 À l'aide du diagramme d'exigences du récipient (*document 1*), préciser celle des contraintes à respecter qui est liée au design.

DOC. 2 Prototypes de récipients

Récipient 1
(Bouchon verre)

Récipient 2
(Bouchon vissé plastique)

Récipient 3
(Ouverture mécanique)

2 À l'aide des récipients représentés (*document 2*) et du respect des exigences « forme » et « environnement extérieur » (*document 1*) :

a. déterminer la solution adéquate pour le conditionnement et le stockage du sirop d'érable ;

b. argumenter la réponse.

3 Pour la production du sirop d'érable, la température idéale à donner au sirop d'érable est de 3,5 °C de plus que la température d'ébullition de l'eau. Par exemple, à 101,3 kPa, l'eau bouillant à 100 °C, le sirop sera prêt lorsqu'il atteindra 103,5 °C.

Pour le conditionnement, les seuls matériaux envisageables sont le verre, certaines matières plastiques et le fer blanc.

DOC. 3 Propriétés des matériaux

Matériau	Avantages	Inconvénients	Prix de fabrication du contenant à l'unité
Fer blanc	Léger Recyclable	Formage limité (rond type conserve) Opaque	0,15 ± 0,04 € (inflation des matières premières)
PolyPropylène (PP matière plastique)	Résistant jusqu'à 120 °C Rigide	Difficilement recyclable	0,22 ± 0,03 € (inflation des matières premières)
Verre	Transparent Inerte Imperméable Recyclable	Fragile Lourd	0,30 €

Le producteur souhaite vendre son sirop d'érable au prix de 2,80 € le récipient, le prix du contenant devant être inférieur à 15 % du prix total.

À l'aide des propriétés des trois matériaux envisageables (*document 3*), et du diagramme d'exigences (*document 1*) :

a. compléter le tableau ci-dessous :

	Forme	Prix maximum à l'unité	Propriétés du matériau	Environnement extérieur
Fer blanc	…………………	…………………	Recyclable Alimentaire	Non hermétique après ouverture
PP	Toute forme possible	…………………	…………………	…………………
Verre	Toute forme possible	…………………	…………………	…………………

b. proposer, en argumentant, le matériau qui convient le mieux.

4 Lors de la vente des produits de consommation en grande surface, l'implantation d'un code à barres sur le récipient est obligatoire. Tous les exemplaires du même produit ont un code à barres unique permettant de l'identifier lors du passage en caisse. Le code-barres est également associé à un prix défini au sein d'une base de données.

DOC. 4 Le code à barres à 13 chiffres (norme GS1 EAN 13)

Les codes à barres au format international GS1 (anciennement EAN) sont composés d'une série de 13 chiffres numériques et d'une représentation graphique sous forme de barres et d'espaces.

Les 13 chiffres du code à barres suivent une règle d'identification afin de créer un code à barres en fonction du produit identifié, c'est-à-dire :

Les trois premiers chiffres du préfixe entreprise représentent le code du pays de l'entreprise qui a apposé le code à barres sur le produit.

Extraits de la liste des codes « pays » :

00000	Unused to avoid collision with GTIN-B
00001-00009 **001-009**	**GS1 US**
020-029	Used to issue restricted circulation numbers within a geographic region (MO defined)
….	
300-379	GS1 France
380	GS1 Bulgaria
383	GS1 Slovenija
….	
746	GS1 Republica Dominicana
750	GS1 Mexico
754-755	GS1 Canada
759	GS1 Venezuela
760-769	GS1 Schweiz, Suisse
…	

Source : www.gs1.fr

L'enseigne de distribution souhaite indiquer aux consommateurs le pays d'où provient le produit créé par l'entreprise lorsque le code-barres est lu à l'aide d'une borne en libre-service.

Pour le sirop d'érable, à l'aide du *document 4* :

a. compléter le programme ci-dessous permettant d'identifier le pays de provenance et d'afficher l'information sur l'écran LCD ;

b. préciser dans la case « commentaire » la fonction de l'instruction fléchée.

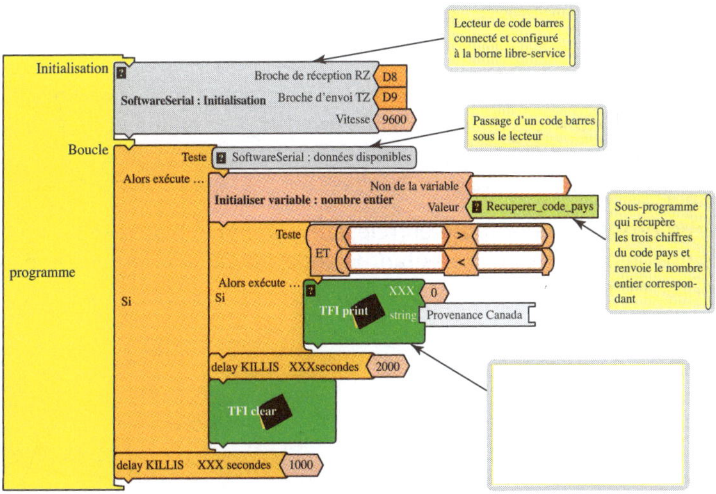

PAR ÉTAPES

À CONNAÎTRE

- Le **design** d'un objet a trait à la forme de l'objet et influe plus particulièrement sur l'attrait du consommateur.
- Un **prototype** est un objet qui va subir des tests. À l'aide du diagramme d'exigences, un technicien vérifie que les contraintes imposées sont bien vérifiées.
- Le choix d'une solution étant toujours un **compromis** entre plusieurs exigences, il faut se donner des priorités pour décider.

ANALYSER L'ÉNONCÉ ET LES DOCUMENTS

- Étudiez attentivement dans le *document 1* le diagramme d'exigences du nouveau récipient pour le sirop d'érable et faites le lien entre les différentes contraintes et les trois prototypes proposés dans le *document 2*.
- Dans le *document 2*, la forme des prototypes mais aussi leur type d'ouverture sont importants.
- Le *document 3* décrit les propriétés des différents matériaux qui peuvent être utilisés dans le nouveau récipient pour le sirop d'érable.

BIEN COMPRENDRE LES QUESTIONS

Question 1

Définissez d'abord précisément la notion de design pour savoir quelle contrainte choisir.

Question 2

Le choix du prototype doit être justifié en observant notamment les photographies des différents récipients proposés.

Question 3

Complétez le tableau et choisissez le matériau le plus adéquat en vous aidant des informations données dans les *documents 1* et *3*, et en réalisant le calcul du prix maximum pour le récipient.

Question 4

Finalisez le programme proposé en relevant notamment dans le *document 4* les trois premiers chiffres représentant le code du Canada, qui est le pays de l'entreprise commercialisant le sirop d'érable.

CORRIGÉ 23

Comprendre le corrigé

1 Le design est associé à l'exigence « Forme » dans le diagramme et influe plus particulièrement sur l'attrait du consommateur.

La contrainte à respecter liée au design est donc **« Donner envie au consommateur »**.

L'astuce du prof

La question demande de préciser une seule contrainte à respecter. N'en donnez surtout pas plusieurs !

2 a. Le récipient 2 est la solution adéquate qui répond à toutes les exigences de forme et d'environnement extérieur pour le conditionnement et le stockage du sirop d'érable.

b. Le récipient 2 est la solution adéquate car, d'après la photographie, ce récipient est **stable.** De plus, il est **fermé hermétiquement** grâce à son **bouchon vissé en plastique** et il permet une **conservation facile** au réfrigérateur.

Le récipient 1 n'est quant à lui pas hermétique, et le récipient 3 ne permet pas de conserver le sirop au réfrigérateur une fois ouvert, car il ne se referme pas.

3 a. Le tableau présentant les propriétés des trois matériaux envisageables pour le récipient peut être complété de la manière suivante :

	Forme	Prix maximum à l'unité	Propriété du tableau	Environnement extérieur
Fer blanc	Type conserve	0,19 € < 0,42 €	Recyclable Alimentaire	Non hermétique après ouverture
PP	Toute forme possible	0,25 € < 0,42 €	*Difficile à recycler* Alimentaire Rigide	Résistant aux températures nécessaires
Verre	Toute forme possible	0,30 € < 0,42 €	Recyclable Alimentaire *Fragile* *Lourd*	Inerte Imperméable

En *italique* sont indiqués les inconvénients.

Pour le verre, le fait d'être fragile et lourd ne s'oppose pas aux exigences exposées.

Remarque : le prix du récipient doit être inférieur à 15 % du prix de vente, c'est-à-dire inférieur à $2{,}80 \times 15\ \% = 2{,}80 \times \frac{15}{100} = 0{,}42$ €.

Gagnez des points !

Le calcul du prix maximum du récipient peut être effectué soit ici, soit dans la réponse à la question **3 b.**.

b. Le matériau qui convient le mieux est le **verre,** notamment car :

– le **prix répond aux exigences** : 0,30 € < 0,42 € ;

– il n'y a **pas d'altération de l'aliment,** même à forte température ;

– il est **facilement recyclable**.

4 a. et **b.** Le programme permettant d'identifier le pays de provenance et d'afficher l'information sur l'écran LCD ainsi que la fonction de l'instruction fléchée dans la case « commentaires » peuvent être complétés de la façon suivante :

Remarque

Le nom choisi pour la variable peut être « pays », « provenance » ou « origine », tant que le même mot est utilisé dans chaque « case » de la variable, c'est-à-dire ici pour les trois occurrences.

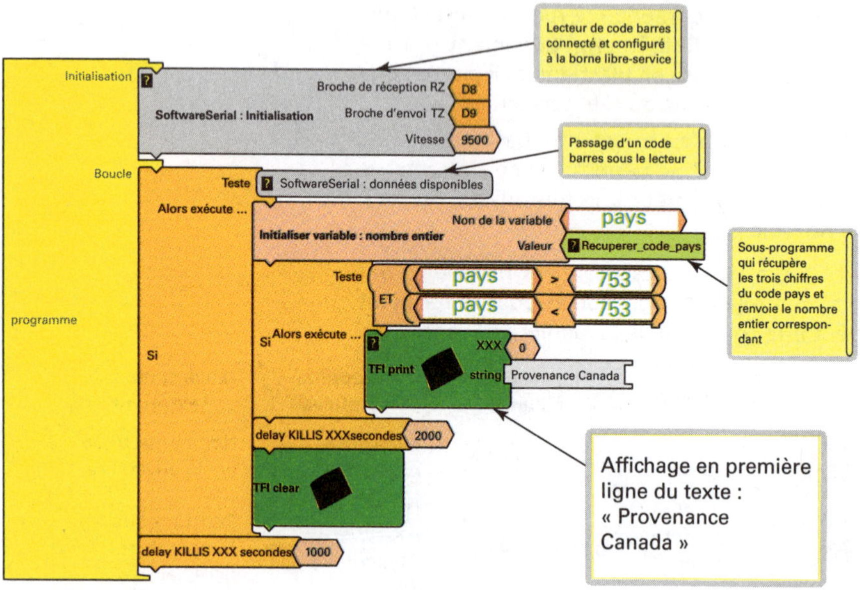

SUJET 24 Sujet zéro, janvier 2018 — 25 pts — 30 min

Portique automatique de lavage de voiture

Les stations de lavage proposent des portiques de lavage automatiques simples et faciles d'utilisation (voir *document 1*). Elles proposent ainsi aux usagers un service leur permettant de mieux respecter l'environnement en diminuant :

– de 80 % la consommation d'eau, par rapport à un lavage à la maison, en utilisant la haute pression ;

– la pollution grâce à des savons biodégradables et par le traitement de 100 % des déchets (boues de lavage, résidus d'hydrocarbures et eaux usées) issus du lavage par l'utilisation d'une fosse de décantation, d'un séparateur et déshuileur, et d'un traitement des eaux usées.

DOC. 1 Extrait de la charte environnementale d'une enseigne de stations de lavage

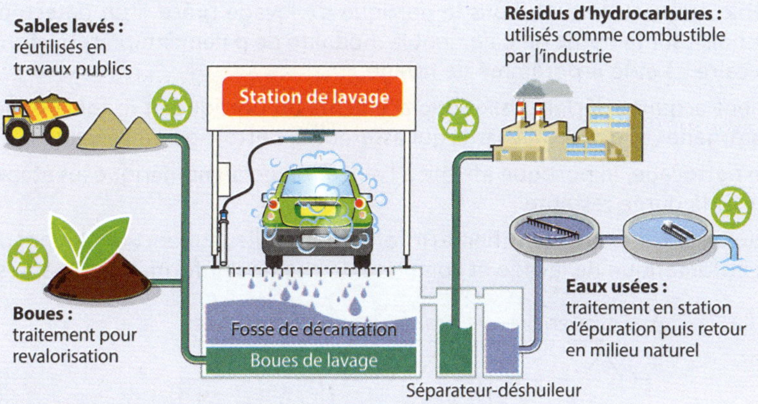

1 À partir du texte de présentation et du *document 1*, indiquer les solutions techniques utilisées par la station de lavage décrite qui participent à la préservation de l'environnement.

2 À l'aide du texte de présentation et du descriptif du *document 2*, associer les composants du portique de lavage automatique aux fonctions techniques.

Fonctions techniques	Composants
Dialoguer avec l'usager	....
Nettoyer les roues	....
Nettoyer la carrosserie	....
Récupérer les déchets	....

DOC. 2 Descriptif d'un portique automatique de lavage

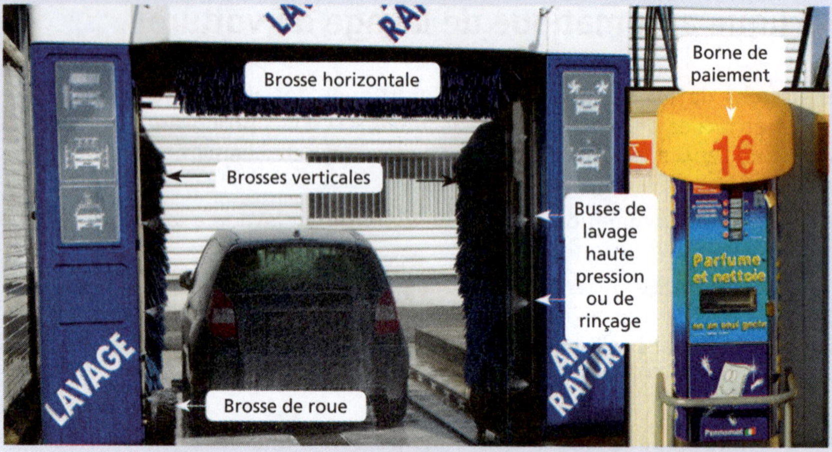

3 Les véhicules sont détectés sous le portique de lavage grâce à un détecteur. L'usager choisit sur la borne de paiement la modalité de paiement (pièces, jetons, carte bancaire…) et le programme de lavage.

Le paiement acquitté déclenche les déplacements du portique et le fonctionnement des organes et des composants qui assurent le nettoyage du véhicule.

Durant le nettoyage, le portique affiche à l'aide d'un écran numérique les étapes du lavage et la durée restante.

À partir du texte ci-dessus, identifier les informations utiles au fonctionnement du portique automatique de lavage et compléter la chaîne d'informations ci-après.

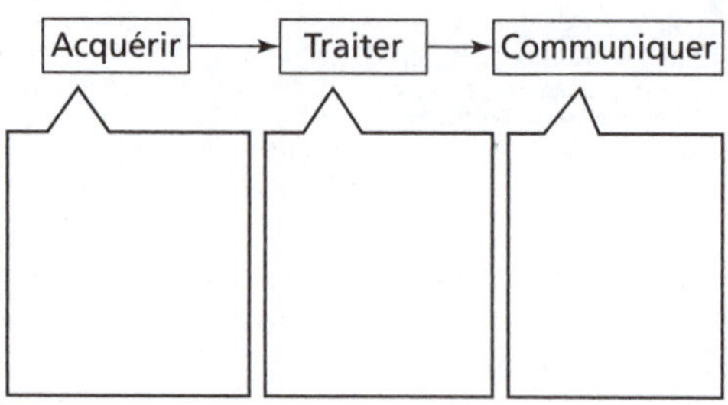

4 La borne de paiement du portique automatique propose un choix de plusieurs programmes de lavage et plusieurs solutions de paiement : par pièces ou jetons, par carte bancaire…

DOC. 3 **Extrait du programme implanté dans la borne de paiement**

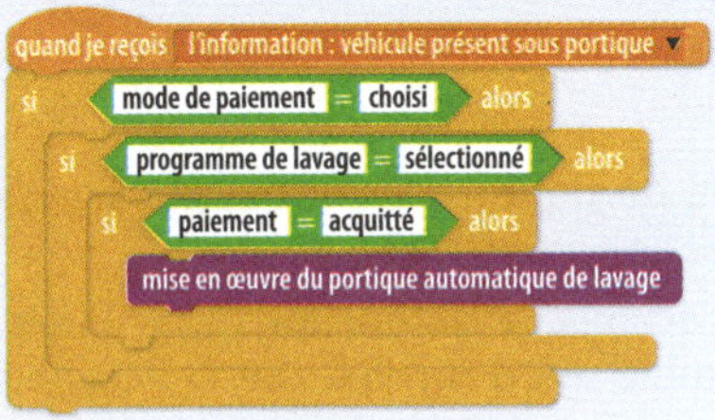

À l'aide du *document 3*, indiquer dans le tableau ci-dessous l'ordre (1, 2, 3, 4) dans lequel la borne de paiement examine les conditions de mise en œuvre du portique automatique de lavage.

....	Programme de lavage sélectionné
....	Moyen de paiement choisi
....	Paiement acquitté
....	Véhicule présent sous le portique

5 Le *document 4* présente un particulier essayant différents nettoyeurs haute pression pour l'entretien d'une terrasse.

Indiquer un contexte d'utilisation professionnelle de ces nettoyeurs à haute pression, ainsi que le métier associé.

DOC. 4

PAR ÉTAPES

À CONNAÎTRE

- Un **système**, comme le portique automatique de lavage de voiture, est un objet complexe qui possède plusieurs **fonctions**.
- Un système peut être décomposé en **fonctions techniques**. Une fonction technique est un sous-ensemble qui a un rôle précis dans le fonctionnement du système.
- Une **solution technique** est un ensemble de composants qui permet de réaliser une fonction technique.
- Un **programme** est un ensemble d'opérations destinées à être exécutées par un ordinateur, implanté ici dans la borne de paiement d'une station de lavage automatique.

ANALYSER L'ÉNONCÉ ET LES DOCUMENTS

- Le texte de présentation au début de l'exercice ainsi que le schéma et la photographie des *documents 1* et *2* ne servent pas uniquement à contextualiser les questions posées. Ils donnent des informations essentielles à la bonne résolution de l'exercice.
- Le *document 3* présente un extrait de programme écrit avec Scratch. En réalité, le programme implanté dans la borne de paiement d'un portique automatique de lavage de voiture utilise un autre langage informatique, plus complexe.

BIEN COMPRENDRE LES QUESTIONS

Question 1

Relisez attentivement le texte de présentation pour répondre.

Question 2

Les composants du portique de lavage automatique sont nommés sur le *document 2*.

Question 3

Complétez la chaîne d'informations sachant que l'opération « Acquérir » est généralement effectuée par des capteurs, mais aussi par des interfaces de commandes utilisateur (clavier, boutons).

Question 4

Reprenez l'ordre indiqué dans l'extrait du programme implanté dans la borne de paiement et présenté dans le *document 3*.

Question 5

Ne confondez pas contexte d'utilisation professionnelle et contexte d'utilisation personnelle.

CORRIGÉ 24

Comprendre le corrigé

1 Pour préserver l'environnement, les portiques automatiques de lavage de voiture utilisent :

– **de l'eau à haute pression**, ce qui permet de diminuer de 80 % la consommation d'eau par rapport à un lavage à la maison ;

– une **fosse de décantation**, un **séparateur-déshuileur** et un **traitement des eaux usées** ;

– **des savons biodégradables**.

Remarque
Aujourd'hui, il est essentiel de prendre en compte l'impact environnemental, quel que soit le système.

2 Les fonctions techniques du portique automatique de lavage de voiture sont associées aux composants suivants :

Fonctions techniques	Composants
Dialoguer avec l'usager	Borne de paiement
Nettoyer les roues	Brosse de roue, buses de lavage et de rinçage
Nettoyer la carrosserie	Brosses verticales, brosses horizontales, buses de lavage et de rinçage
Récupérer les déchets	Fosse de décantation

3 La chaîne d'informations peut être complétée de la façon suivante :

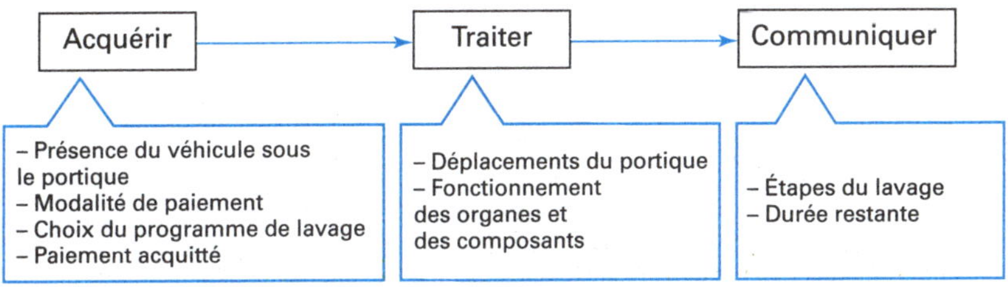

4

3	Programme de lavage sélectionné
2	Moyen de paiement choisi
4	Paiement acquitté
1	Véhicule présent sous le portique

5 Les nettoyeurs à haute pression peuvent être utilisés dans différents contextes :

– **entretien des sols, des surfaces, entretien des locaux** et **respect des normes d'hygiène** ;

– **nettoyage et entretien des voiries** ;

– **entretien des espaces extérieurs**…

Les métiers associés sont liés à l'hygiène et à l'entretien : **agent de propreté, agent technique, technicien de voirie, employé agricole**…

Gagnez des points !
N'indiquez qu'un seul contexte d'utilisation professionnelle et qu'un seul métier associé pour ne pas perdre de temps.

SUJET 25 France métropolitaine, septembre 2017 25 pts 30 min

L'eau : système de captage et distribution

L'accès à l'eau en Afrique occidentale est difficile, car elle est en sous-sol, et l'énergie pour la puiser est peu disponible.

L'étude porte sur les solutions techniques qui permettent d'optimiser un système de captage d'eau et sa distribution. L'eau est acheminée du puits à la surface par l'intermédiaire d'une pompe immergée. Cette dernière est alimentée en électricité par un panneau photovoltaïque. Celui-ci est fixé au sol dans une zone bien exposée au soleil.

DOC. 1 Schéma du système initial

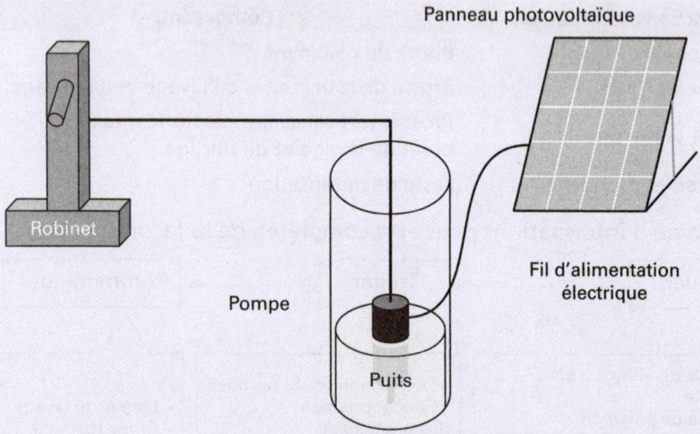

DOC. 2 Influence de l'inclinaison du panneau sur la production électrique

La quantité d'énergie électrique produite par un panneau photovoltaïque varie essentiellement en fonction de deux paramètres :

– la luminosité ambiante au cours de la journée ;

– l'orientation du panneau par rapport au sol, qui se traduit par l'angle d'inclinaison (*figure 2*).

Des relevés de production électrique d'une installation de panneaux photovoltaïques située à Abidjan en Côte d'Ivoire montrent l'influence de ces deux paramètres (*figure 1*). Cette installation a une surface de panneaux de 15 m^2 orientés plein sud.

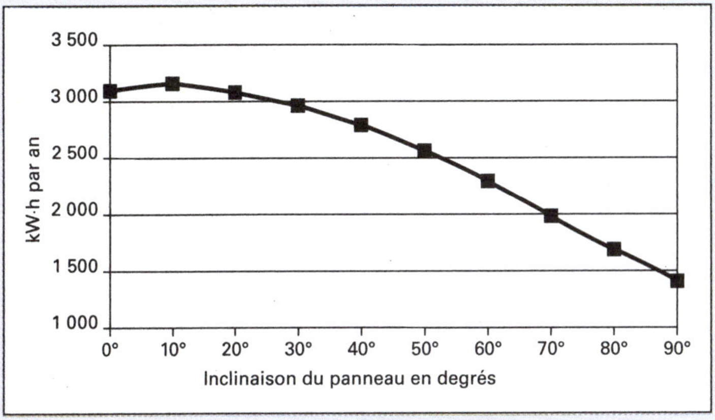

Figure 1 – Production annuelle d'électricité en fonction de l'inclinaison des panneaux

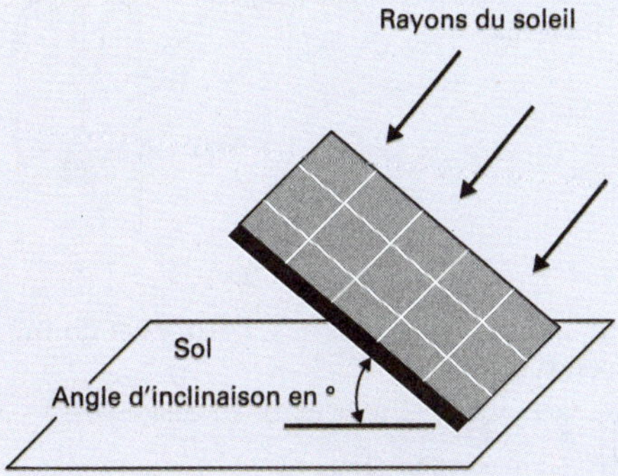

Figure 2

1 Afin d'optimiser la production d'énergie électrique du panneau photovoltaïque, déterminer à l'aide du *document 2* l'angle d'inclinaison du panneau photovoltaïque permettant de produire une énergie électrique maximale.

2 Les ingénieurs agronomes recommandent d'irriguer les cultures lorsque le soleil est couché afin d'éviter une évaporation trop importante de l'eau. Proposer une solution technique à ajouter au système (*document 1*) qui permet de stocker l'énergie électrique produite pendant la journée afin de faire fonctionner la pompe pendant la nuit.

DOC. 3 Schémas de l'amélioration proposée

Plusieurs solutions techniques permettent de garantir une meilleure disponibilité de l'eau, de jour comme de nuit.

L'une d'elles consiste à ajouter un réservoir accompagné d'un système de régulation automatisé. Ce dernier évite que le réservoir soit vide ou déborde lors du remplissage à l'aide de deux capteurs (niveau haut et niveau bas) installés sur le réservoir.

Lorsque le niveau de l'eau dans le réservoir atteint le capteur haut, l'ordre est donné d'arrêter la pompe.

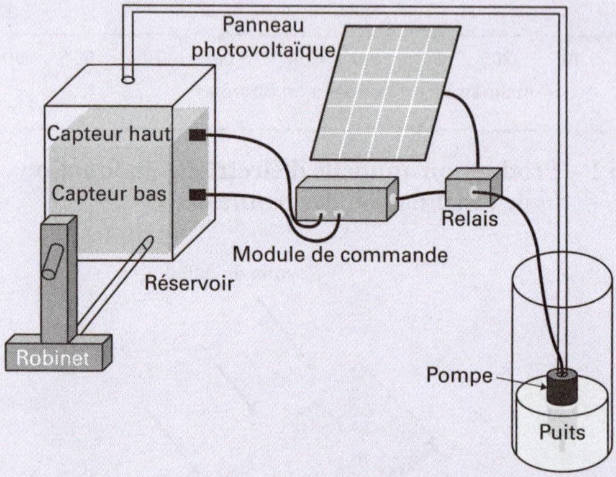

Lorsque le niveau de l'eau atteint le capteur bas, l'ordre est donné de démarrer la pompe pour remplir le réservoir.

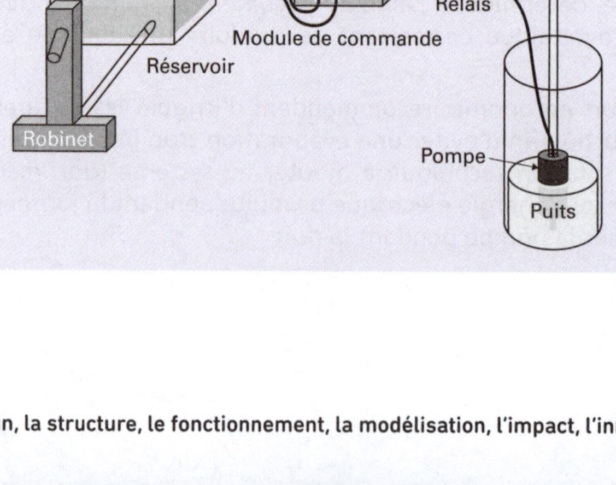

3 À l'aide des informations (*document 3*), compléter l'algorithme de régulation du niveau du réservoir ci-dessous, avec les indications suivantes : capteur haut atteint ; capteur bas atteint ; désactiver la pompe.

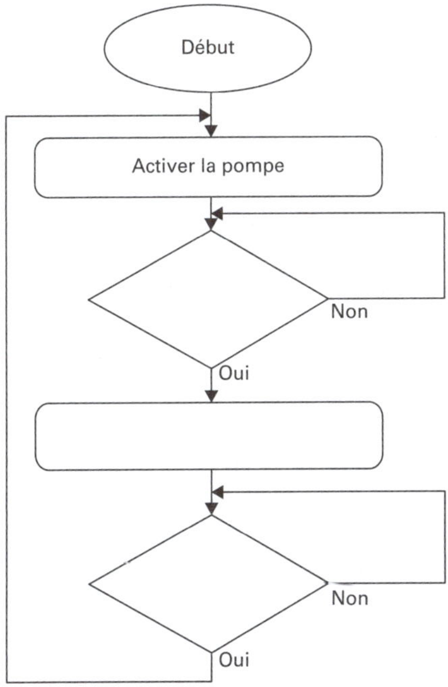

4 Pour optimiser la gestion de l'eau d'irrigation, les ingénieurs agronomes préconisent également d'irriguer au plus près des racines des plantes. Une irrigation de nuit en goutte à goutte, fractionnée en petites périodes de temps d'arrosage, permet d'économiser l'eau.

À l'aide de la description du fonctionnement (*document 4*), compléter la modélisation du pilotage de cette installation ci-dessous.

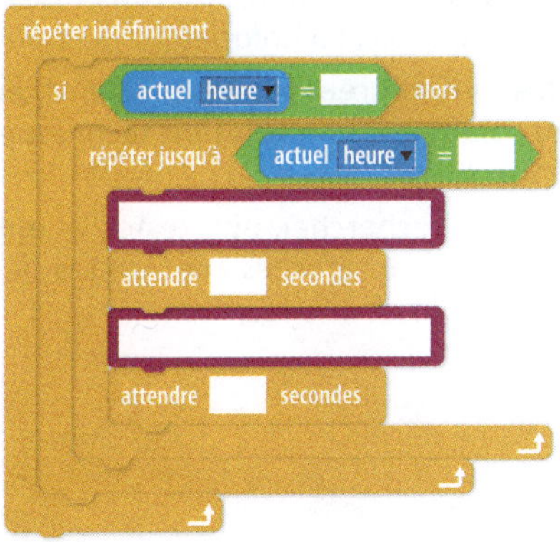

DOC. 4 Principe de l'irrigation goutte à goutte

Un système d'irrigation goutte à goutte est constitué de tuyaux micro-percés disposés au pied des plantes.

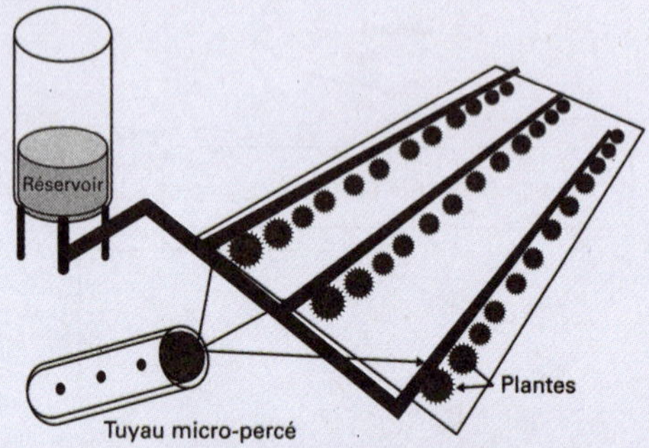

L'eau est distribuée par gouttelettes pendant des périodes courtes et répétitives afin de permettre sa meilleure infiltration dans le sol.

Un programme horaire d'irrigation peut être décrit selon le principe suivant :
- le cycle démarre à 21 heures et s'arrête à 23 heures ;
- irrigation des plantes pendant 10 minutes ;
- puis interruption durant 15 minutes.

PAR ÉTAPES

À CONNAÎTRE

- Un panneau photovoltaïque (parfois appelé panneau solaire) est un objet technique qui **convertit** l'énergie **solaire** en énergie **électrique**.
- Pour répondre aux fonctions et contraintes du cahier des charges, le concepteur définit les différentes fonctions techniques.
- Ces **fonctions techniques** sont assurées par des **solutions techniques** concrètes. Par exemple, le panneau solaire est une **solution technique** qui assure la **fonction** « Conversion d'énergie ».
- Lors de la conception, il faut rechercher, puis tester, et enfin **choisir des solutions** qui prendront en compte différentes **contraintes** liées à la sécurité, au développement durable, au coût et à la faisabilité.

- Dans le domaine informatique, un **algorithme** est une succession d'opérations et d'instructions permettant de réaliser une tâche.
- Un **capteur** est un composant d'un système qui **transforme** une grandeur physique (température, humidité, luminosité…) en une grandeur ou un message électrique utilisable par le système.

ANALYSER L'ÉNONCÉ ET LES DOCUMENTS

- Le sujet est assez long. Prenez le temps de lire toutes les pages et d'analyser les documents (titre, nature, informations importantes).
- Utilisez un surligneur pour repérer les informations essentielles.
- Assurez-vous de bien avoir compris les fonctions principales du système : « Capter » (c'est-à-dire pomper en profondeur) et « Distribuer de l'eau » grâce à un système autonome en énergie.

BIEN COMPRENDRE LES QUESTIONS

Question 1

- Dans le graphique présenté dans la *figure 1* du *document 2*, repérez les grandeurs représentées sur chaque axe et les unités.
- Notez ensuite sur la courbe la valeur maximale de la production d'électricité et lisez sur l'axe des abscisses la valeur correspondante.

Question 2

- Identifiez la fonction technique à réaliser : « Stocker l'énergie ».
- La réponse à cette question fait appel à vos connaissances.

Question 3

- N'utilisez que les indications proposées dans l'énoncé de la question. Parmi elles, distinguez les conditions (capteur haut atteint, capteur bas atteint) et les actions (désactiver la pompe).
- Souvenez-vous que dans la représentation graphique d'un algorithme, les losanges sont des conditions et les rectangles des actions. Le texte explicatif vous servira ensuite à placer correctement les actions et les conditions pour que le système fonctionne comme désiré.

Question 4

Repérez le rôle des différents blocs de ce programme de type *Scratch* (répéter indéfiniment, répéter jusqu'à, si … alors, attendre) et n'oubliez pas de convertir les minutes en secondes.

CORRIGÉ 25

Comprendre le corrigé

1 D'après la *figure 1* du *document 2*, l'angle d'inclinaison du panneau photovoltaïque pour produire une énergie électrique maximale est **10°**.

2 La solution technique permettant de répondre au besoin de stocker l'énergie produite par le panneau est une **batterie**.

3 L'**algorithme de régulation du niveau du réservoir** doit être complété de la manière suivante :

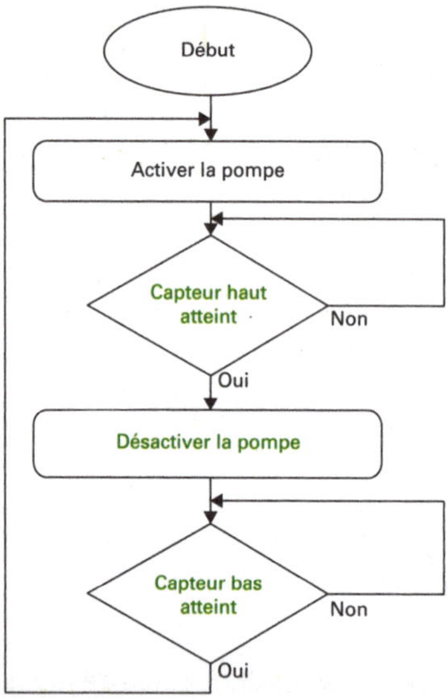

Gagnez des points !
Il y a 3 éléments de réponse proposés et 3 cases vides. Même si vous n'êtes pas sûr de vous, tentez votre chance !

4 La **modélisation du pilotage de cette installation** doit être complétée de la façon suivante :

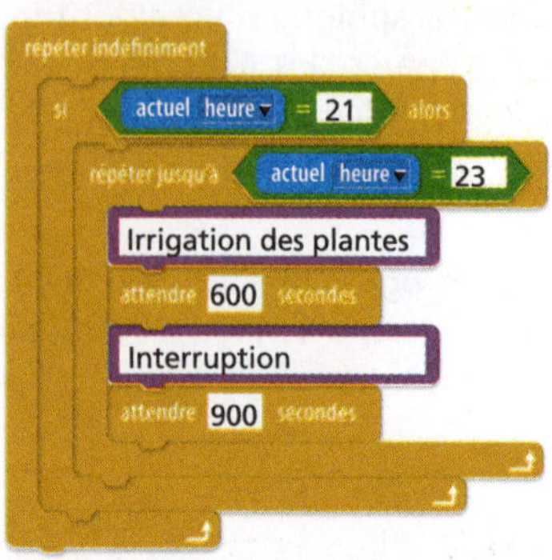

Conversion des minutes en secondes (1 min = 60 s) :
10 min = 10 × 60 s = 600 s ; 15 min = 15 × 60 s = 900 s.

L'astuce du prof
Vérifiez plusieurs fois votre calcul, car des erreurs sont vite arrivées lors des conversions d'unités.

SUJET 26 Sujet zéro, avril 2016 25 pts 30 min

Dispositif de freinage sans blocage des roues (Anti Blocage System, ABS)

Lors d'un freinage, il est important pour la sécurité de ne pas bloquer les roues, car cela permet de conserver de bonnes conditions d'adhérence avec la route et d'éviter la perte du contrôle du véhicule en cas de changement de trajectoire ou de conditions différentes de contact des roues avec le sol (une roue sur une flaque d'eau et les autres sur le bitume sec).

La structure matérielle de l'équipement ABS est représentée sur le *document 1*.

DOC. 1 Système antiblocage ABS

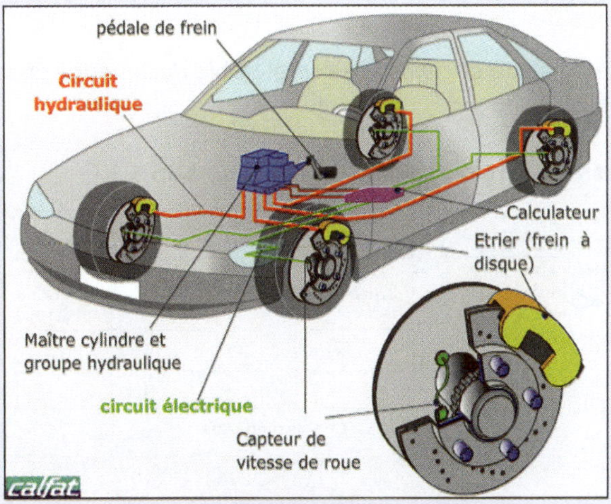

Principe de l'ABS

Disque de frein de voiture

Le principe du freinage ABS est le suivant.

Lorsque le chauffeur appuie sur la pédale de frein, le maître-cylindre alimente en huile le groupe hydraulique qui régule la pression d'huile dans le circuit hydraulique. Les pistons portés par les étriers et disposés de part et d'autre du disque sont poussés par l'huile sous pression, ils pincent fortement le disque solidaire de la roue qui ralentit.

Si le pincement est trop fort, la roue peut se bloquer. Pour éviter cela, un capteur détecte la vitesse de la roue et délivre cette information au calculateur. Si la vitesse devient trop faible et proche du blocage, le calculateur donne l'ordre au groupe hydraulique de diminuer la pression.

Ainsi, grâce à l'ensemble capteur de vitesse-calculateur-groupe hydraulique, la pression est régulée lors d'un appui sur la pédale de frein pour obtenir la meilleure efficacité du freinage sans blocage.

1 Expliquer pourquoi il est indispensable de doter les quatre roues d'un capteur de vitesse.

2 À partir de l'analyse du *document 1*, compléter le *document 2* en associant un composant matériel à chaque fonctionnalité.

DOC. 2 Chaînes d'énergie et d'information d'un ABS

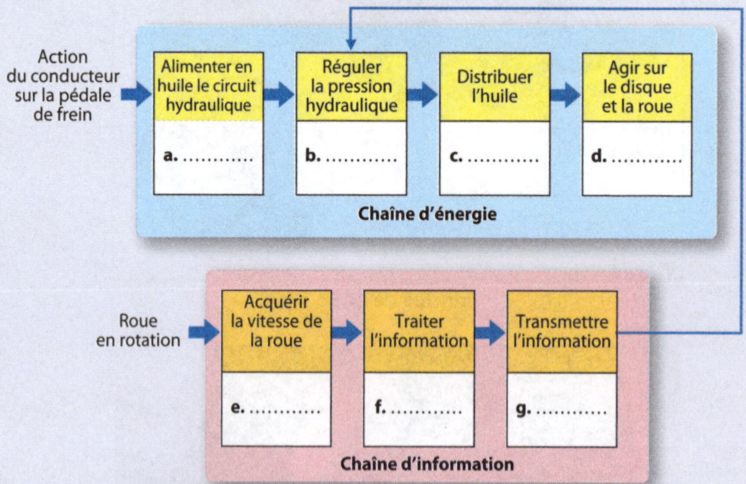

3 Le *document 3*, ci-après, présente l'algorithme du freinage ABS pour une roue. Compléter les parties manquantes.

DOC. 3 Algorithme d'un ABS

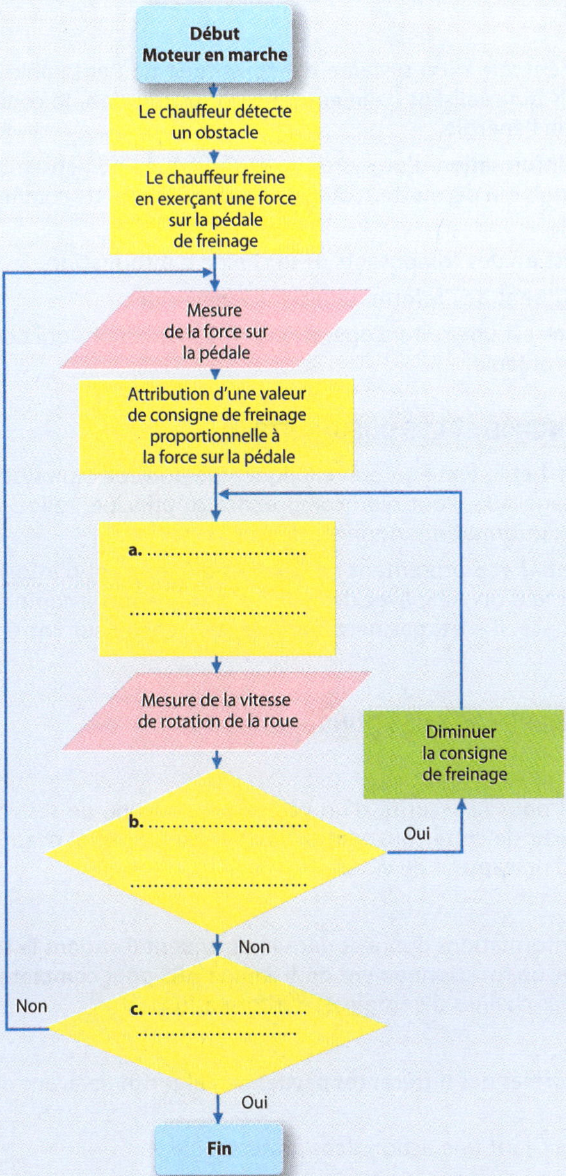

PAR ÉTAPES

À CONNAÎTRE

- La **chaîne d'énergie** d'un système est constituée de l'ensemble des composants matériels qui réalisent l'alimentation, la distribution, la conversion et la transmission de l'énergie.
- La **chaîne d'information** d'un système est constituée de l'ensemble des composants matériels qui permettent d'acquérir, de traiter et de communiquer l'information.
- Le **capteur** est un des composants de la chaîne d'information.
- Les objets utilisent de l'**information** pour fonctionner.
- Un **algorithme** est une suite d'opérations ou d'instructions qui permettent de résoudre un problème.

ANALYSER L'ÉNONCÉ ET LES DOCUMENTS

- Le *document 1* et le texte qui suit expliquent le principe d'un système de freinage antiblocage ABS. Pour bien comprendre ce principe, reliez les éléments du schéma aux informations données dans le texte.
- Les *documents 2* et *3* présentent des chaînes d'énergie et d'information ainsi que l'algorithme d'un ABS, avec des parties manquantes à compléter directement sur l'énoncé. Il n'est pas nécessaire de les recopier sur votre copie avant d'y répondre.

BIEN COMPRENDRE LES QUESTIONS

Question 1

Il est essentiel pour la sécurité d'un véhicule qu'aucune de ses roues ne soit bloquée. À partir de cette constatation, expliquez pourquoi chaque roue doit être équipée d'un capteur de vitesse.

Question 2

Exploitez les informations données dans le *document 6* et dans le texte explicitant le principe de fonctionnement du freinage ABS pour compléter les parties manquantes des chaînes d'énergie et d'information.

Question 3

Observez les formes des différentes parties de l'algorithme avant de répondre. On attend :

– un texte explicitant une action dans un rectangle ;

– une question à laquelle on peut répondre par « oui » ou par « non » dans un losange.

CORRIGÉ 26

Comprendre le corrigé

1 Il est indispensable de doter les quatre roues d'un capteur de vitesse. En effet, le rôle du capteur de vitesse pour chaque roue dans le système ABS est de **vérifier si la roue est en train de se bloquer ou pas**, et il est essentiel pour la sécurité du véhicule qu'**aucune roue ne soit bloquée**.

2 Les éléments manquants dans la chaîne d'énergie et la chaîne d'information d'un ABS sont les suivants :

a. Maître cylindre

b. Groupe hydraulique

c. Circuit hydraulique

d. Pistons portés par les étriers'

e. Capteur

f. Calculateur

g. Groupe hydraulique

3 Les trois parties manquantes dans l'algorithme du freinage ABS pour une roue sont :

a. Pincement du disque par les pistons proportionnel à la valeur de consigne de freinage.

b. La vitesse mesurée est-elle proche de zéro ?

c. La force exercée sur la pédale est-elle nulle ?

Gagnez des points !
Les deux dernières parties de cet algorithme sont forcément des questions.

SUJET 27 Polynésie, septembre 2021 — 25 pts — 30 min

Système de ventilation autonome pour une véranda

Le propriétaire d'une véranda, surchauffée par le soleil en été, souhaite trouver une solution simple, économique et autonome pour ventiler cette pièce automatiquement.

DOC. 1 Descriptif du kit de ventilation solaire

Ce kit de ventilation solaire peut renouveler l'air d'une pièce en autonomie dès le lever du soleil. Lorsque le soleil éclaire le panneau, l'extracteur se déclenche et extrait l'air à l'extérieur de la pièce.

Il est fourni avec un panneau photovoltaïque 10 W-12 V, un support pour le panneau, un interrupteur, un extracteur d'air 160 m^3/h en 12 V, une bobine de câble électrique de 4 m.

Sa consommation est de 0,45 A. Il est silencieux, 100 % autonome et il permet de ventiler de façon optimale une maison, même si elle est inhabitée.

Source : sellande.fr

1 Compléter le descriptif du kit ci-dessous, puis cocher sa fonction d'usage parmi les trois propositions.

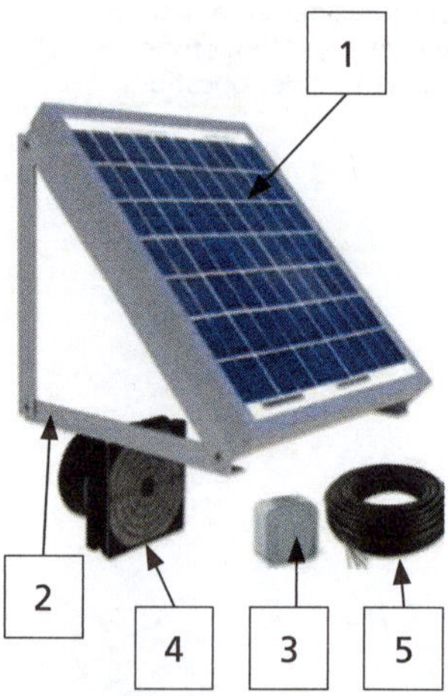

Rep.	Désignation	Fonction
1	....	Alimenter en courant électrique
2	Support	....
3	....	Allumer ou éteindre le système
4	Extracteur 160 m^3/h 12 V	....
5	....	Distribuer le courant électrique

Fonction d'usage :

☐ Le kit de ventilation sert à renouveler l'air de façon autonome.

☐ Le kit de ventilation, quand il est usé, doit être déposé dans une filière de recyclage.

☐ Le kit de ventilation fonctionne grâce à un panneau photovoltaïque.

2 On veut ajouter deux fonctions supplémentaires FS1 et FS2 au kit.

DOC. 2 Extrait du cahier des charges du kit de ventilation avec régulation

Fonction		Critère	Niveau de performance
FS1	Stocker l'énergie	– Tension – Autonomie – Dimensions (mm)	12 volts 12 h minimum 140 × 100 × 100 maximum
FS2	Réguler l'alimentation électrique du système	– Tension – Courant d'entrée (panneau) – Courant de sortie (extracteur)	12 volts Supporter au moins 2 A Supporter au moins 0,5 A

Pour ces deux fonctions, une solution technique a été choisie.

	FS1	FS2
Descriptif	Batterie HUASA 7A  Associée à un régulateur, elle peut stocker l'énergie produite par un panneau photovoltaïque.	Régulateur Solsum 6.6  Il se branche entre le panneau photovoltaïque et la batterie ; il permet d'adapter la tension fournie et de contrôler le niveau de la charge.
Caractéristiques	– Tension : 12 V – Capacité : 7 Ah – Autonomie : 17 h – Dimensions (mm) : 151 × 65 × 98	– Tension : 12 V à 24 V – Courant en entrée et en sortie : jusqu'à 10 A – Poids : 150 g – DEL témoin de charge

Toutes les caractéristiques de la batterie et du régulateur répondent-elles aux exigences du cahier des charges ? Justifier la réponse.

3 Dans les endroits chauds, il est conseillé d'avoir une capacité de ventilation du triple du volume de la pièce à ventiler afin de changer d'air plusieurs fois par jour. Sachant que la véranda mesure 3 m en longueur, 5 m de largeur et 2,5 m de hauteur, quel est son volume ? Cocher la bonne réponse et la justifier par un calcul.

☐ 11,25 m^3 ☐ 37,5 m^3 ☐ 43,31 m^3

4 Sachant que l'extracteur d'air peut extraire 160 m^3/h d'air, est-il capable d'extraire le triple du volume de la véranda ? Justifier.

5 À l'aide du *document 3*, compléter la représentation de la chaîne d'information et de la chaîne d'énergie ci-après avec les termes suivants :

Communiquer ; Acquérir ; Batterie ; Transmettre ; Alimenter ; Extracteur ; Distribuer ; Traiter

DOC. 3 Schéma et principe de fonctionnement

La batterie (6) et le panneau photovoltaïque sont branchés sur le régulateur (7). Celui-ci charge la batterie le jour, jusqu'à sa valeur maximale à partir de laquelle le régulateur coupe la charge.

L'interrupteur (3) et le commutateur de température (8) sont branchés en série entre la sortie du régulateur et l'extracteur (le commutateur de température (8) permet de régler l'allumage en fonction de la température).

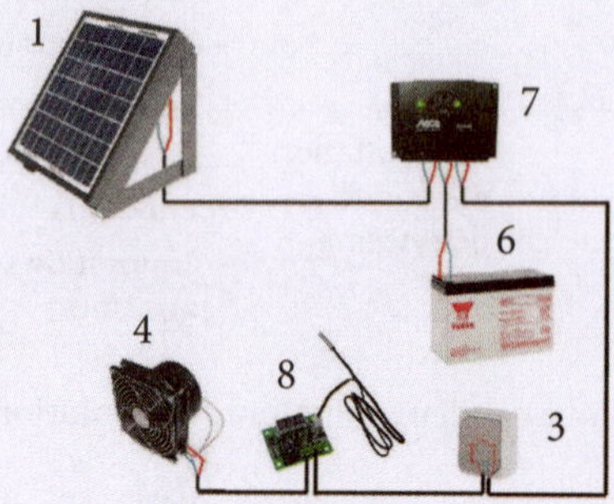

Pour que l'extracteur fonctionne, il faut que :
- la batterie soit assez chargée ;
- l'interrupteur soit fermé ;
- la température dépasse la valeur affichée, réglée par l'utilisateur.

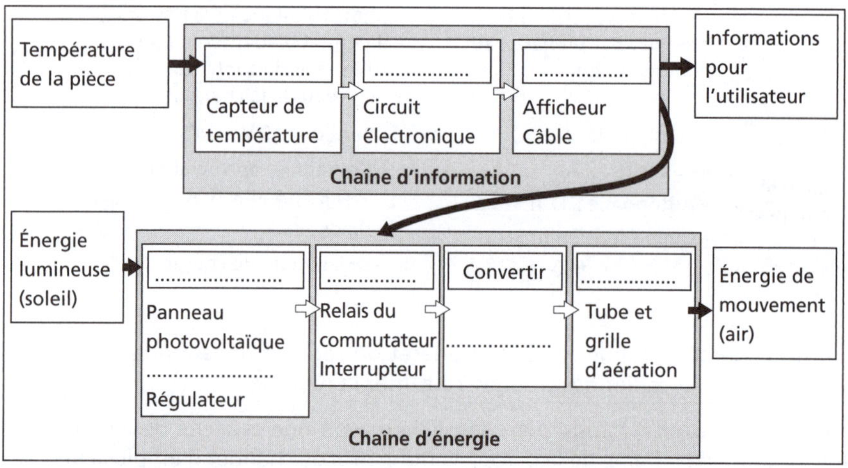

6 Compléter l'algorigramme de fonctionnement (*document 4* page suivante) avec les informations ci-dessous :

- *Charger batterie*
- *Ventiler*
- *Système allumé ?*
- *Charge = 100 % ?*

DOC. 4 Algorithme de fonctionnement

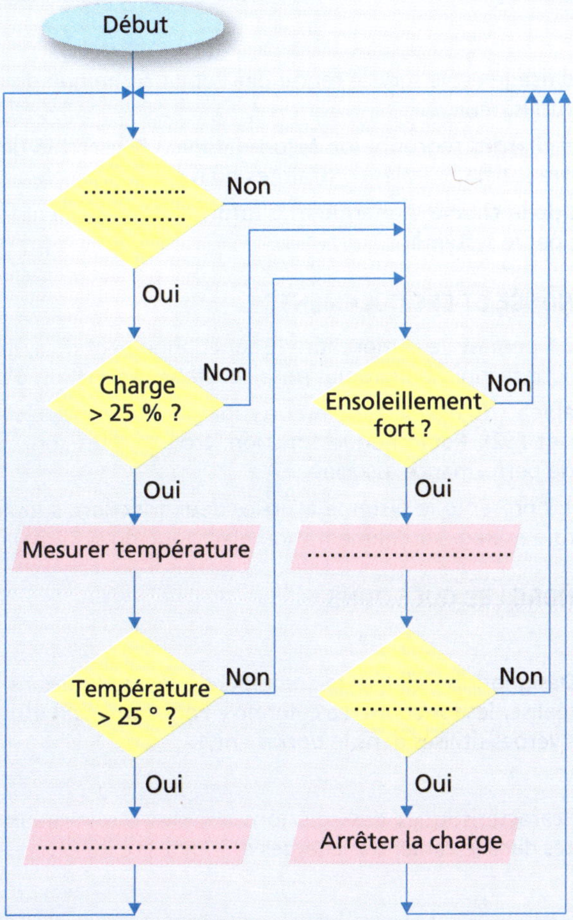

Descriptif du fonctionnement

Quand le système est allumé, l'extracteur ne doit ventiler qu'au-dessus d'une température dépassant les 25 °C et si la charge de la batterie est supérieure à 25 %.
En dessous de cette température, si l'ensoleillement est fort, le panneau photovoltaïque doit recharger la batterie ; une fois celle-ci chargée, on arrête la charge.

PAR ÉTAPES

À CONNAÎTRE

- **La fonction d'usage** est le service rendu par l'objet technique pour répondre au besoin de l'utilisateur.
- **Le cahier des charges** regroupe de façon détaillée l'ensemble des fonctions que l'objet devra satisfaire et les contraintes qu'il devra respecter.
- Chaque bloc de la **chaîne d'énergie et d'information** représente une opération effectuée par le système.

ANALYSER L'ÉNONCÉ ET LES DOCUMENTS

- Le *document 1* permet de comprendre le fonctionnement du système, il présente les solutions techniques choisies pour satisfaire la fonction d'usage.
- Le premier tableau du *document 2* est un cahier des charges présentant deux fonctions (FS1 et FS2). Pour chaque fonction, trois critères sont définis avec leurs niveaux de performance associés.
- Le *document 3* présente le système avec les deux fonctions supplémentaires (Stocker l'énergie et Réguler l'alimentation électrique du système).

BIEN COMPRENDRE LES QUESTIONS

Question 1

La colonne « Désignation » doit être complétée avec les solutions techniques choisies pour réaliser les fonctions. La colonne « Fonction » doit être complétée en utilisant les verbes utilisés dans le *document 1*.

Question 2

Comparez les caractéristiques des solutions choisies aux niveaux de performance souhaités dans le cahier des charges et indiquer s'ils sont respectés.

Question 3

Il faut calculer le volume de la pièce. Identifiez la forme du volume (pavé) et appliquez la formule associée à cette forme : Longueur × Largeur × Hauteur.

Question 4

Vous devez calculer le triple (triple = multiplié par 3) du volume de la pièce et indiquer si cela est supérieur à la capacité d'extraction par heure de l'extracteur.

Question 5

Vous devez replacer les termes proposés dans les cases de la chaîne d'information et de la chaîne d'énergie.

Question 6

Dans l'algorigramme que vous devez compléter, les losanges correspondent à des tests, les parallélogrammes sont des actions.

CORRIGÉ 27

Comprendre le corrigé

1 Descriptif du kit et fonction d'usage

Rep.	Désignation	Fonction
1	**Panneau solaire**	Alimenter en courant électrique
2	Support	**Supporter le panneau solaire**
3	**Interrupteur**	Allumer ou éteindre le système
4	Extracteur 160 m^3/h 12 V	**Extraire l'air chaud**
5	**Bobine de câble électrique**	Distribuer le courant électrique

La fonction d'usage du système est :
Le kit de ventilation sert à renouveler l'air de façon autonome.

L'astuce du prof
Utilisez le vocabulaire de l'énoncé pour compléter le tableau.

2 Fonction FS1 : Stocker l'énergie

La tension de la batterie HUASA 7A correspond aux exigences du cahier des charges (12 V).

L'autonomie de la batterie HUASA 7A est supérieure à celle demandée dans le cahier des charges (17 h > 12 h). Cette caractéristique correspond donc aux exigences du cahier des charges.

Les dimensions de la batterie HUASA 7A sont trop importantes, car la longueur de la batterie proposée est supérieure aux dimensions maximales imposées par le cahier des charges (151 mm > 140 mm). Cette caractéristique ne correspond donc pas aux exigences du cahier des charges.

Gagnez des points !
N'oubliez pas de justifier votre réponse.

Fonction FS2 : Réguler l'alimentation électrique du système

La plage de tension utilisable par le régulateur Solsum 6.6 correspond aux exigences du cahier des charges (12 V).

Les courants d'entrée et de sortie pouvant être supportés par le régulateur respectent également le cahier des charges (10 A > 2 A et 10 A > 0,5 A).

Toutes les caractéristiques des solutions choisies respectent les exigences du cahier des charges, excepté les dimensions de la batterie (sa longueur est trop importante : 151 mm > 140 mm).

3 La bonne réponse est **37,5 m^3**.
Calcul : $3 \text{ m} \times 5 \text{ m} \times 2{,}5 \text{ m} = 37{,}5 \text{ m}^3$.

Méthode
Calcul du volume d'un pavé (en m^3) = Longueur × Largeur × Hauteur (en m).

4 La surface de la véranda est de 37,5 m^3, donc le triple du volume de la véranda correspond à :
$37{,}5 \times 3 = 112{,}5 \text{ m}^3$.

L'extracteur peut extraire 160 m³/heure. **Il est donc capable d'extraire plus du triple du volume de la véranda** (160 m³ > 112,5 m³).

5 Schéma de l'énoncé à compléter

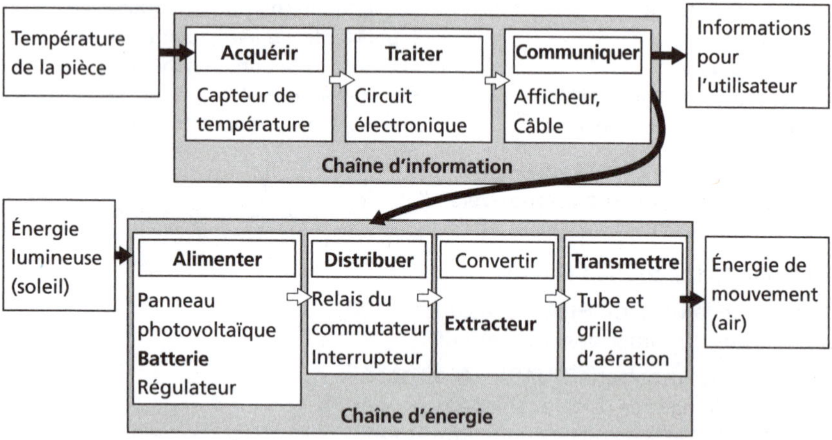

6 Schéma de l'énoncé à compléter

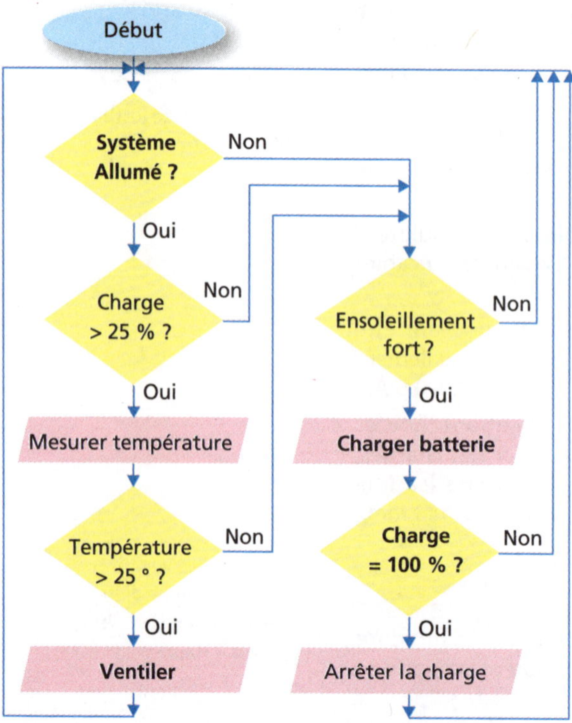

Astuce du prof
Pour vérifier votre algorigramme, parcourez avec votre doigt tous les déroulements possibles.

SUJET 28 Polynésie, septembre 2019 — 25 pts — 30 min

Drones et agriculture de précision

Au Mondial des fournisseurs de l'agriculture et de l'élevage, les drones ont une place de choix dans les allées du pôle innovation. Ces petits engins volants vont devenir des alliés précieux pour les agriculteurs qui souhaitent surveiller leurs champs à l'aide de caméras. En effet, pour l'agriculture, le drone permet :

– de repérer et reconnaître les plantes ;

– d'établir avec précision les besoins des plantations (eau, nutriments) ;

– de connaître rapidement les dommages sur une parcelle et leurs causes (gibier, dégât des eaux, sécheresse…).

Ces survols rapides, moins chers et moins polluants que ceux d'un avion, vont permettre d'améliorer les rendements des parcelles et de les protéger contre les aléas environnementaux. À terme, l'objectif est de pouvoir semer et traiter avec une précision qui permettra d'éviter le gaspillage en eau et en nutriments et également de réduire l'impact environnemental des pesticides.

Source : dronedecole.fr

DOC. 1 Diagramme du contexte environnemental de AR Drone

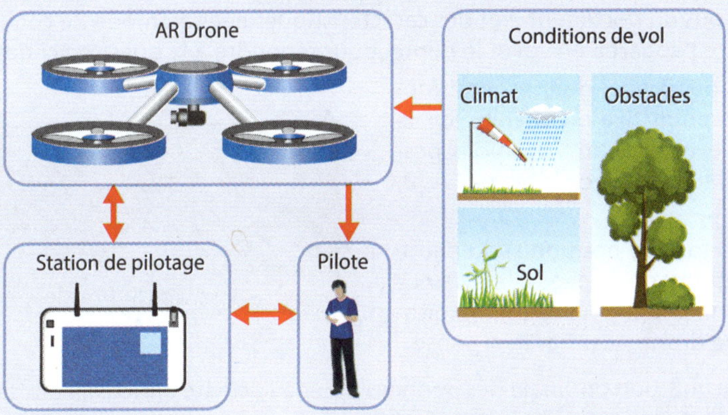

Source : DMS- AR Drone de Parot

1 Expliquer pourquoi l'emploi des drones est un progrès pour l'agriculture.

MÉTHODE
SUJETS PAS À PAS
SUJETS COMME À L'EXAMEN

DOC. 2 Caractéristiques du réseau Wi-Fi et d'une batterie LiPo

• **Communication**

Le réseau **Wi-Fi** permet la communication sans fil du drone avec la Station-Sol.

Composant Wi-Fi	Chipset Atheros AR6102
Vitesse des données	1~54 Mbits/s
Distances de fonctionnement	Jusqu'à 40 m à l'intérieur d'un bâtiment. Jusqu'à 180 m en extérieur.

• **Batterie LiPo**

Batterie embarquée sur l'AR Drone fournissant l'énergie nécessaire au fonctionnement des moteurs, l'intelligence et les communications avec la station de pilotage.

Type	Lithium polymère
Tension	11,1 V
Réserve de charge électrique	1 000 mAh
Temps de charge	0 minute

2 Aidez-vous du *document 2* et des caractéristiques liées à la batterie pour répondre à la question ci-dessous.

Pour l'inspection du champ particulier (voir schéma ci-dessous), la durée nécessaire du vol a été estimée à 1 h 30. Sachant que la consommation moyenne en vol de l'appareil est de 500 mA/h, est-il possible de survoler la totalité du champ sans recharger la batterie ? Justifier la réponse.

3 Aidez-vous du *document 2* et des caractéristiques liées au mode de communication entre l'appareil en vol et le pilote pour répondre à la question ci-dessous.

Le pilote du drone doit se positionner sur un point fixe du champ. Sur le schéma ci-contre, quatre positions possibles du pilote sont repérées par A, B, C et D.

Indiquer la (ou les) position(s) du pilote qui permet(ent) de respecter la distance de fonctionnement pour la communication avec le drone. Justifier la réponse.

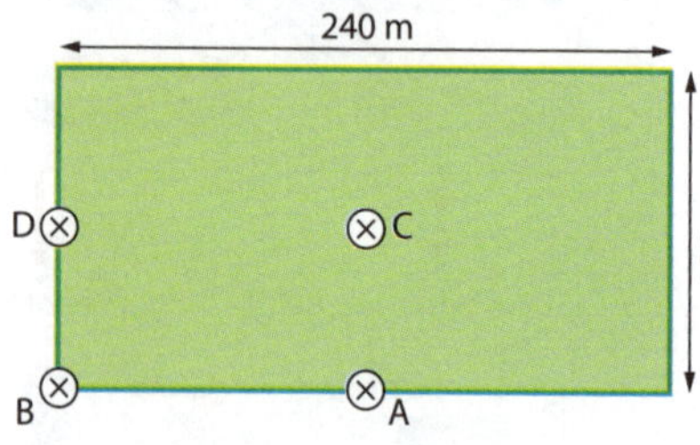

4 Pour l'acquisition optimale des données utiles à l'activité agricole, l'altitude de l'appareil doit être comprise entre 15 et 20 mètres.

Compléter les rectangles de la chaîne d'information ci-après relative à l'altitude avec les verbes suivants : *Traiter*, *Acquérir*, *Communiquer*.

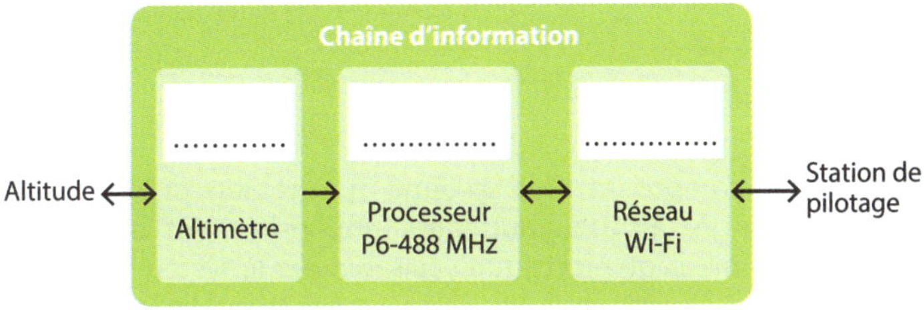

5 Pour l'acquisition optimale des données utiles à l'activité agricole, l'altitude de l'appareil doit être comprise entre 15 et 20 mètres.

À l'aide de l'algorigramme ci-contre permettant le contrôle de l'altitude du drone, compléter le sous-programme ci-dessous.

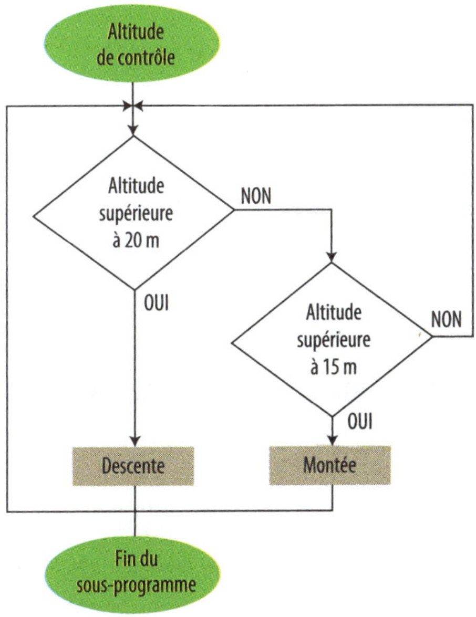

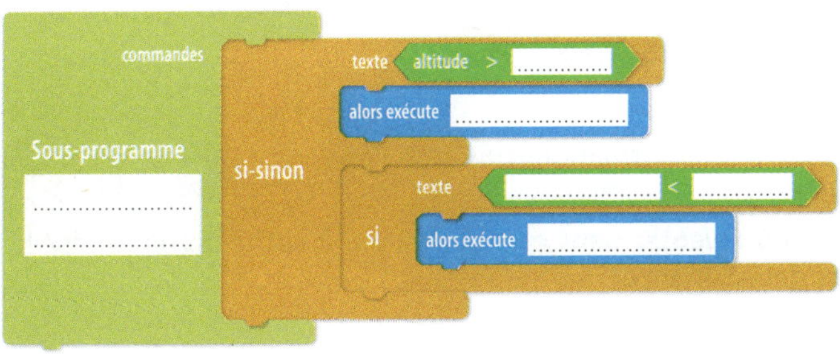

PAR ÉTAPES

À CONNAÎTRE

- Un **capteur** est un composant d'un système qui **acquiert** une grandeur physique (vent, température, altitude, humidité, luminosité…) et la transforme en une grandeur ou un message électrique utilisable par le système.
- Un **processeur** est un composant d'un système informatique capable de **traiter** des données et d'exécuter des opérations selon un programme qui lui est transmis.
- Les réseaux sans fil de type **Wi-Fi sont limités à une certaine distance**.
- La **capacité d'une batterie** s'exprime souvent en ampères-heures (Ah). Pour les batteries de faible capacité, le milliampère-heure est utilisé : 1 Ah = 1 000 mAh.
- Un **algorithme** est une succession d'opérations et d'instructions permettant la réalisation d'une tâche ou la résolution d'un problème.
- Un **algorigramme** permet de **représenter et d'écrire un algorithme**. On y retrouve généralement des boucles (Faire…tant que…), des conditions (Si… Alors…) et des instructions (Monter, Descendre…).

ANALYSER L'ÉNONCÉ ET LES DOCUMENTS

- L'énoncé présente les avantages apportés par l'utilisation des drones dans l'agriculture.
- Le *document 1* est un diagramme de contexte environnemental, il présente les différents acteurs et éléments agissant sur le système présenté. Ici, il s'agit d'un drone piloté à l'aide d'une station de pilotage.
- Le *document 2* est un extrait de la documentation technique du drone. Il présente les performances de la communication Wi-Fi et de la batterie.

BIEN COMPRENDRE LES QUESTIONS

Question 1

- Il faut extraire les informations utiles de l'énoncé « Développer l'agriculture de précision ».
- Il n'y a rien à inventer dans cette question, il suffit de reprendre les arguments cités dans l'énoncé.

Question 2

- Faites un calcul de l'autonomie en vol du drone à partir des informations extraites du *document 2*.
- La réponse doit être justifiée, cela signifie que vous devez écrire votre calcul et expliquer la conclusion que vous tirez de vos calculs.

Question 3

- Indiquez et justifiez à quel(s) endroit(s) du champ (A, B, C ou D) le pilote doit se positionner pour bénéficier d'une portée Wi-Fi suffisante et ne pas perdre le contrôle du drone.
- Utilisez les informations du *document 2* et les dimensions indiquées sur le schéma du champ.
- L'échelle indiquée sur le schéma du champ vous permet de mesurer les distances.

Question 4

- Positionnez les mots « Traiter », « Acquérir » et « Communiquer » dans les bonnes cases de la chaîne d'information.
- Les noms des composants assurant les fonctions doivent vous aider à trouver la solution.

Question 5

- Complétez le sous-programme de contrôle de l'altitude afin qu'il respecte l'algorigramme fourni.
- Cinq cases blanches sont à compléter dans le sous-programme : le nom du sous-programme, les valeurs d'altitudes limites (deux cases) et les actions à exécuter (deux cases).

CORRIGÉ 28

Comprendre le corrigé

1 L'emploi des drones est un progrès pour l'agriculture, car ils permettent de **reconnaître les plantes, d'établir les besoins des plantations et de repérer les dégâts sur une parcelle**.

De plus, les survols en drones sont **moins polluants et coûteux** que les survols en avion.

Ils permettent également **d'optimiser les semences, l'arrosage et les traitements**.

> **Gagnez des points !**
> N'hésitez pas à citer un maximum d'avantages relevés dans l'énoncé.

2 La capacité de la batterie du drone est de 1 000 mAh ; si le drone consomme 500 mA par heure, **il peut théoriquement voler $\frac{1\,000}{500}$ = 2 h.**

Il est donc possible pour le drone de survoler l'intégralité du champ si ce survol dure 1 h 30 car 1 h 30 < 2 h.

3 La distance de fonctionnement du Wi-Fi en extérieur étant de 180 m, le pilote peut se placer au **point C ou au point A, car depuis ces deux points, tous les bords du champ sont à moins de 180 m de distance,** ce qui n'est pas le cas pour les points B et D (à l'aide du théorème de Pythagore, on peut calculer la distance entre A et l'angle supérieur du champ qui est de 170 m).

4 **L'altimètre réalise l'acquisition de l'altitude, le processeur traite les données** en provenance de l'altimètre, et le réseau **Wi-Fi permet de communiquer** ces informations à la station de pilotage.

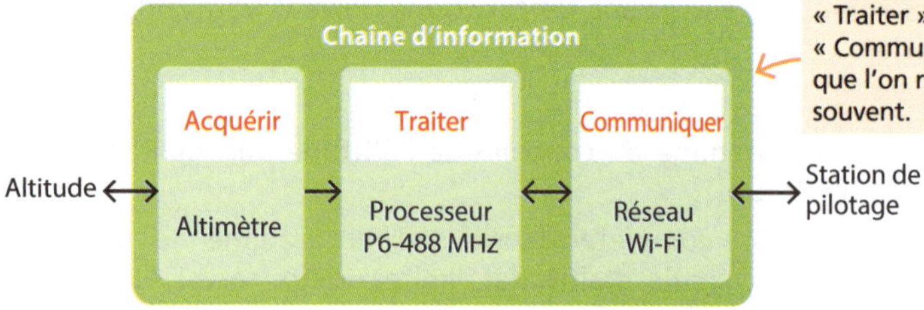

L'astuce du prof

Vous avez certainement déjà vu ce type de schéma en classe : l'ordre des actions « Acquérir », « Traiter », puis « Communiquer » est celui que l'on retrouve le plus souvent.

5 Si l'on suit les indications données par l'algorigramme, pour que le drone reste à une altitude comprise entre **15 et 20 m**, il doit descendre si son altitude est supérieure à 20 m et remonter si celle-ci descend en dessous de 15 m. Cela donne la solution suivante :

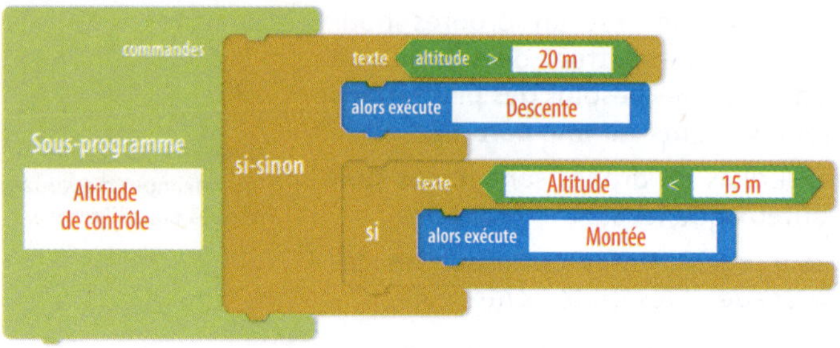

SUJET 29 France métropolitaine, septembre 2018 25 pts 30 min

Pilote automatique

Lors d'une course à la voile, les vents et les courants marins ont un impact sur le comportement du bateau et sur sa trajectoire.

Pendant la course, le navigateur ne peut pas rester en permanence à la barre de son voilier, car il doit se déplacer pour effectuer des réglages de voilure en raison des variations des conditions météorologiques et climatiques. Il est donc nécessaire d'avoir un système automatisé qui dirige le bateau, sans l'action du skippeur sur la barre du gouvernail. Ce système est nommé « pilote automatique de bateau pour barre franche ».

L'étude porte sur l'efficacité du pilote automatique à garantir un cap malgré les perturbations météorologiques (vents, pluie, orages…) et climatiques (courants marins…) que subit le voilier.

DOC. 1 Description du fonctionnement d'un pilote automatique simple

Le skippeur indique le cap (direction) à suivre sur la console du pilote automatique.

Le pilote automatique compare alors le cap souhaité avec la direction réelle du voilier.

Si la direction du voilier est différente du cap saisi sur la console, le vérin du pilote automatique tire ou pousse la barre du voilier. Ainsi, le gouvernail oblige le bateau à changer de direction.

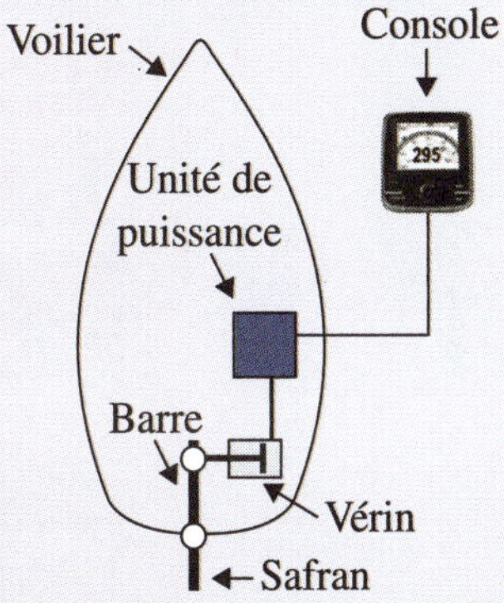

Un propriétaire de voilier souhaite équiper son voilier d'un pilote automatique pour participer à une course au large. Le voilier pèse 6,5 tonnes.

1 À l'aide de la formule $P = U \times I$ et des données du *document 2*, calculer la puissance électrique consommée par chaque vérin. Choisir le type de vérin ayant le moins d'impact sur la consommation de l'énergie électrique stockée sur le voilier et le meilleur temps de réponse.

Argumenter la réponse.

DOC. 2 Caractéristiques techniques

Type de vérin	Intensité I (en ampères)	Tension U (en volts)	Masse maximale du bateau à déplacer (en tonnes)	Temps de déplacement de la tige du vérin (en secondes)
Vérin électrique	0,08	12	9	8
Vérin hydraulique	0,04	12	11	6,9

Les vents et les courants marins varient en direction et en force. Le voilier dérive donc de la trajectoire programmée et s'écarte de son cap.

La console de pilotage intègre un programme qui commande la sortie ou la rentrée de la tige du vérin en fonction de la dérive du bateau. La dérive est la différence entre le cap à suivre et la direction que prend le voilier. Elle se mesure en degrés d'angle.

2 À l'aide de la description d'un exemple de cycle de fonctionnement du pilote automatique du *document 3*, compléter la modélisation du programme de fonctionnement simplifié du pilote automatique ci-dessous.

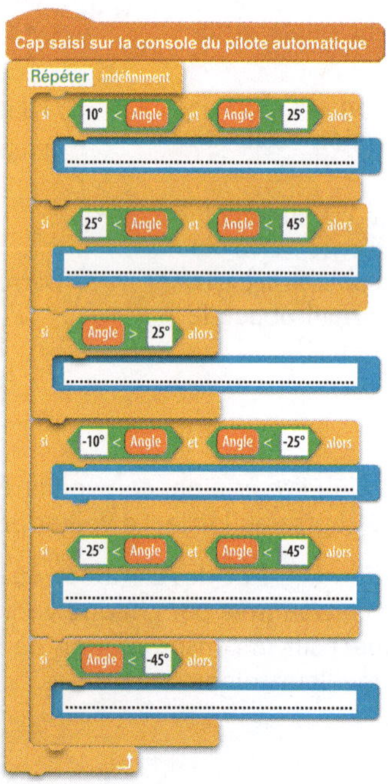

DOC. 3 Exemple de cycle de fonctionnement du pilote automatique

Le cycle décrit ci-après est un exemple de programme :

- si la différence est comprise entre 0° et 10°, alors la tige du vérin ne bouge pas ;
- si la différence est comprise entre 10° et 25°, alors la tige du vérin sort de 100 mm ;
- si la différence est comprise entre 25° et 45°, alors la tige du vérin sort de 200 mm ;
- si la différence est supérieure à 45°, alors la tige du vérin sort de 300 mm ;
- si la différence est comprise entre 0° et – 10°, alors la tige du vérin ne bouge pas ;
- si la différence est comprise entre – 10° et – 25°, alors la tige du vérin rentre de 100 mm ;
- si la différence est comprise entre – 25° et – 45°, alors la tige du vérin rentre de 200 mm ;
- si la différence est supérieure à – 45°, alors la tige du vérin rentre de 300 mm.

Lorsque le voilier dérive de la trajectoire programmée pendant un temps long, il s'écarte trop de la position souhaitée, ce qui provoque un retard dans la course.

3 Sur le *document 4*, tracer la trajectoire du bateau qui dérive sur une distance de 13 miles (1 mile = 1 852 mètres) avec une dérive vers l'Est de 15°. Marquer par une croix la position atteinte par le bateau.

Mesurer l'écart entre la destination souhaitée et la position atteinte par le voilier et donner sa valeur en miles.

Afin de minimiser cet écart, les constructeurs ont conçu des pilotes automatiques plus perfectionnés, comme détaillés par le *document 5*.

DOC. 4 Tracé simplifié de la trajectoire du bateau

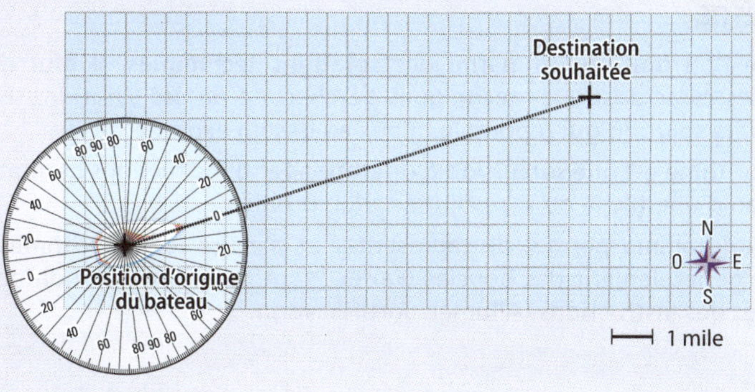

4 À l'aide du *document 5*, nommer les capteurs mis en œuvre dans le pilote perfectionné et qui permettent au calculateur de prendre en compte les phénomènes météorologiques.

Argumenter la réponse.

DOC. 5 Diagramme des blocs d'un pilote perfectionné

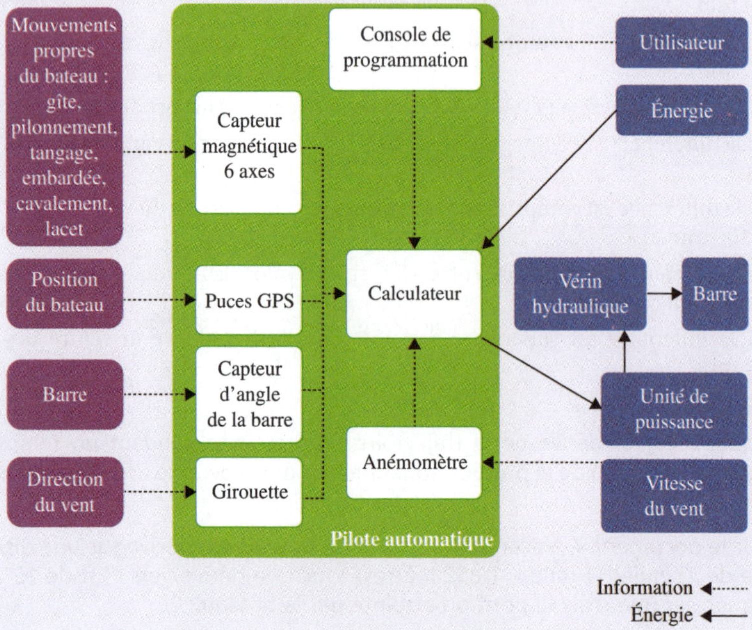

PAR ÉTAPES

À CONNAÎTRE

- Lorsque l'on doit choisir parmi des **solutions techniques**, il faut d'abord étudier les caractéristiques techniques de chacune de ces solutions. Ensuite, on choisit la solution qui répond le mieux au besoin exprimé.
- Un **algorithme** est une succession d'opérations et d'instructions permettant la réalisation d'une tâche ou la résolution d'un problème.
- Un **algorigramme** permet de **représenter** et d'**écrire les algorithmes**. On y retrouve généralement des boucles (Faire… tant que…), des conditions (Si… alors…) et des instructions (Allumer, Sortir le vérin…).

- Un **système** est un objet complexe constitué de multiples composants. On peut représenter ces composants et leurs échanges d'informations et d'énergies dans un **diagramme des blocs**.
- Un **capteur** est un composant d'un système qui **transforme** une grandeur physique (vent, température, humidité, luminosité…) en une grandeur ou un message électrique utilisable par le système.

ANALYSER L'ÉNONCÉ ET LES DOCUMENTS

- L'énoncé et le *document 1* présentent de manière détaillée le besoin qui a justifié la création de ce système de pilote automatique : garder le cap d'un bateau en mer de manière automatisée. Ils donnent des éléments importants pour répondre aux questions du sujet.
- Le *document 2* est un tableau comparatif de deux solutions possibles (les deux lignes). Les caractéristiques techniques sont représentées en colonnes.
- Le *document 3* permettra de compléter l'algorigramme. Il présente sous forme de texte ce que doit faire le programme du pilote automatique.

BIEN COMPRENDRE LES QUESTIONS

Question 1

- Utilisez la formule donnée dans l'énoncé pour répondre à la première partie de la question.
- Comparez ensuite les caractéristiques techniques pour choisir entre les solutions « vérin électrique » et « vérin hydraulique ».

Question 2

Tous les cas décrits dans le *document 3* ne seront pas forcément représentés dans la modélisation du programme.

Question 3

Il s'agit d'un exercice de traçage sur un graphique. Repérez bien l'échelle utilisée et convertissez la distance mesurée en miles.

Question 4

- Pour répondre à cette question, vous devez avoir identifié les phénomènes météorologiques indiqués dans l'énoncé.
- Ensuite, retrouvez dans le schéma les composants permettant d'acquérir ces phénomènes.

CORRIGÉ 29

Comprendre le corrigé

1 La puissance électrique consommée par le vérin électrique est de 0,08 × 12 = 0,96 W tandis que le vérin hydraulique consomme 0,04 × 12 = 0,48 W.

Le **vérin hydraulique** semble le plus approprié, car il **consomme moins de puissance** (0,48 W < 0,96 W). De plus, son **temps de réponse est plus rapide** que celui du vérin électrique. La **masse maximale déplaçable par ce vérin est inférieure à la masse du voilier**. Il répond donc complètement au besoin exprimé.

Gagnez des points !

Attention, il y a deux questions dans l'énoncé. Séparez bien vos deux réponses.

2 La modélisation du programme de fonctionnement simplifié du pilote automatique complétée est la suivante :

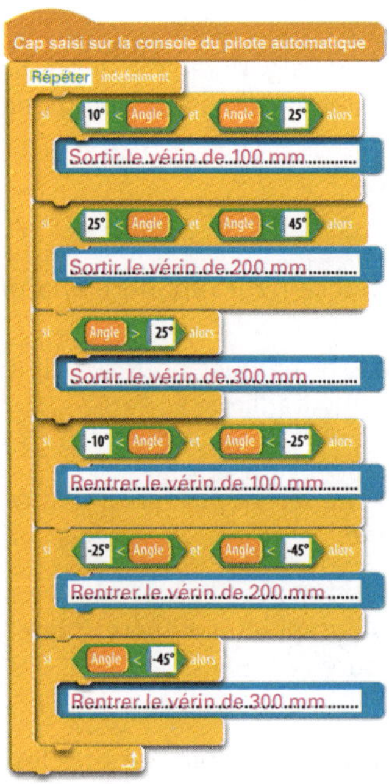

3 D'après le tracé ci-dessous, l'écart entre la destination souhaitée et la position atteinte est d'environ **3,6 miles** (en prenant 1 mile = deux carreaux).

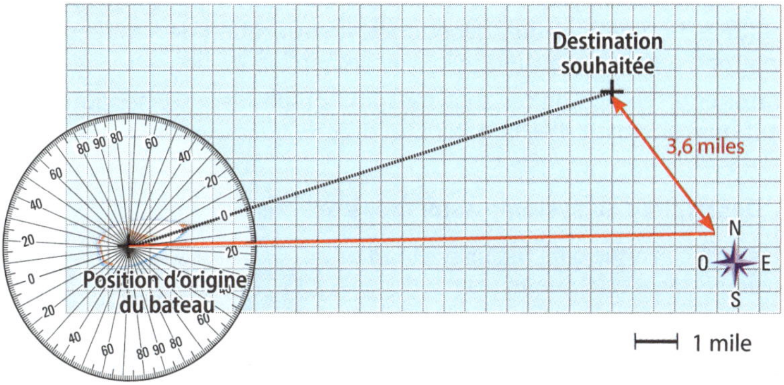

4 Deux capteurs permettent de prendre en compte les phénomènes météorologiques :

– la **girouette**, qui mesure la direction du vent ;

– l'**anémomètre**, qui mesure la vitesse du vent.

L'astuce du prof

Identifiez bien la signification des flèches (type de trait et sens) sur le diagramme à l'aide de la légende.

SUJET 30 Pondichéry, mai 2018 25 pts 30 min

Laboratoire automatisé d'analyse ADN

L'analyse de l'acide désoxyribonucléique (ADN) est utilisée dans de nombreuses situations (détection de maladies génétiques, identification de lien de parenté), notamment par la police scientifique lors de recherches de preuves.

Les laboratoires en charge de ces analyses sont équipés de systèmes automatisés permettant un traitement d'échantillons en grande quantité.

DOC. 1 Description du système automatisé existant

Le système est constitué d'un bioanalyseur, d'un ordinateur portable et d'une imprimante autonome.

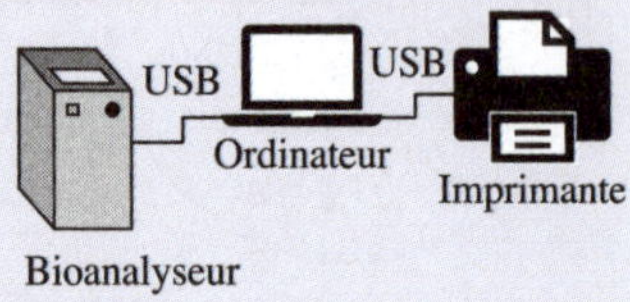

L'ordinateur est connecté via un câble *Universal Serial Bus* (USB) à un bioanalyseur qui réalise l'analyse de l'ADN.

L'ordinateur pilote l'analyseur et archive les données sur son disque dur.

Il est également relié à une imprimante permettant l'impression de certaines données pour le client.

Le constructeur du bioanalyseur souhaite faire évoluer le système pour s'adapter aux nouvelles exigences des utilisateurs dans les laboratoires.

L'étude porte sur les solutions techniques qui répondent aux améliorations souhaitées, notamment la réalisation d'un réseau informatique intégrant tous les éléments de l'analyse et une interface Homme-machine.

1 Afin de répondre aux améliorations souhaitées décrites dans le *document 2*, cocher ci-après les solutions techniques à envisager.

DOC. 2 Améliorations souhaitées pour le système

Le service marketing a rassemblé les améliorations souhaitées par les utilisateurs :

- besoin 1 – permettre le pilotage, la visualisation et le suivi de l'avancement de l'analyse depuis n'importe quel emplacement du laboratoire sans rester à côté de l'analyseur ;
- besoin 2 – imprimer les résultats sur l'imprimante connectée au réseau informatique du laboratoire ;
- besoin 3 – garantir la sauvegarde des résultats d'analyse de façon sécurisée sur le réseau ;
- besoin 4 – transmettre de manière sécurisée les résultats des analyses à des clients via Internet.

Solutions techniques envisageables :

- ☐ a) Ajouter un modem-routeur au réseau informatique.
- ☐ b) Ajouter une imprimante réseau au réseau informatique.
- ☐ c) Acheter une tablette et créer une application de pilotage du bioanalyseur pour tablette.
- ☐ d) Ajouter un point d'accès Wi-Fi au réseau.
- ☐ e) Ajouter une carte réseau au bioanalyseur pour le relier au réseau informatique du laboratoire par un câble Ethernet.
- ☐ f) Ajouter un écran tactile sur le bioanalyseur.
- ☐ g) Ajouter un serveur de fichier sécurisé sur le réseau.

Parmi les solutions techniques retenues, le constructeur valide l'intégration d'une tablette numérique pour réaliser l'interface entre l'utilisateur et l'analyseur. La tablette permet de piloter le bioanalyseur et d'accéder aux résultats d'analyse stockés au sein du serveur de fichiers du réseau informatique.

2 Sur le schéma du réseau ci-dessous et à l'aide du *document 3*, représenter le trajet du flux d'informations entre la tablette et le bioanalyseur lorsque l'utilisateur pilote le démarrage de l'analyse. Le trajet est représenté par un symbole :

))))) si la liaison est réalisée sans fil

—▶—▶—▶ si la liaison est réalisée par câble

DOC. 3 Composants d'un réseau informatique

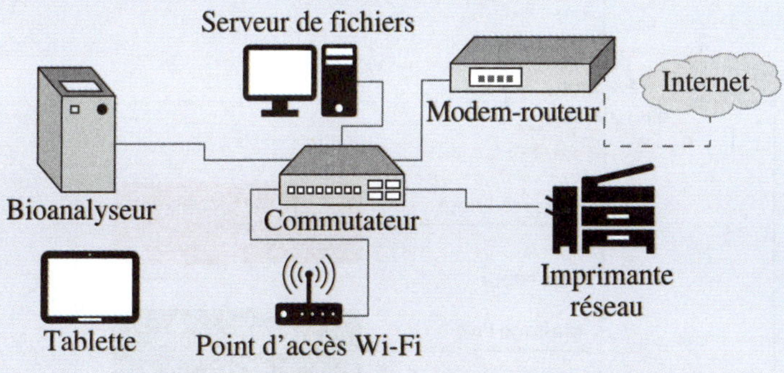

Schéma du réseau informatique du laboratoire

- Un commutateur réseau (switch) est un équipement qui permet de relier plusieurs ordinateurs par des câbles Ethernet.
- Un point d'accès Wi-Fi permet de relier sans fil des ordinateurs au réseau.
- Un modem-routeur assure la liaison entre un réseau et Internet.

3 Le serveur de fichiers contient un logiciel qui protège les données contre le piratage d'un réseau informatique. Ce logiciel est nommé « pare-feu ».

À l'aide du schéma de la question **2**, justifier l'utilisation d'un logiciel « pare-feu » sur le serveur en précisant :

– les données qui sont sensibles ;

– les constituants du réseau par lesquels un hacker peut s'introduire pour pirater les données sensibles ;

– l'utilisation abusive et interdite que le hacker peut en faire.

La tablette reçoit des informations provenant du bioanalyseur et les stocke dans une variable nommée « État ». Certaines d'entre elles indiquent l'état de son fonctionnement par 3 caractères distinctifs :

– prêt à fonctionner (caractère = P) ;

– incapable de fonctionner (caractère = E) ;

– en cours d'analyse (caractère = A).

L'écran de la tablette affiche une zone de message qui traduit l'état de fonctionnement du bioanalyseur par un texte évocateur :

– caractère P → Prêt ;

– caractère E → Erreur ;

– caractère A → Analyse.

4 À l'aide du *document 4*, compléter ci-après (page suivante) la modélisation du programme de gestion de la zone de texte « Affichage état ».

DOC. 4 Diagramme d'activité de la zone de texte « Affichage état »

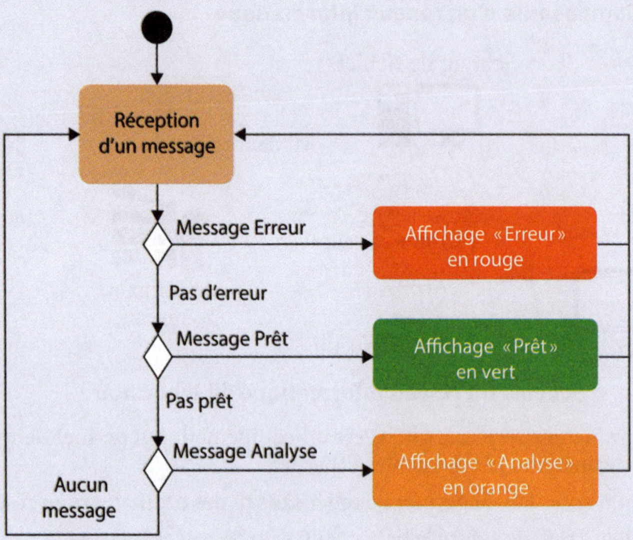

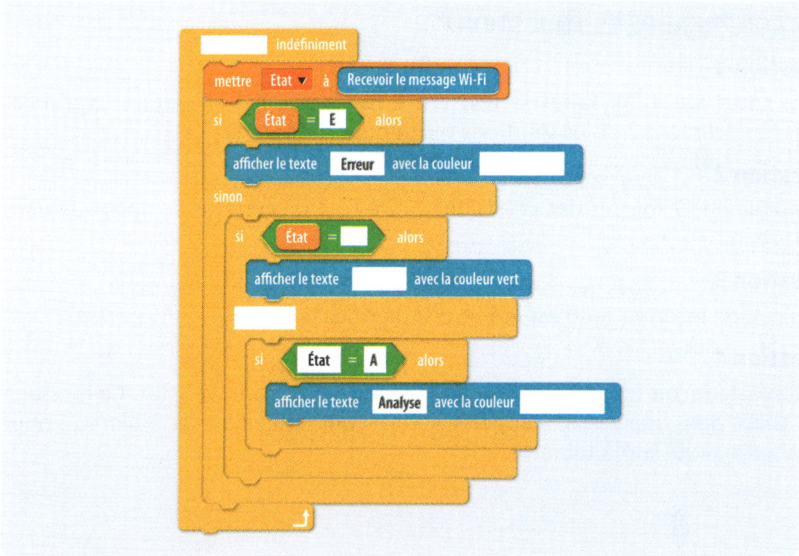

PAR ÉTAPES

À CONNAÎTRE

- Plusieurs **solutions techniques** sont envisageables pour améliorer nos systèmes et objets techniques. Il faut choisir des solutions techniques en réponse aux contraintes techniques définies par le client.
- Un **réseau informatique** est un ensemble d'ordinateurs ou de terminaux reliés entre eux pour échanger des données.
- Pour **connecter les ordinateurs** d'un réseau, on peut utiliser des moyens **câblés ou filaires**. Il existe également des moyens de connexion sans fil.
- Un **serveur de fichier** est un ordinateur spécialement dédié au stockage et à la mise à disposition de fichiers informatiques sur un réseau. Les serveurs doivent être protégés par un **« pare-feu » qui contrôle les accès** depuis l'extérieur du réseau, car les fichiers peuvent contenir des **données sensibles (informations personnelles, médicales)**.
- Un **diagramme d'activité** permet de représenter le déroulement d'un programme à l'aide de boîtes « Actions » (rectangles) et « Conditions » (losanges). Le point de départ du programme est le cercle noir.

ANALYSER L'ÉNONCÉ ET LES DOCUMENTS

Le sujet est riche, il contient de nombreux documents : lisez dans un premier temps les questions avant de vous intéresser aux titres des documents et d'analyser leur contenu.

BIEN COMPRENDRE LES QUESTIONS

Question 1

Dans cette question, faites le lien entre les fonctions techniques exprimées dans le *document 2* et les solutions techniques proposées.

Question 2

Le *document 3* fournit des précisions sur le rôle de certains composants dans un réseau.

Question 3

Le piratage informatique est le fait de voler des fichiers.

Question 4

La tablette reçoit un message du bioanalyseur indiquant son état. Ce message est stocké dans une variable appelée « État » qui sera testée (si … alors …) pour afficher le texte sur la tablette.

CORRIGÉ 30

Comprendre le corrigé

1 D'après le *document 2*, **les solutions techniques** à envisager sont les suivantes.

Améliorations souhaitées pour le système	Solutions techniques envisageables
• **Besoin 1** – permettre le pilotage, la visualisation et le suivi de l'avancement de l'analyse depuis n'importe quel emplacement du laboratoire sans rester à côté de l'analyseur.	c) Acheter une tablette et créer une application de pilotage du bioanalyseur pour tablette. d) Ajouter un point d'accès Wi-Fi au réseau. e) Ajouter une carte réseau au bioanalyseur pour le relier au réseau informatique du laboratoire par un câble Ethernet.
• **Besoin 2** – imprimer les résultats sur l'imprimante connectée au réseau informatique du laboratoire.	b) Ajouter une imprimante réseau au réseau informatique.

L'astuce du prof

Procédez besoin après besoin en notant les lettres des solutions qui semblent correspondre à chaque besoin.

Améliorations souhaitées pour le système	Solutions techniques envisageables
• **Besoin 3** – garantir la sauvegarde des résultats d'analyse de façon sécurisée sur le réseau.	g) Ajouter un serveur de fichier sécurisé sur le réseau.
• **Besoin 4** – transmettre de manière sécurisée les résultats des analyses à des clients via Internet.	a) Ajouter un modem-routeur au réseau informatique.

2 Sur ce diagramme, il manquait un **flux d'informations sans fil entre la tablette et le point d'accès Wi-Fi.**

Pour atteindre le bioanalyseur, le flux d'informations en provenance de la tablette passera d'abord par le **point d'accès Wi-Fi, puis par le commutateur**.

L'astuce du prof

Même si le sujet est assez complexe à analyser, la plupart des réponses sont données dans les documents.

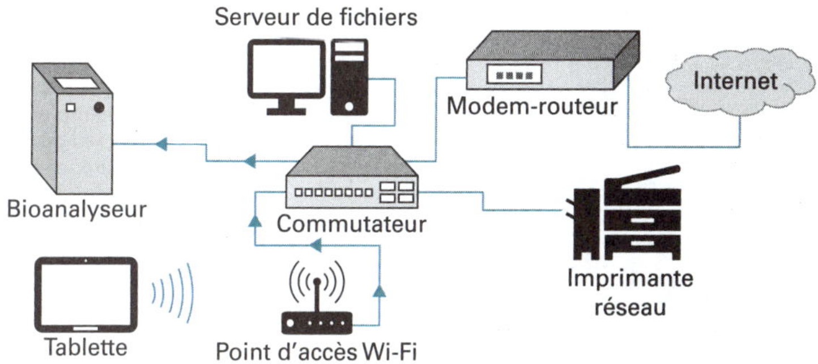

Schéma du réseau informatique du laboratoire

3 Le schéma de la question précédente permet de justifier l'utilisation d'un logiciel « pare-feu » sur le serveur. En effet :

– les données ADN des personnes qui font l'objet d'une enquête de la police scientifique sont des **données personnelles et des preuves d'une enquête policière** : ce sont donc des données sensibles ;

– les hackers peuvent s'introduire par le point d'accès Wi-Fi, car le réseau Wi-Fi **peut être accessible même à l'extérieur** du laboratoire.

L'astuce du prof

Sur un réseau, les éléments qui sont attaquables par les pirates sont toujours ceux qui ont accès à Internet ou qui fournissent l'accès sans fil au réseau.

Ils peuvent également s'introduire par le **modem routeur**, car il est connecté à Internet ;

– un hacker pourrait **supprimer les preuves ADN** stockées sur le serveur ou **modifier l'identité des personnes pour accuser à tort une autre personne**. Il pourrait également s'en servir pour faire du **chantage ou revendre** les informations personnelles recueillies.

4 Pour que le programme réponde aux besoins énoncés, il faut qu'il se **répète indéfiniment**, c'est le cas de nombreux programmes informatiques.

Si le caractère reçu (État) est « P », cela signifie que le bionalyseur est **prêt**, il faut donc afficher cette information sur la tablette.

Sinon, si le **caractère reçu (État) est « A »,** alors il faut afficher le texte « Analyse » en **orange.**

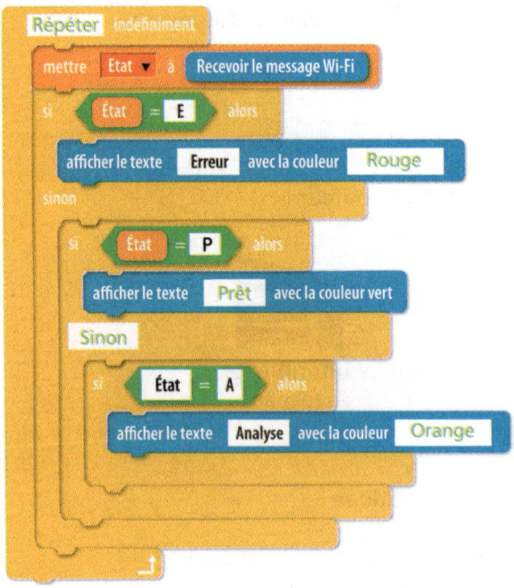

Gagnez des points !

Les questions **1** et **4** ne demandent pas de réponse rédigée. Commencez donc par celles-ci si vous manquez de temps.

CORRIGÉS Contrôler ses connaissances

SVT

La planète Terre

p. 23 QCM

1. Réponse b. Le manteau terrestre est une enveloppe rocheuse située en profondeur.

2. Réponse c. Les éruptions volcaniques sont provoquées par la libération de l'énergie thermique de la Terre.

3. Réponse c. L'énergie thermique libérée par la Terre est le moteur des plaques lithosphériques.

4. Réponse a. Une plaque lithosphérique est constituée de roches solides.

Remarque

« Lithosphère » vient de *sphère* qui désigne une « enveloppe » et *lithos* qui signifie « pierre ».

p. 23 Vrai ou Faux

1. La Terre est agée de 4,5 millions d'années. **Faux.** L'âge de la Terre est estimé à 4,5 milliards d'années, soit 1 000 fois plus.

2. Les temps géologiques ont été découpés arbitrairement. **Faux.** Les temps géologiques ont été découpés en fonction d'évènements majeurs géologiques ou biologiques.

3. Les Alpes se sont formées grâce aux plaques lithosphériques. **Vrai.** La chaîne des Alpes s'est formée il y a 30 millions d'années grâce au rapprochement de la plaque africaine et de la plaque eurasiatique. Certaines parties des Alpes continuent d'ailleurs à se soulever de 1 mm par an à cause de ce mouvement des plaques lithosphériques.

4. Si la Terre avait douze heures, l'Homme serait apparu dans les deux dernières minutes. **Vrai.** Les plus vieux fossiles du genre humain ont 2,5 millions d'années, ce qui est très peu en comparaison des 4 500 millions d'années d'existence de la Terre.

Environnement et action humaine

p. 23 Termes à relier

- Météo : courtes périodes (quelques jours) et dans un lieu géographique très localisé (ville, région).
- Climat : longues périodes (des milliers, voire des millions d'années) et sur des régions très étendues (un pays, un continent).

p. 24 **Vrai ou Faux**

1. La zone tropicale présente quatre saisons bien marquées. **Faux**. Il n'y a que deux saisons tropicales : une saison sèche et une saison humide, et la température moyenne varie assez peu.

2. Au cours des temps géologiques, le climat global de la Terre a beaucoup changé. **Vrai**. Le climat de la Terre a déjà été bien plus chaud dans le passé (à l'époque du Tyrannosaure, il n'y avait pas de glace aux pôles), mais aussi bien plus froid (il y a 20 000 ans, la banquise du pôle Nord s'étendait jusqu'à l'emplacement actuel de Paris).

3. Le changement climatique actuel affecte toutes les régions du monde de la même manière. **Faux**. Le changement climatique actuel est très marqué dans la zone polaire de l'hémisphère Nord. L'augmentation de la température pourrait y atteindre + 12 °C en moyenne d'ici la fin du siècle.

4. Le climat est l'étude des température et des pluies, c'est comme la météo. **Faux.** Le météorologue et le climatologue étudient les mêmes données : températures, pluviométrie, vent, etc. Mais l'étude du climat repose sur de longues périodes (au moins 30 ans) contrairement à la météo.

p. 24 **Termes à relier**

A : Mettez-vous à l'abri sous un meuble solide ; **B** : Éloignez-vous des bâtiments ; **C** : N'utilisez ni le gaz, ni l'électricité ; **D** : Quittez les bâtiments dans le calme ; **E** : N'allez pas chercher vos enfants à l'école.

p. 24 **QCM**

1. Réponse a. Les ressources en combustibles fossiles sont épuisables. Le renouvellement des ressources en charbon, pétrole ou gaz a lieu en réalité, mais il nécessite plusieurs millions d'années, ce qui rend ces ressources limitées et épuisables à l'échelle de temps de l'humanité.

2. Réponses a, b et c. La réduction des rejets polluants permet d'améliorer la biodiversité, la qualité de l'eau et la qualité de l'air.

3. Réponse a. Les réserves de pétrole seront probablement épuisées dans un siècle ou deux. L'estimation des réserves mondiales reste difficile, mais il est certain qu'elles sont très limitées.

4. Réponse b. En France, le pourcentage d'électricité produite par les énergies renouvelables représente 20 % de la consommation totale.

p. 25 **Termes à relier**

- Éolien : Énergie renouvelable
- Nucléaire : Énergie non renouvelable
- Combustibles fossiles : Énergie non renouvelable
- Solaire : Énergie renouvelable

Remarque

Les réserves mondiales d'uranium utilisé comme combustible pour les centrales nucléaires sont estimées à environ un siècle.

Organisation du monde vivant

p. 25 QCM

1. Réponses b et **c.** Les bactéries contenues dans le tube digestif des animaux sont inoffensives et bénéfiques. En l'absence d'infection gastro-intestinale, toutes les bactéries présentes dans le tube digestif sont bénéfiques pour l'animal qui les héberge. Par exemple, elles l'aident dans sa digestion.

2. Réponses b et **c.** L'air est acheminé jusqu'au fond des alvéoles pulmonaires. Seul le dioxygène (gaz de l'air) est distribué par le système circulatoire.

3. Réponse b. Un organe est un ensemble de tissus différents. Ces tissus sont eux-mêmes des ensembles de cellules spécialisées.

4. Réponse b. Les cellules d'un organisme se procurent leurs nutriments grâce à un système circulatoire.

p. 25 Vrai ou Faux

1. Les racines des végétaux absorbent de l'eau et des ions minéraux contenus dans le sol. **Vrai**. La surface d'absorption représentée par les racines d'un végétal est très importante. Cette immense surface permet l'absorption de l'eau du sol avec les ions minéraux qu'elle contient.

Exemple
Chez un châtaignier d'une dizaine de mètres de hauteur, la surface occupée par ses racines dépasse 40 000 m^2, soit 6 terrains de football.

2. Tous les glucides fabriqués par les feuilles des végétaux sont utilisés immédiatement sur place. **Faux**. Les feuilles utilisent une partie de ces glucides pour elles-mêmes, mais elles en exportent la majorité sous forme de saccharose vers les autres organes (tige, racines, fleurs, fruits, tubercules…). Une partie des glucides exportés est utilisée et l'autre est mise en réserve.

3. Les cellules végétales produisent des glucides, des lipides et des protides. **Vrai**. La photosynthèse permet la production de glucides à partir d'eau et de CO_2. Ces glucides servent de matériaux de base pour la fabrication des protides et des lipides.

p. 26 QCM

1. Réponses a et **c.** Une cellule œuf, génétiquement originale, est le résultat d'une fécondation. C'est le résultat de la fusion d'un spermatozoïde et d'un ovule. Chacun de ces gamètes apporte un lot original de chromosomes. L'association de ces chromosomes paternels et maternels est donc originale.

2. Réponse b. Lors de la formation des gamètes, les chromosomes sont répartis au hasard. Un seul chromosome de chaque paire migre dans le gamète en formation, et cette migration se fait au hasard. Il n'est pas question de taille, car toutes les paires seront représentées dans le gamète.

3. Réponses a. Il y a des gamètes chez les végétaux comme chez les animaux. Les gamètes des végétaux ont les mêmes caractéristiques que les gamètes des animaux : ce sont des cellules uniques fabriquées par des organes reproducteurs spécialisés. Elles contiennent la moitié du patrimoine génétique du parent qui les a produites et permettent la fécondation.

Évolution du monde vivant

p. 26 Vrai ou Faux

1. La biodiversité n'est mesurée qu'à partir du comptage des espèces. **Faux.** La biodiversité est mesurée à partir du comptage des espèces, des individus et des populations. Elle se mesure à différentes échelles.

Remarque

La plus forte biodiversité est atteinte quand un écosystème contient de nombreuses espèces différentes, composées elles-mêmes de populations différentes, elles-mêmes constituées d'un grand nombre d'individus.

2. Dans chaque cellule vivante, un gène est présent en un grand nombre d'exemplaires. **Faux.** Chez un animal, un gène est présent en deux exemplaires. La majorité des êtres vivants pluricellulaires (dont les animaux) ont des caryotypes contenant des paires de chromosomes. Ainsi, sur chaque chromosome de la paire, il y a un exemplaire du même gène à la même position.

3. Tous les individus d'une même espèce ont les mêmes gènes. **Vrai.** En réalité, les mâles et les femelles ont quelques gènes différents sur les chromosomes sexuels.

4. Le phénotype d'un individu dépend de son génotype et de son environnement. **Vrai.** Les gènes interviennent dans l'expression de très nombreux caractères visibles (par exemple la couleur des fleurs, du pelage des animaux) ou détectables (par exemple le groupe sanguin). Cependant, l'environnement influe aussi largement sur l'expression d'un grand nombre de caractères (par exemple le changement de la couleur des feuilles en automne ou du pelage des animaux en hiver).

p. 26 QCM

1. Réponse b. Les mutations naturelles sont dues au hasard. Ce sont des phénomènes aléatoires. La plupart n'ont aucun effet sur le phénotype, quelques-unes ont des conséquences négatives (par exemple la mutation qui conduit à l'albinisme), et d'autres encore ont des conséquences positives : c'est la création de nouveaux allèles, sources de diversité génétique.

2. Réponse c. La sélection naturelle est un mécanisme qui modifie les espèces. Elle s'exerce sur la capacité à survivre et à se reproduire des individus et n'a d'effet que sur plusieurs générations. Or, les changements acquis par un individu au cours de sa vie ne se transmettent pas à la génération suivante. Les gènes sont présents sous forme d'allèles différents dans une population ; ceux qui confèrent un avantage à leur porteur sont sélectionnés par l'environnement.

3. Réponses b et **c.** L'espèce humaine et l'espèce chimpanzé partagent la bipédie et un squelette osseux. Ce sont de proches parents, mais ils possèdent quand même quelques gènes différents.

Remarque

La bipédie, même si elle est partagée par ces espèces, n'est qu'occasionnelle chez les chimpanzés.

Système nerveux, appareil digestif et activité physique

p. 27 QCM

1. Réponse b. Une des conditions d'un bon fonctionnement cérébral est un sommeil réparateur. Les glucides contenus dans l'alimentation suffisent à l'approvisionnement du cerveau ; il ne faut pas enrichir son alimentation en sucres. L'alcool perturbe le fonctionnement du cerveau, même à faible dose.

2. Réponses b et **c.** Une substance psychotrope peut être un médicament et modifie l'activité cérébrale. Le terme « psychotrope » désigne une substance ayant un effet sur l'activité cérébrale. Certains psychotropes sont des médicaments (par exemple les somnifères).

3. Réponse a. Un sommeil régulier améliore les performances de la mémoire. De nombreuses études ont confirmé l'importance du sommeil dans le fonctionnement cérébral, en particulier dans la mémorisation.

Immunité et procréation

p. 27 Termes à relier

- **Phagocytes** : ingestion et destruction des microbes reconnus par les anticorps.
- **Lymphocytes B** : production d'anticorps qui adhèrent en grand nombre sur les microbes, ce qui les empêche de se reproduire.
- **Vaccination** : amélioration des défenses immunitaires vis-à-vis d'un ou de quelques microbes spécifiques.
- **Lymphocytes T** : destruction des cellules infectées par les microbes.

Remarque
La neutralisation d'agents pathogènes fait intervenir deux mécanismes complémentaires de l'immunité : des molécules comme les anticorps et des cellules comme les lymphocytes.

p. 27 QCM

1. Réponse a. Les ovaires libèrent des cellules sexuelles dès la puberté. Les cellules sexuelles de la femme sont présentes dans les ovaires avant sa naissance, mais sous une forme immature. À chaque début de cycle, quelques cellules sexuelles sont sélectionnées et commencent leur maturation. Vers le milieu du cycle, une seule est expulsée au cours de l'ovulation (rarement plus). Ce phénomène cyclique se reproduit jusqu'à la ménopause.

2. Réponse b. Le sigle IST signifie « infection sexuellement transmissible ». Les IST regroupent toutes les infections à bactéries et à virus transmises par voie sexuelle, mais il s'agit aussi d'infections qui se transmettent par voie sanguine, ce qui explique la possible contamination de la mère au bébé en cas de grossesse.

3. Réponse b. Les moyens de contraception efficaces contre les IST sont les préservatifs. Les pilules contraceptives ou les dispositifs intra-utérins n'empêchent pas le contact entre les sécrétions des appareils reproducteurs lors d'un rapport sexuel. Or, les microbes sont présents dans ces sécrétions.

4. Réponse a. Les règles correspondent à l'élimination de la muqueuse utérine. La muqueuse utérine s'épaissit fortement pendant les deux premiers tiers du cycle. Des vaisseaux sanguins s'y développent en préparation à l'implantation d'un embryon. En fin de cycle, s'il n'y a pas eu d'implantation, cette muqueuse est éliminée.

PHYSIQUE-CHIMIE

Organisation et transformations de la matière

p. 85 Termes à relier

- La masse d'une espèce chimique donnée est proportionnelle à son volume.
- Au cours de la dissolution du sucre dans de l'eau, la masse ne change pas, car le nombre de molécules de chaque substance se conserve.
- La masse volumique d'un mélange d'eau sucrée liquide n'est pas la même que les masses volumiques de l'eau liquide et du sucre solide.

p. 85 QCM

1. Réponse b. Un mélange contient des espèces chimiques différentes.

Exemple
Un sirop à l'eau est un mélange constitué d'eau et de sirop.

2. Réponses a et b. Un solide a une forme propre et un volume propre.

3. Réponses b et c. Les changements d'état s'accompagnent d'une variation de volume et de transferts d'énergie.

p. 85 Texte à trous

Nom de la molécule	Constitution de la molécule	Formule chimique
Eau	**1 atome d'oxygène et 2 atomes d'hydrogène**	**H_2O**
Dioxyde de carbone	**1 atome de carbone et 2 atomes d'oxygène**	CO_2
Méthane	1 atome de carbone et 4 atomes d'hydrogène	**CH_4**
Protoxyde d'azote	2 atomes d'azote et 1 atome d'oxygène	**N_2O**

p. 86 Vrai ou Faux

1. Le pH d'une solution acide est un nombre sans unité inférieur à 7. **Vrai.** Le pH d'une solution est un nombre sans unité compris entre 0 et 14. Pour une solution acide, le pH est bien inférieur à 7.

2. Le pH d'une solution basique est égal à 7. **Faux.** Le pH d'une solution basique est supérieur à 7. Si le pH est égal à 7, la solution est neutre.

3. Les transformations chimiques ne produisent jamais de gaz à effet de serre. **Faux.** Une transformation chimique peut produire des gaz à effet de serre, responsables du réchauffement climatique, comme le dioxyde de carbone produit lors d'une combustion.

p. 86 QCM

1. Réponse b. Un atome est électriquement neutre.

2. Réponse b. Le noyau d'un atome de carbone contient 6 protons et 6 neutrons. Un atome de carbone contient donc 6 électrons.

L'astuce du prof

Un atome est électriquement neutre, contrairement à un ion qui est électriquement chargé.

p. 86 Termes à relier

- Notre système solaire est constitué de 8 planètes.
- La Voie lactée est notre galaxie.
- Une année-lumière est la distance parcourue par la lumière en un an.

Piège à éviter

Une année-lumière est une longueur, pas une durée.

p. 86 Exercice guidé

1. 100 µm = $\mathbf{1{,}00 \times 10^2}$ **µm**.

2. 71 490 km = $\mathbf{7{,}1490 \times 10^4}$ **km**.

3. 41 000 milliards de kilomètres = $\mathbf{41\,000 \times 10^9}$ **km**.

$41\,000 \times 10^9$ km = $4{,}1000 \times 10^4 \times 10^9$ km = $\mathbf{4{,}1000 \times 10^{4+9}}$ **km**.

41 000 milliards de kilomètres = $\mathbf{4{,}1000 \times 10^{13}}$ **km**.

Mouvement et interactions

p. 87 QCM

1. Réponses a et **c**. L'ensemble des positions successives occupées par un point au cours de son mouvement forme la trajectoire du point et est une droite si le mouvement est rectiligne.

2. Réponses a et **b**. La valeur de la vitesse peut s'exprimer en km/h ou en m/s.

3. Réponse b. Le mouvement d'un voyageur qui marche dans un train partant d'une gare n'est pas le même mouvement par rapport au train et au quai.

p. 87 Vrai ou Faux

1. Une interaction entre deux objets peut s'exercer sans contact entre les objets. **Vrai.** L'interaction gravitationnelle s'exerce sans contact.

2. Plus deux corps s'éloignent, plus les valeurs des forces d'attraction gravitationnelles exercées par ces deux corps l'un sur l'autre augmentent. **Faux.** Plus deux corps s'éloignent, plus les valeurs des forces d'attraction gravitationnelles exercées par ces deux corps l'un sur l'autre diminuent.

3. La masse d'un objet varie suivant l'astre sur lequel il se trouve. **Faux.** La masse d'un objet reste la même quel que soit l'astre sur lequel il se trouve. C'est le poids d'un objet qui varie suivant l'astre sur lequel il se trouve.

L'énergie, ses transferts et ses conversions

p. 88 **Termes à relier**

- La cycliste qui descend un chemin en VTT a une énergie potentielle (qui dépend de sa position) car elle est en altitude. Cette énergie potentielle est convertie en énergie cinétique car la valeur de sa vitesse augmente lors de la descente. De l'énergie thermique est également perdue lors de cette conversion.
- Une centrale nucléaire convertit l'énergie nucléaire de l'uranium en énergie électrique. De l'énergie thermique est aussi perdue lors de cette conversion.
- Les lignes très haute tension transfèrent de l'énergie électrique.
- Dans un feu de cheminée, l'énergie chimique des bûches de bois est convertie en énergie lumineuse et en énergie thermique.

Remarque
La centrale électrique sur la deuxième photo est une centrale nucléaire.
Si cela avait été une centrale thermique, la réponse « énergie nucléaire » aurait été remplacée par « énergie chimique ».

p. 88 **Exercice guidé**

1. Le schéma du circuit électrique est donné ci-contre.

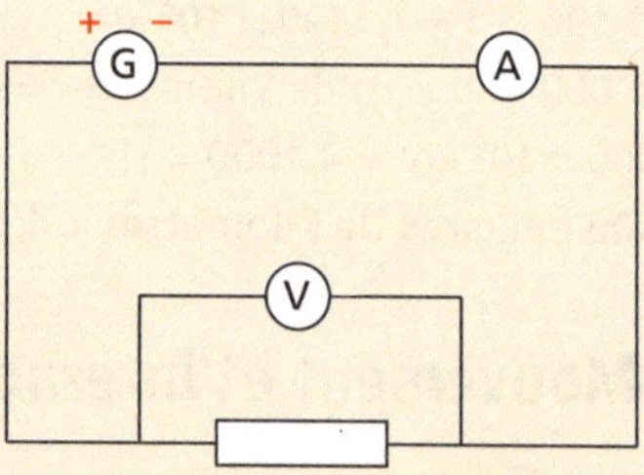

2. La valeur de la résistance du conducteur ohmique est d'environ **470 Ω**. D'après la loi d'Ohm, la tension aux bornes d'un conducteur ohmique est proportionnelle à l'intensité du courant électrique qui le traverse, soit $U = R \times I$ avec U la tension en volts (V), I l'intensité en ampères (A) et R la résistance du conducteur ohmique en ohms (Ω).

Ainsi, la résistance du conducteur ohmique est égale à : $R = \frac{U}{I}$.

D'après la photographie du circuit, U = 2,68 V et I = 5,7 mA = 5,7 × 10⁻³ A, d'où :

$$R = \frac{2{,}68 \text{ V}}{5{,}7 \times 10^{-3} \text{ A}} = 470\ \Omega.$$

Rappel
1 mA = 1×10^{-3} A.

Des signaux pour observer et communiquer

p. 89 **Texte à trous**

1. Une source **primaire** de lumière produit elle-même la lumière qu'elle émet.

2. Un objet **diffusant** est un objet éclairé qui renvoie dans toutes les directions la lumière qu'il reçoit et ne produit pas sa propre lumière.

p. 89 QCM

1. Réponses a et **c**. Les sons se propagent dans les liquides et ne se propagent que dans un milieu matériel.

2. Réponse c. Un son de fréquence 30 000 Hz est un ultrason.

Rappel
Un ultrason a une fréquence supérieure à 20 000 Hz tandis qu'un infrason a une fréquence inférieure à 20 Hz.

3. Réponse a. Un son de fréquence 1 000 Hz est audible par un être humain.

TECHNOLOGIE

Design, innovation et créativité

p. 147 Vrai ou Faux

1. Les objets techniques et les services sont créés pour répondre à un besoin. **Vrai.**

2. Le garagiste produit un bien. **Faux.** Le garagiste produit un service, il répare les voitures en panne.

3. Quand le besoin est défini, il faut rédiger un cahier des charges. **Vrai.**

4. Un planning prévisionnel permet d'établir une facture. **Faux.** Un planning prévisionnel permet d'organiser le projet dans le temps, c'est-à-dire de vérifier l'avancement des travaux et d'anticiper d'éventuels retards.

p. 147 Texte à trous

Les étapes de production d'un bien sont les suivantes :

1. Définir le **besoin** et rédiger un **cahier des charges**.

2. Organiser le projet en étapes et définir un **planning.**

3. Rechercher des **solutions** techniques.

4. Réaliser un **prototype** et le tester.

5. Fabriquer le produit.

Objets techniques, services et changements induits dans la société

p. 147 QCM

1. Réponse a. Des objets sont de la même famille s'ils répondent au même besoin.
Par exemple, le vélo et la trottinette sont deux objets de la même familles.

2. Réponse c. Deux objets sont de la même lignée s'ils utilisent le même principe technique pour répondre au besoin.
Par exemple, les voitures à moteur essence et les voitures à moteur Diesel font partie de la lignée des véhicules à moteur à explosion.

3. Réponse b. La rupture technologique est une nouvelle technologie qui apporte des solutions très différentes et plus performantes à un problème technique déjà existant.

4. Réponses a, b et **c.** Il faut considérer toutes les étapes du cycle de vie dans l'analyse de l'impact environnemental d'un produit.

p. 148 **Termes à relier**

- **Extraction des matières premières :** Le zinc, le manganèse et le carbone qui serviront à fabriquer la pile sont extraits dans des mines.
- **Recyclage :** La pile usagée est rapportée dans un lieu de collecte afin que ses matériaux soient réutilisés.
- **Utilisation :** La pile est placée dans un appareil électronique et l'alimente en énergie.

Structure et fonctionnement des objets et des systèmes techniques

L'astuce du prof

Complétez la phrase :
« Cet objet utilise ... pour ... »

p. 148 **Texte à trous**

Énergie d'entrée	→	Système	→	Résultat obtenu
Énergie éolienne	→	Bateau à voile	→	Déplacement sur l'eau
Électricité	→	Chauffage électrique	→	Production de chaleur
Électricité	→	Aspirateur	→	Aspiration des poussières

p. 148 **Exercice guidé**

1. La fonction d'usage du quad est de se déplacer sur des routes ou des chemins difficiles.

2. Les composants assurant la fonction technique « diriger le quad » sont le guidon et les roues.

3. La fonction technique assurée par le phare est « permettre au conducteur de voir la nuit ».

De la modélisation à la validation du prototype

p. 149 QCM

1. Réponse c. Le prototype est une version qui sert à effectuer des tests.

2. Réponse a. Un plan est une représentation en 2 dimensions, c'est-à-dire à plat, sans perspective.

3. Réponses a et b. La simulation sur une maquette numérique permet d'identifier les défauts de conception d'un objet et de visualiser son fonctionnement.

4. Réponse a. Un gabarit de contrôle permet de vérifier rapidement la conformité d'une pièce. Il comprend souvent deux marques de « tolérance ». Une fois en position sur le gabarit, la pièce fabriquée doit se trouver entre ces deux marques.

p. 149 Vrai ou Faux

1. La simulation numérique permet de tester le comportement mécanique des matériaux. **Faux**. La simulation électronique permet de simuler le comportement des composants électroniques, mais aussi leur implantation (position) sur une carte électronique. En revanche, elle ne permet pas de simuler l'usure des composants.

2. Un plan en 3 dimensions permet de visualiser l'apparence de l'objet ou du système. **Vrai**. Une vue 3D comprend moins d'informations techniques qu'un plan, mais permet de mieux visualiser un objet ou un système dans son ensemble.

3. Lorsqu'une pièce est non conforme, elle est forcément jetée. **Faux.** Pour éviter le gaspillage, on essaie, quand c'est possible, de reprendre la pièce pour la corriger.

4. Si le prototype est validé, la fabrication en série est alors terminée. **Faux**. Une fois le prototype validé, la fabrication en série peut commencer.

Fonctionnement d'un réseau informatique

p. 150 QCM

1. Réponse : c. Internet est le plus grand réseau informatique du monde. On estime qu'il est composé aujourd'hui de plus de 10 milliards d'appareils connectés (plus de 50 milliards d'ici 2020).

Rappel
Un moteur de recherche est seulement un service fourni *via* le réseau Internet.

2. Réponse : b. Le routage permet de sélectionner le chemin le plus adapté à l'établissement d'une communication entre deux périphériques. Dans un réseau maillé comme Internet, lorsqu'un lien est défectueux, le protocole de routage cherche automatiquement un autre chemin disponible.

3. Réponse : c. Un serveur fournit un service à un client. Le client effectue une demande à travers le réseau. Le serveur envoie en réponse des informations au client en suivant un protocole de communication.

4. Réponse : c. Un protocole de communication est un ensemble de règles fixées pour communiquer. On peut le comparer au langage qui est le protocole de communication entre les hommes.

p. 150 Exercice guidé

1. La passerelle permet de connecter le réseau de l'entreprise au réseau Internet. Les commutateurs réseaux (ou switchs) permettent de connecter les ordinateurs de l'entreprise ensemble. Le point d'accès sans fil permet de connecter les équipements mobiles de la salle de pause au réseau de l'entreprise et à Internet.

2. Les ordinateurs, les tablettes, l'imprimante et le tableau interactif sont des terminaux connectés au réseau de l'entreprise.

3. Les équipements mobiles seront toujours connectés entre eux grâce au point d'accès, mais ils ne seront plus connectés au réseau de l'entreprise et par conséquent au réseau Internet, car ils n'auront pas accès à la passerelle.

Écriture, mise au point et exécution d'un programme

p. 151 QCM

1. Réponse : c. Un capteur acquiert une grandeur physique et la transforme en une information compréhensible par un ordinateur.

2. Réponse : b. Les cartes Arduino ou MBot que vous avez peut-être utilisées en cours sont des cartes programmables.

3. Réponse : a. Un objet connecté communique avec un réseau, le plus souvent le réseau Internet.

4. Réponse : b. Un algorigramme permet de représenter graphiquement un algorithme. Il se lit de haut en bas. Les cases en forme de losange sont des tests logiques, celles en forme de rectangle sont des instructions.

p. 151 Exercice guidé

1. Les variables sont : produit B, produit A, produit A1 et produit A2.

2. Deux tests sont à effectuer.

3. Il y a quatre actions à effectuer qui modifient les variables.

Rappel
Dans un algorigramme, les tests sont toujours des losanges.

Sujets comme à l'examen

SUJET COMPLET 1 France métropolitaine, juillet 2024 50 pts 1 h

Exercice 1 25 pts 30 min — calculatrice autorisée

corrigé p. 238

PHYSIQUE-CHIMIE

Les Jeux olympiques et paralympiques

Les essais et les démarches engagés, même non aboutis, seront pris en compte.

La France accueille cette année les Jeux olympiques et paralympiques durant lesquels trente-deux disciplines sportives seront à l'honneur.

Le seul équipement sportif construit pour l'occasion sera le centre aquatique, voisin du Stade de France, où se dérouleront les épreuves de natation artistique, de plongeon et de water-polo.

D'après www.paris2024.org

DOC. 1 Piscine et équilibre de l'eau

Les recommandations du Comité International Olympique spécifient une plage de pH idéale de 7,2 à 7,8 pour l'eau des bassins.

Si le pH devient trop élevé, au-dessus de 8, la désinfection au « chlore » n'est plus efficace, la formation de « calcaire » augmente.

Si le pH de l'eau tombe en dessous de 7, le confort des baigneurs n'est plus assuré (irritations de la peau et des yeux) et la durée de vie des équipements notamment métalliques est réduite.

D'après le guide du CIO sur le sport, l'environnement et le développement durable et https://www.ars.sante.fr

1 Donner les deux inconvénients d'une eau de piscine dont le pH est inférieur à 7.

2 Le rouge de phénol, de formule chimique $C_{19}H_{14}O_5S$, est un indicateur coloré. C'est une substance qui change de couleur en fonction du pH de la solution testée. Il est ainsi utilisé pour contrôler le pH des piscines. Le tableau ci-dessous indique ses zones de coloration dans l'échelle de pH.

DOC. 2 Zones de coloration du phénol dans l'échelle de pH

Couleur du rouge de phénol	Jaune	Orange	Rouge
Zone de pH	Valeurs de pH comprises entre 0 et 6,6	Valeurs de pH comprises entre 6,6 et 8,4	Valeurs de pH comprises entre 8,4 et 14

D'après https://fr.wikipedia.org

Un agent de maintenance souhaite vérifier le pH de l'eau de la future piscine olympique. Il obtient une couleur rouge au résultat du test au rouge de phénol.

a. Indiquer si l'eau de la piscine, testée par l'agent de maintenance, a un caractère acide, basique ou neutre. Justifier.

b. Sachant que dans la formule de la molécule de rouge de phénol, le symbole S correspond à l'atome de soufre, donner le nom des autres atomes qui la constituent.

3 Dans les centres nautiques, les équipements métalliques sont essentiellement en acier inoxydable. Ainsi, le fer (Fe) n'est pas recommandé car il subit de nombreuses transformations chimiques qui le fragilisent. L'équation de réaction chimique ci-dessous modélise l'action des ions H^+, responsables de l'acidité, sur les atomes de fer : $Fe + 2\ H^+ \rightarrow Fe^{2+} + H_2$.

Citer, parmi les formules chimiques des espèces présentes dans l'équation de réaction ci-dessus, la formule d'une molécule, celle d'un atome et celle d'un ion.

4 On peut réaliser des tests caractéristiques sur le milieu réactionnel pour mettre en évidence les produits de la réaction.

DOC. 3 Banque de données de tests caractéristiques

Test	Ion testé ou molécule testée	Observation
Test à la flamme	Dihydrogène	Détonation
Test à l'allumette incandescente	Dioxygène	L'allumette se rallume
Test à la soude	Ion Fe^{2+}	Précipité vert
Test à la soude	Ion Fe^{3+}	Précipité rouille

On a fait réagir du fer (Fe) avec les ions H^+ dans un tube à essai.

En utilisant la banque de données du *document 3* et l'équation de réaction vue plus haut, écrire les numéros des propositions correctes parmi les suivantes :

P_1 : On observe un précipité vert lorsque l'on ajoute de la soude.

P_2 : On observe un précipité rouille lorsque l'on ajoute de la soude.

P_3 : On entend une détonation lorsque l'on approche une flamme.

P_4 : Lorsque l'on approche une allumette incandescente, elle se rallume.

5 Épreuve de plongeon à 10 mètres

Nous allons nous intéresser à la discipline du plongeon à 10 m. Des études ont permis de définir la tolérance du corps humain à un tel saut. Pour des raisons de sécurité, la Fédération internationale de natation limite, en compétition, la vitesse atteinte lors du contact avec l'eau à 80 km/h environ.

DOC. 4 **Évolution de l'énergie cinétique E_c du plongeur en fonction du temps t lors du plongeon (simulation)**

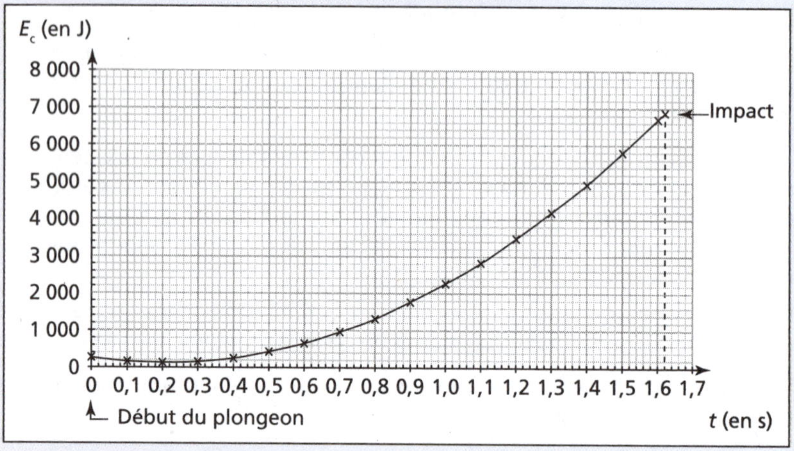

DOC. 5 **Évolution de la vitesse v du plongeur en fonction du temps t lors du plongeon (simulation)**

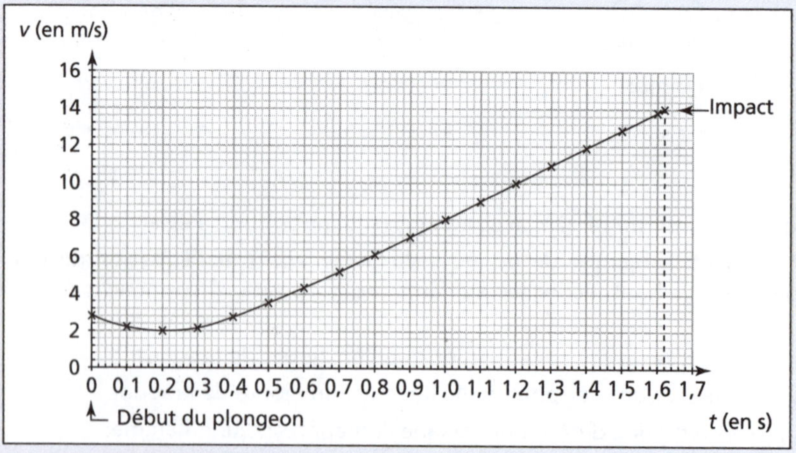

a. Décrire l'évolution de l'énergie cinétique du plongeur au cours du temps.

b. Nommer la forme d'énergie qui est convertie en énergie cinétique au cours du plongeon.

c. Indiquer la durée du plongeon en seconde, notée t_i.

d. À l'aide des graphiques des *documents 4 et 5*, déterminer si la vitesse au moment de l'impact, notée v_i, permet de respecter la norme de sécurité sur la vitesse atteinte lors du contact avec l'eau.

Toute démarche même partielle sera prise en compte.

Exercice 2 **25 pts** 30 min Calculatrice autorisée corrigé p. 239

TECHNOLOGIE

La lutte contre les feux de forêt

Les essais et les démarches engagés, même non aboutis, seront pris en compte.

En 2022, les feux de forêt ont détruit 62 000 hectares en France. Pour lutter contre les incendies, les forêts sont surveillées depuis des postes appelés vigies.

Depuis une vigie, les pompiers ont une vue dégagée à 360 degrés et peuvent localiser des départs de feu sur une distance de plus de 20 km.

Le système automatisé de surveillance installé sur le toit de la vigie est constitué de deux appareils photo.

DOC. 1 Vigie et son système automatisé de surveillance

Dimensions exprimées en mètres

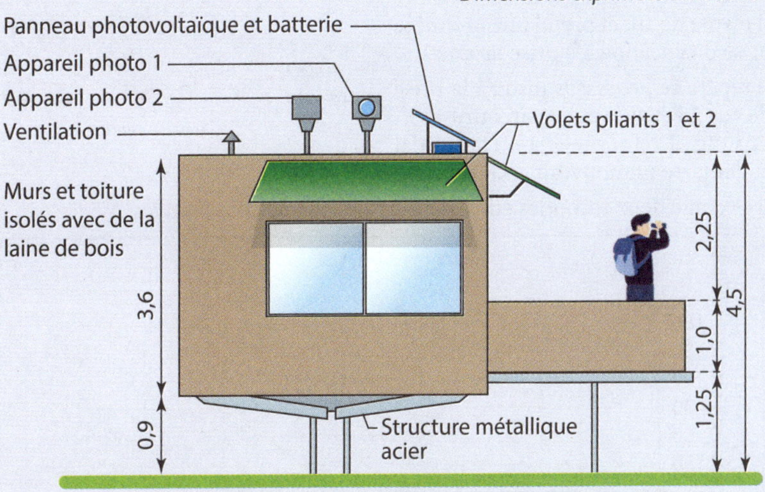

MÉTHODE
SUJETS PAS À PAS
SUJETS COMME À L'EXAMEN

1 **Identifier** le besoin auquel répond la vigie. À l'aide du *document 1*, **associer** ci-dessous les solutions techniques aux fonctions techniques en replaçant les numéros dans les cases (six réponses attendues).

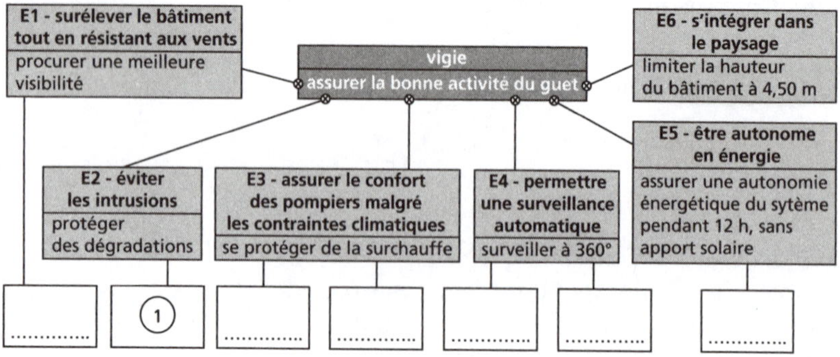

Solutions techniques :

1. Volets pliants
2. Appareil photo 1
3. Isolation laine de bois
4. Panneau photovoltaïque et batterie
5. Appareil photo 2
6. Ventilation
7. Structure métallique acier

DOC. 2 Étude du cycle de mouvement de l'appareil photo 1

Au départ du cycle, l'appareil photo est orienté vers la position initiale d'angle 0° (noté « état initial »).

Il pivote de 10° et prend une première prise de vue, notée « prise de vue 1 ».

Il répète ce processus jusqu'à la prise de vue 18 et aura ainsi parcouru 180°. Ensuite, il retourne à son état initial et démarre un nouveau cycle.

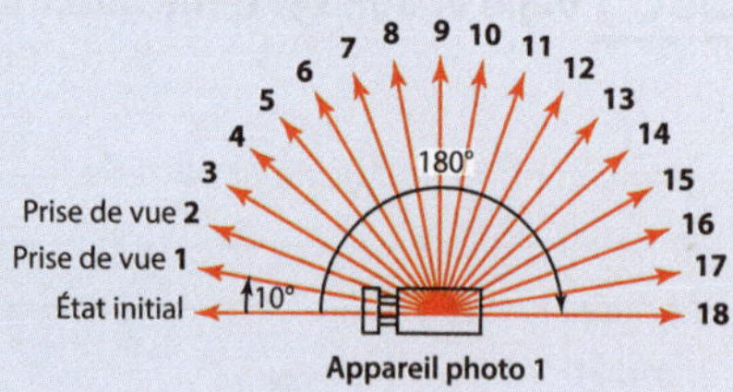

Il s'écoule deux secondes entre deux prises de vue consécutives.

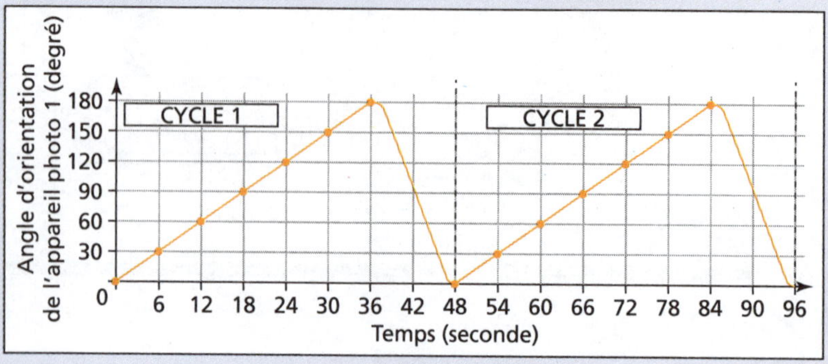

2 À l'aide du *document 2* :

– **indiquer** la nature du mouvement de l'appareil photo 1 ;

– **déterminer** pour la position 6 (60°) le temps écoulé entre deux prises de vue.

DOC. 3 Présentation de la gestion de l'énergie du système

La batterie alimente le système de surveillance. L'intensité moyenne consommée (en ampères) par le système en fonctionnement normal est de :

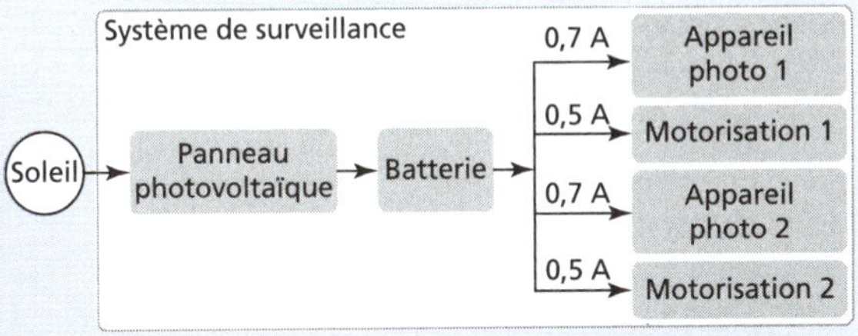

– 0,7 A par appareil photo ;

– 0,5 A par moteur.

La capacité Q détermine l'autonomie de la batterie, calculée à partir de la formule :

$Q = I \times t$	**Q : capacité de la batterie en A·h (ampère × heure)** **I : intensité moyenne consommée par le système en A (ampère)** **t : durée d'utilisation du système en h (heure)**

3 À l'aide du *document 3*, **calculer** la capacité de la batterie en respectant l'exigence suivante :

« assurer une autonomie énergétique du système pendant 12 heures, sans apport solaire »

DOC. 4 Détection d'une anomalie par comparaison d'images

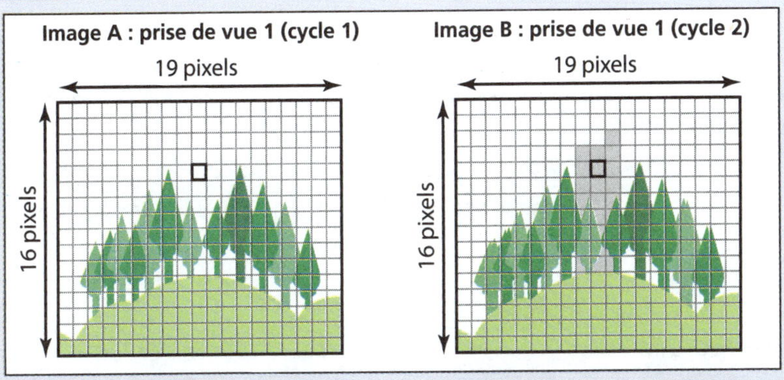

Pour détecter un départ de feu, le système réalise une comparaison d'images entre deux prises de vue consécutives de la même zone.

L'image numérique est composée de pixels dont la couleur est codée en écriture binaire sur un octet (huit éléments binaires). Si la valeur décimale d'un pixel varie de plus de 50, alors une anomalie est détectée et une alerte est transmise au centre de supervision.

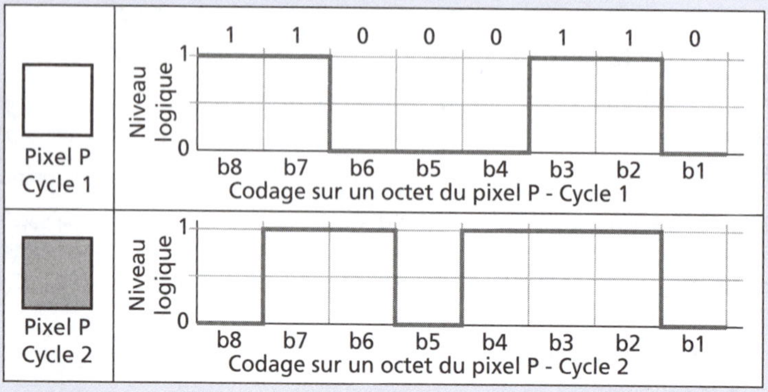

DOC. 5 Tableau de correspondance

Valeur de P en binaire	11011110	11001110	11000110	01101110	01001110	01000111	01000110
Valeur de P en décimal	222	206	198	110	78	71	70

4 À l'aide des *documents 4 et 5* :

– **exprimer** la valeur en écriture binaire du pixel P pour le cycle 2 dans le tableau ci-dessous ;

– **rechercher** la valeur en écriture décimale du pixel P pour le cycle 1 et pour le cycle 2 en complétant le tableau ci-dessous ;

– **déduire** si une alerte est donnée suite à la comparaison des images A et B en argumentant.

	Valeur du pixel en écriture binaire	Valeur du pixel en écriture décimale
Pixel P cycle 1	1 1 0 0 0 1 1 0 (b8 b7 b6 b5 b4 b3 b2 b1)	
Pixel P cycle 2	_ _ _ _ _ _ _ _ (b8 b7 b6 b5 b4 b3 b2 b1)	

5 À l'aide du *document 2*, **compléter** le programme ci-dessous (cinq éléments attendus).

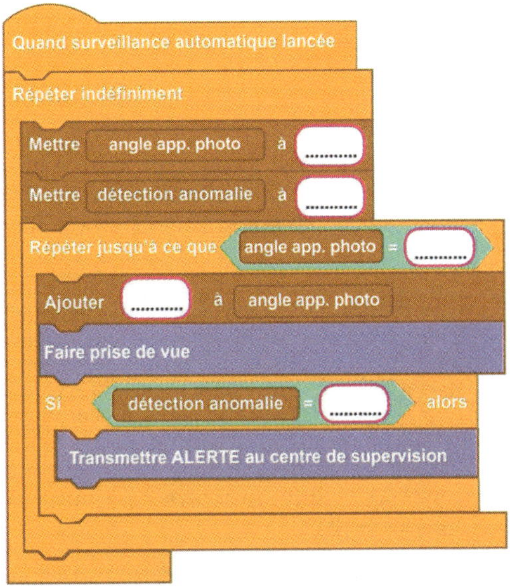

CORRIGÉ SUJET COMPLET 1

Exercice 1

énoncé p. 230

PHYSIQUE-CHIMIE

1 Les deux inconvénients d'une eau de piscine dont le pH est inférieur à 7 sont que **le confort des baigneurs n'est plus assuré** (irritations de la peau et des yeux) et que **la durée de vie des équipements** notamment métalliques **est réduite**.

2 **a.** L'agent de maintenance obtient une couleur rouge au résultat du test au rouge de phénol, ce qui signifie que le pH de l'eau de la piscine est compris entre 8,4 et 14.

L'eau de la piscine a donc un caractère **basique**.

> **À savoir**
> Une solution est acide si son pH est inférieur à 7, neutre si son pH est égal à 7, et basique si son pH est supérieur à 7.

b. La molécule de rouge de phénol a pour formule chimique $C_{19}H_{14}O_5S$. Les atomes qui la constituent, outre le soufre (S), sont donc **le carbone (C), l'hydrogène (H) et l'oxygène (O)**.

3 L'action des ions H^+, responsables de l'acidité, sur les atomes de fer est modélisée par l'équation de réaction chimique suivante :

$Fe + 2\ H^+ \rightarrow Fe^{2+} + H_2$.

Dans cette équation de réaction, $\mathbf{H_2}$ est la formule d'une **molécule**, **Fe** est la formule d'un **atome**, tandis que $\mathbf{H^+}$ et $\mathbf{Fe^{2+}}$ sont des formules d'**ions**.

> **Gagnez du temps !**
> Une seule formule d'ion est demandée.

4 D'après l'équation de réaction chimique précédente, des ions Fe^{2+} et du gaz dihydrogène H_2 sont formés lorsque du fer Fe réagit avec des ions H^+.

Ainsi, d'après la banque de données de tests caractéristiques du *document 3* :

– on observe un précipité vert lorsque l'on ajoute de la soude (**proposition P1 correcte**), caractéristique de la présence d'ions Fe^{2+} ;

– on entend une détonation lorsque l'on approche une flamme (**proposition P3 correcte**), caractéristique de la présence de gaz dihydrogène H_2.

> **Remarque**
> Les propositions P2 et P4 sont incorrectes, car elles correspondent à des tests permettant d'identifier des ions Fe^{3+} et du gaz dioxygène O_2.

5 **a.** Lors d'un plongeon, **entre le début du plongeon et 0,2 s**, l'énergie cinétique du plongeur **diminue** au cours du temps.

Puis, **entre 0,2 s et l'impact avec l'eau**, l'énergie cinétique du plongeur **augmente** au cours du temps.

> **Bien comprendre**
> Lors d'un plongeon, l'énergie cinétique du plongeur de masse m, $E_c = \frac{1}{2}mv^2$, commence par diminuer car la valeur v de la vitesse du plongeur diminue lorsque le plongeur saute vers le haut. Puis elle augmente à partir de l'instant où le plongeur commence à « tomber » vers le bas.

b. Lors d'un plongeon, l'altitude z du plongeur (de masse m) augmente, puis diminue au cours du temps, ce qui implique que son énergie potentielle de pesanteur $E_p = mgz$ augmente, puis diminue elle aussi au cours du temps.

C'est cette **énergie potentielle de pesanteur** qui est convertie en énergie cinétique.

Vocabulaire

Il était possible de donner comme réponse « énergie potentielle » au lieu d'« énergie potentielle de pesanteur ».

c. D'après le graphique, la durée t_i du plongeon est $\mathbf{t_i = 1{,}62}$ **s**.

d. D'après le graphique, la valeur v_i de la vitesse au moment de l'impact est $\mathbf{v_i = 14}$ **m/s** = 14 × 3,6 = **50,4 km/h**, soit environ 50 km/h.

Évolution de la vitesse *v* du plongeur en fonction du temps *t* du plongeon (simulation)

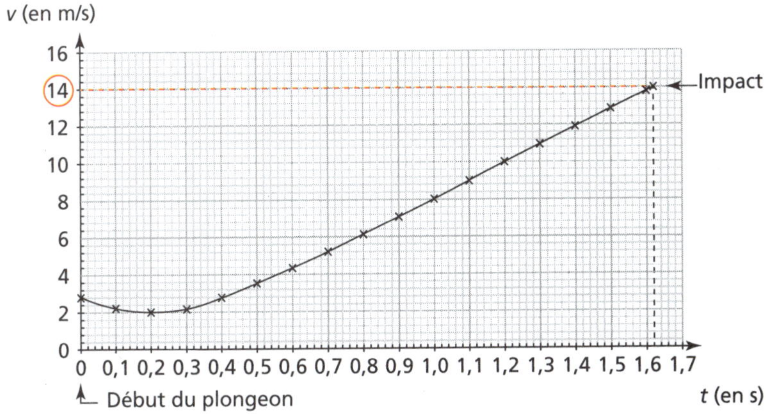

Cette valeur est **inférieure à la norme de sécurité** sur la vitesse atteinte lors du contact avec l'eau, qui est égale à 80 km/h.

La norme de sécurité est donc bien respectée.

Exercice 2

énoncé p. 233

TECHNOLOGIE

1 Le besoin auquel répond la vigie est le suivant : **détecter et localiser des départs de feux sur une distance de plus de 20 km avec une vision à 360°**.

Pour cela, les solutions techniques sont associées aux fonctions techniques de la manière suivante.

Piège à éviter

Ne confondez pas « fonctions techniques » et « solutions techniques ».

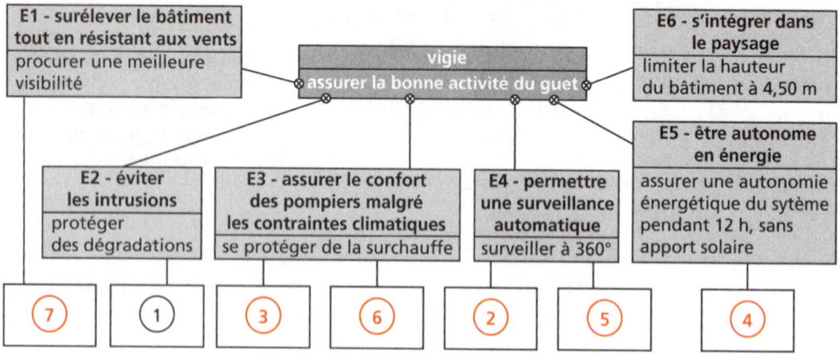

Solutions techniques :

1. Volets pliants
2. Appareil photo 1
3. Isolation laine de bois
4. Panneau photovoltaïque et batterie
5. Appareil photo 2
6. Ventilation
7. Structure métallique acier

2 D'après le *document 2*, l'appareil photo 1 fait un **mouvement de rotation**. De plus, pour la position 6 (60°), le temps écoulé entre deux prises de vue est égal à : 60 – 12 = **48 s**.

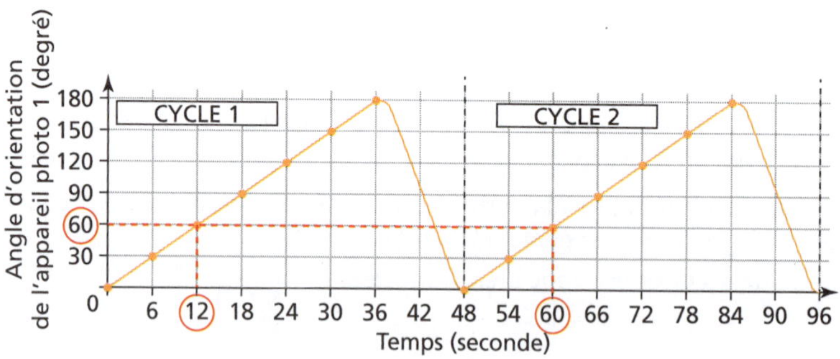

3 D'après le *document 3*, la capacité *Q*, qui détermine l'autonomie de la batterie, est calculée à partir de la formule :

$Q = I \times t$	**Q : capacité de la batterie en A·h (ampère × heure)** **I : intensité moyenne consommée par le système en A (ampère)** **t : durée d'utilisation du système en h (heure)**

Étant donné que le système de surveillance est constitué de deux appareils photo et de deux moteurs, l'intensité moyenne *I* consommée (en ampères) par le système en fonctionnement normal est égale à :

$I = 2 \times 0,7 + 2 \times 0,5 =$ **2,4 A**.

L'astuce du prof

N'oubliez pas qu'il y a deux appareils photo et deux moteurs dans le système de surveillance.

Ainsi, pour respecter l'exigence « assurer une autonomie énergétique du système pendant t **= 12 h**, sans apport solaire », la capacité Q de la batterie qui alimente le système doit être égale à :

$Q = I \times t = 2{,}4 \times 12 =$ **28,8 Ah**.

4 D'après les *documents 4 et 5*, les valeurs en écriture binaire et en écriture décimale du pixel P pour le cycle 2 sont les suivantes.

	Valeur du pixel en écriture binaire								Valeur du pixel en écriture décimale
	b8	b7	b6	b5	b4	b3	b2	b1	
Pixel P cycle 1	1	1	0	0	0	1	1	0	198
Pixel P cycle 2	0	1	1	0	1	1	1	0	110

La **différence**, en valeur décimale, **du pixel P entre le cycle 1 et le cycle 2** est égale à : 198 – 110 = **88**.

Cette valeur décimale est **supérieure à 50**, qui est, d'après le *document 4*, le seuil à partir duquel une anomalie est détectée : une **alerte** est donc **transmise** au centre de supervision.

5 Le programme de transmission automatique de l'alerte doit être complété de la manière suivante.

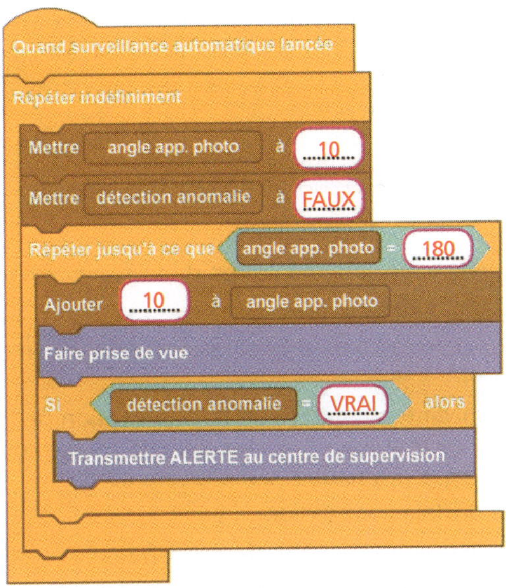

SUJET COMPLET 2 France métropolitaine, juin 2023 — 50 pts — 1h

Exercice 1 — 25 pts — 30 min — Calculatrice autorisée

corrigé p. 249

PHYSIQUE-CHIMIE

L'augmentation du niveau marin

Les démarches engagées et les essais, même non aboutis, seront pris en compte.

DOC. 1 Conséquences de l'augmentation du niveau marin moyen

Globalement, le niveau marin moyen* a augmenté d'environ 15 cm entre 1900 et 2000, puis cette hausse s'est accélérée. La dilatation thermique** de l'eau de mer, conséquence du réchauffement de l'océan, explique environ la moitié de la hausse, l'autre moitié étant due à la fonte des glaciers continentaux.

Sous l'effet de l'augmentation globale du niveau marin, de plus en plus de zones côtières sont exposées aux inondations. En l'absence d'efforts d'adaptation, la fréquence de ces inondations augmentera, ce qui pourrait générer des infiltrations d'eau de mer dans les eaux souterraines, détériorant ainsi la qualité de l'eau et entraînant potentiellement des problèmes de santé et une destruction des récoltes.

D'après Océan et Cryosphère - OCE

* *Niveau marin moyen : hauteur moyenne de la surface de la mer, par rapport à un niveau de référence.*
** *Dilatation thermique : augmentation du volume sous l'effet d'une augmentation de la température.*

1 Citer deux conséquences de l'augmentation du niveau marin moyen.

2 L'eau de mer contient, au moins en petites quantités, de nombreux éléments chimiques. Parmi ceux-ci, le sodium est présent sous forme d'ion dans le chlorure de sodium.

On donne à la page suivante un extrait de la classification périodique des éléments chimiques qui les regroupe par ordre croissant de numéro atomique (nombre de protons dans le noyau de l'élément considéré).

a. Donner le symbole de l'élément sodium.

b. Donner le nombre de protons contenus dans le noyau d'un atome de sodium.

c. Indiquer le nombre de neutrons contenus dans le noyau d'un atome de sodium. Expliquer la démarche.

DOC. 2 Extrait de la classification périodique des éléments

Nombre de nucléons → A ; Numéro atomique → Z ; X ← Symbole de l'élément : $^{A}_{Z}X$

Hydrogène $^{1}_{1}H$							Hélium $^{4}_{2}He$
Lithium $^{7}_{3}Li$	Béryllium $^{9}_{4}Be$	Bore $^{11}_{5}B$	Carbone $^{12}_{6}C$	Azote $^{14}_{7}Li$	Oxygène $^{16}_{8}O$	Fluor $^{19}_{9}F$	Néon $^{20}_{10}Ne$
Sodium $^{23}_{11}Na$	Magnésium $^{24}_{12}Mg$	Aluminium $^{27}_{13}Al$	Silicium $^{28}_{14}Si$	Phosphore $^{31}_{15}P$	Soufre $^{32}_{16}S$	Chlore $^{35}_{17}Cl$	Argon $^{40}_{18}Ar$

DOC. 3 Mise en évidence expérimentale de la dilatation thermique de l'eau

De l'eau, initialement placée dans un réfrigérateur à une température de 5 °C, est mise dans un ballon surmonté d'un bouchon, d'un thermomètre et d'un tube en verre.

Le niveau de l'eau dans le tube est indiqué sur le schéma ci-dessous.

Le dispositif est placé sur une balance pendant plusieurs heures, dans une pièce à la température de 25 °C.

La masse de l'ensemble reste constante.

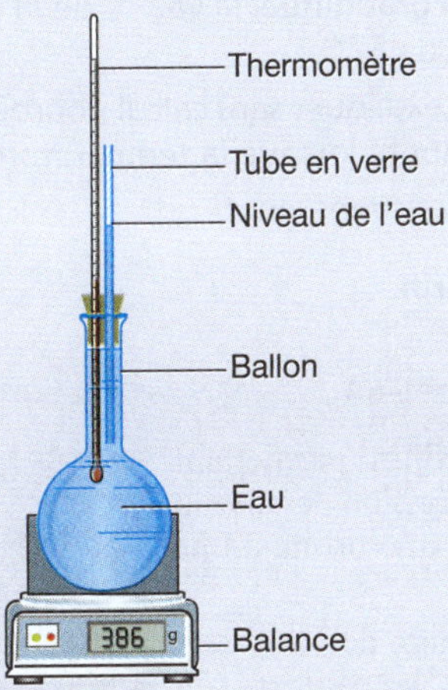

DOC. 4 Graphique de l'évolution de la masse volumique de l'eau en fonction de la température

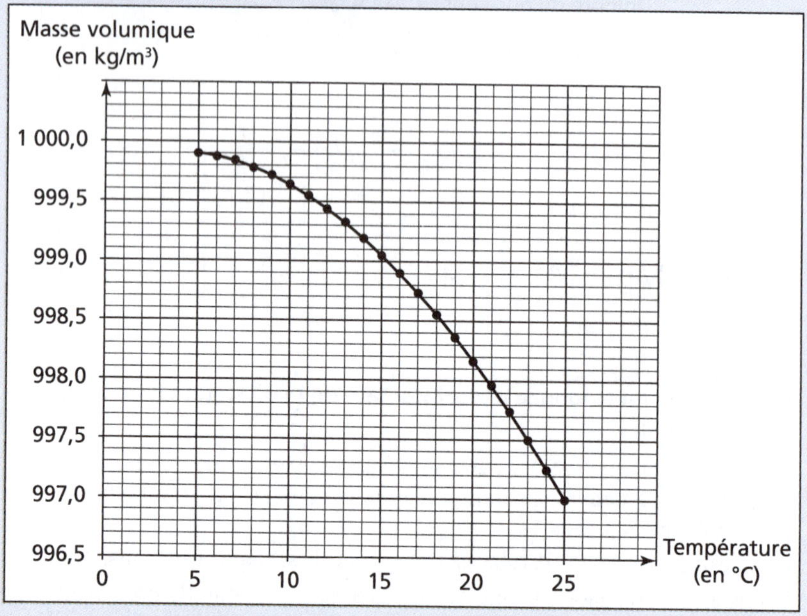

D'après https://webphysique.fr/masse-volumique-eau/

3 **a.** Indiquer, à l'aide du **graphique**, la valeur de la masse volumique de l'eau à la température initiale de 5 °C.

b. À partir du **graphique**, expliquer sans calcul pourquoi le niveau de l'eau dans le tube de l'expérience monte lorsque la température de l'eau augmente. Détailler précisément le raisonnement.

4 Mesure du niveau marin

DOC. 5 Mission Sentinel-6A

Depuis 1992, des satellites permettent de déterminer avec précision le niveau marin ; ils évoluent sur une orbite à une altitude de 1 336 km.

Afin d'assurer la continuité de ces observations, capitales dans le contexte du réchauffement climatique, un nouveau satellite, *Sentinel-6A*, a été lancé fin 2020. Il embarque le radar altimètre *Poseidon-4*.

D'après CNES, Sentinel-6

DOC. 6 Principe de l'altimétrie radar par satellite

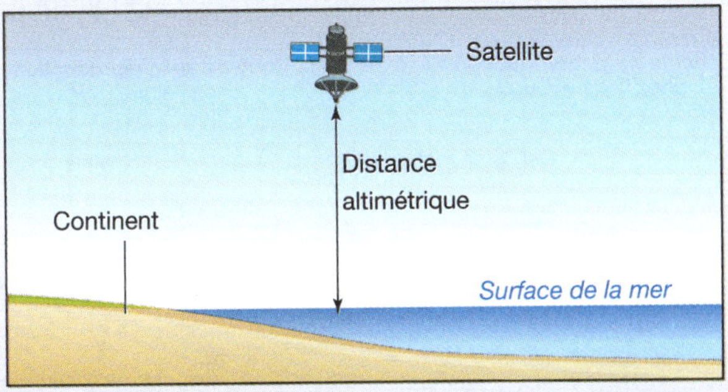

Afin de déterminer le niveau marin, le satellite mesure la distance altimétrique, c'est-à-dire la distance entre le satellite et la surface de la mer. Un radar, embarqué sur le satellite, émet verticalement des ondes radio, sous forme de signaux de très courtes durées. Ces signaux, qui se propagent à la vitesse de 300 000 km/s, se réfléchissent sur la surface de la mer, reviennent jusqu'au satellite et sont détectés par l'antenne du radar. La durée mise par un signal radio pour faire l'aller-retour permet de déterminer la distance altimétrique.

D'après Planète Terre, ENS Lyon

Déterminer la valeur de la distance altimétrique mesurée par le satellite *Sentinel-6A* lorsque le signal met 8,9 ms (soit 0,0089 s) pour effectuer l'aller-retour entre le satellite et la surface de la mer. Expliquer la démarche. Préciser la relation utilisée et commenter le résultat obtenu.

Exercice 2 25 pts 30 min autorisée

corrigé p. 251

SVT

L'idotée, l'abeille des mers

Les essais et les démarches engagés, même non aboutis, seront pris en compte.

Des chercheurs viennent récemment de mettre en évidence le rôle d'un petit crustacé (l'idotée), dans la reproduction d'une algue rouge marine, la gracilaire. On appelle ce crustacé l'« abeille des mers ».

DOC. 1 Reproduction sexuée chez l'algue rouge

L'algue rouge forme de longs rameaux. Il existe des pieds mâles et des pieds femelles. Lors de la reproduction, le pied mâle libère dans l'eau des cellules sexuelles mâles incapables de se déplacer par elles-mêmes. Les ovules sont fixés sur les rameaux du pied femelle. La fécondation correspond à la fusion de deux cellules sexuelles, l'une mâle et l'autre femelle, pour donner une cellule-œuf formant un renflement sur le pied femelle.

1 À partir des informations du *document 1*, indiquer quel schéma (A ou B) correspond à la rencontre des cellules sexuelles chez l'algue rouge.

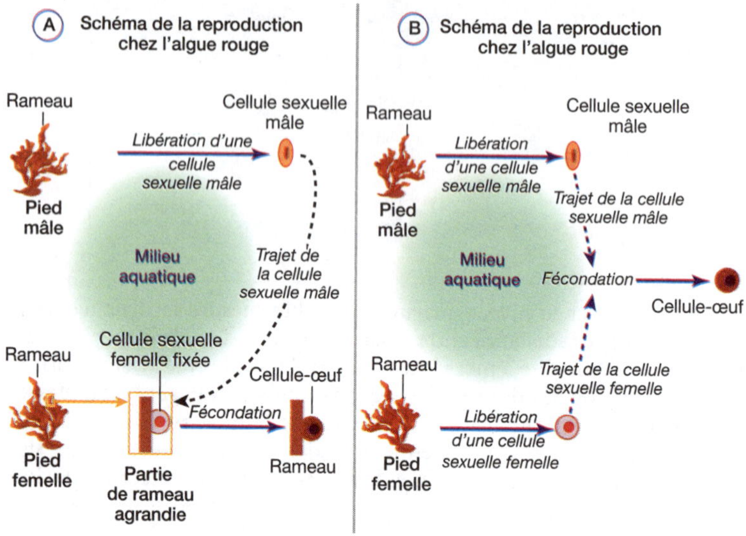

DOC. 2 Rôle de l'idotée dans la reproduction de l'algue rouge

L'idotée se déplace d'une algue rouge à l'autre pour se nourrir. Les chercheurs, ayant observé au microscope l'idotée, ont découvert que de nombreuses cellules sexuelles mâles de l'algue rouge étaient collées sur son corps.

Ils ont voulu comprendre le rôle de ce petit crustacé dans la reproduction de l'algue rouge.

2 Parmi les 3 propositions ci-dessous, recopier l'hypothèse choisie par les chercheurs.

Justifier votre choix en prélevant **deux informations** des *documents 1* et *2*.

L'idotée joue un rôle dans la reproduction de l'algue rouge, en transportant :

1. les cellules sexuelles mâles vers les cellules sexuelles femelles.
2. les cellules sexuelles femelles vers les cellules sexuelles mâles.
3. les cellules sexuelles mâles et femelles les unes vers les autres.

3 En laboratoire, les chercheurs ont mis au point des expériences afin de comprendre quel rôle joue l'idotée dans le succès de la reproduction de l'algue rouge (voir le *document 3*).

DOC. 3 Expérience réalisée par les chercheurs du CNRS-Sorbonne Université de Roscoff

Montage expérimental de l'expérience réalisée par les chercheurs

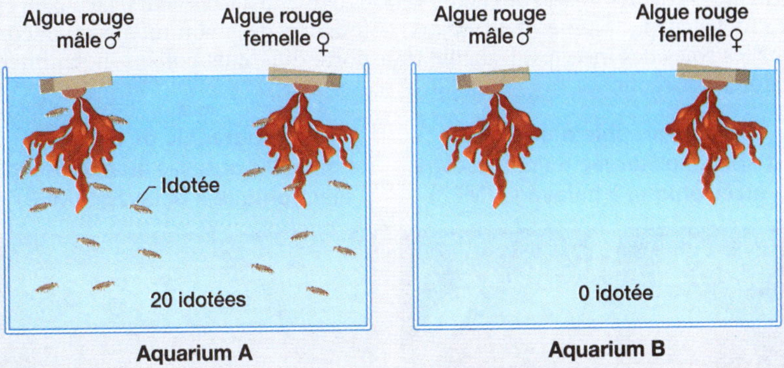

Source : Lavaut *et al.*, *Science*, 2022

Graphique des résultats obtenus

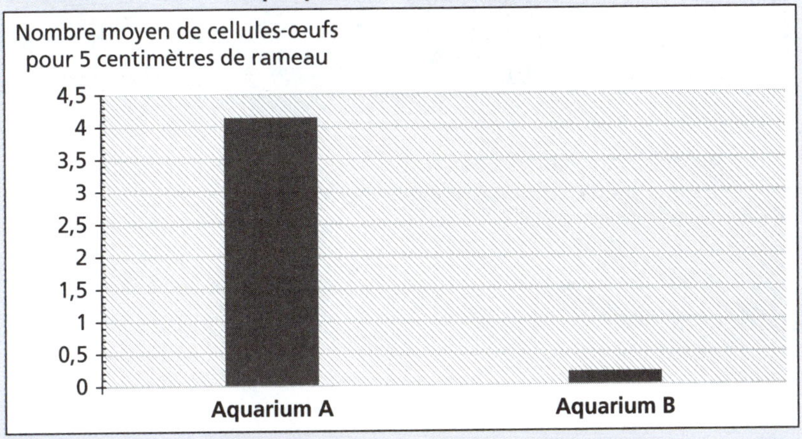

On précise que les rameaux des algues rouges mesurent de 20 à 50 cm de long.

Source : Lavaut *et al.*, *Science*, 2022

Parmi les 3 propositions ci-dessous, choisir la conclusion des chercheurs puis recopier celle-ci. Justifier la réponse, à partir du *document 3*, **en citant des valeurs chiffrées**.

La fécondation de l'algue rouge :

1. ne dépend pas de l'idotée.
2. est favorisée par la présence de l'idotée.
3. ne peut avoir lieu qu'en présence de l'idotée.

DOC. 4 Rôle des insectes pollinisateurs dans la fécondation chez les plantes à fleurs

Les animaux participent activement ou passivement au transport du pollen (cellules sexuelles mâles) des fleurs vers les ovules d'autres fleurs. Le pollen est accroché sur les plumes des oiseaux, la fourrure des mammifères ou encore sur les soies des insectes. L'abeille transporte différents pollens, notamment celui du pissenlit.

Photographie d'une tête d'abeille observée au microscope électronique à balayage (MEB)

Photographie de pollen de pissenlit observé au microscope électronique à balayage (MEB)

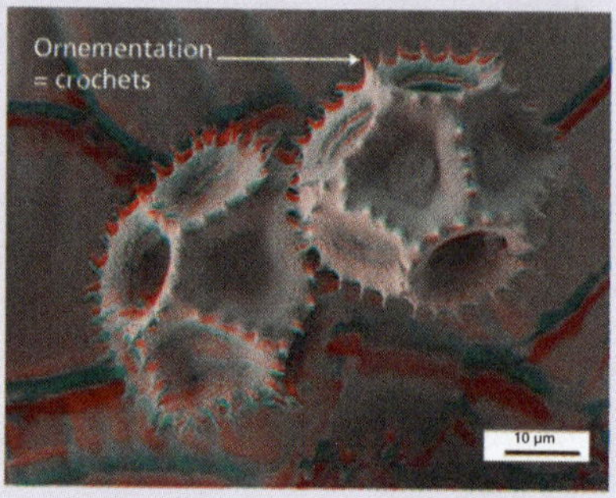

4 En vous appuyant sur l'ensemble des documents, expliquer pourquoi les chercheurs qualifient l'idotée d'« abeille des mers ».

CORRIGÉ SUJET COMPLET 2

Exercice 1

énoncé p. 242

PHYSIQUE-CHIMIE

1 Deux conséquences de l'augmentation du niveau marin moyen sont :

– des **inondations** des zones côtières **de plus en plus fréquentes** ;

– une **détérioration de la qualité de l'eau douce** à cause des infiltrations de l'eau de mer dans les eaux souterraines, ce qui peut entraîner des **problèmes de santé** et une **destruction des récoltes**.

2 a. Le symbole de l'élément sodium est **Na**.

b. Le nombre de protons contenus dans le noyau d'un atome de sodium est égal au numéro atomique de l'élément sodium.

Or, d'après l'extrait de la classification périodique des éléments, le numéro atomique de l'élément sodium est $Z = 11$.

Le noyau d'un atome de sodium contient donc **11 protons**.

> **L'astuce du prof**
> Le symbole de l'élément sodium est indiqué au début de la troisième ligne de l'extrait de la classification périodique des éléments présenté dans l'énoncé.

c. L'extrait de la classification périodique des éléments indique les informations suivantes :

Nombre de nucléons → A ; Numéro atomique → Z ; X ← Symbole de l'élément : $^{A}_{Z}X$

Sodium $^{23}_{11}Na$

Ainsi, le noyau d'un atome de sodium contient $A = 23$ nucléons, c'est-à-dire 23 neutrons et protons, et $Z = 11$ protons.

Cela signifie que le nombre N de neutrons contenus dans le noyau d'un atome de sodium est égal à :

$N = A - Z$

$N = 23 - 11 =$ **12 neutrons**.

> **Bien comprendre**
> Le mot nucléon vient du latin *nucleus*, qui signifie « noyau ».

3 a. D'après le graphique ci-après de l'évolution de la masse volumique de l'eau en fonction de la température, la valeur de la masse volumique de l'eau à la température initiale de 5 °C est égale à **999,9 kg/m³**.

> **Gagnez des points !**
> N'oubliez pas l'unité de la masse volumique : kg/m³ !

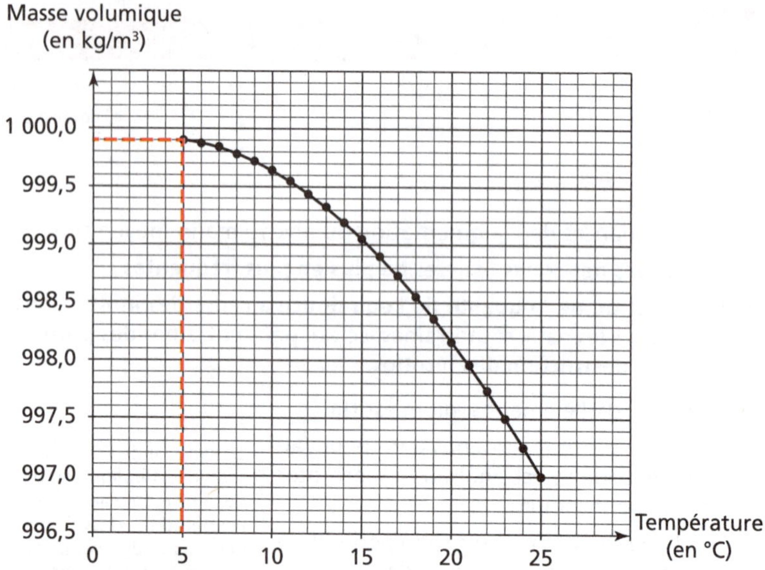

b. D'après le graphique ci-dessus, lorsque la température augmente, la masse volumique ρ de l'eau diminue.

Or, la masse volumique ρ de l'eau est définie par la relation $\rho = \frac{m}{V}$ avec m la masse d'un volume V d'eau, ce qui équivaut, d'après cette relation, à $V = \frac{m}{\rho}$.

Le volume V d'une même masse m d'eau **augmente** donc lorsque sa **masse volumique ρ diminue**, ce qui est le cas **quand la température augmente**.

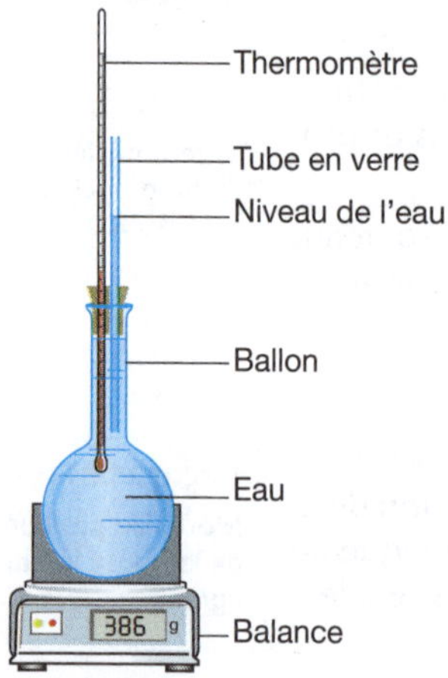

Rappel mathématique

La valeur d'une fraction augmente lorsque son dénominateur diminue.

Ainsi, le volume augmente et le niveau de l'eau dans le tube de l'expérience monte lorsque la température de l'eau augmente.

4 La vitesse de propagation v d'un signal est égale à $v = \frac{d}{t}$, avec d la distance parcourue par le signal pendant une durée t.

Quand le signal met une durée t pour effectuer un aller-retour, la distance d de l'aller-retour est donc égale à : $d = v \times t$.

Or, lors de l'aller-retour, de distance d, entre le satellite et la surface de la mer, le signal parcourt deux fois la distance altimétrique D, c'est-à-dire deux fois la distance entre le satellite et la surface de la mer, d'où $d = 2D$.

Ainsi, $2D = v \times t$ et $D = \frac{v \times t}{2}$, avec $v = 300\,000$ km/s la vitesse de propagation du signal et $t = 8{,}9$ ms $= 0{,}0089$ s la durée de l'aller-retour effectué par le signal.

On a donc : $D = \frac{300\,000 \text{ km/s} \times 0{,}0089 \text{ s}}{2} = 1\,335 \text{ km}$.

La distance altimétrique mesurée par le satellite Sentinel-6A est égale à **1 335 km**. Cela correspond bien, aux incertitudes de mesure près, aux données de l'énoncé, qui indiquent que le satellite Sentinel-6A évolue sur une orbite à une altitude de 1 336 km.

Bien comprendre

Lors d'un aller-retour, le signal parcourt une première fois la distance altimétrique à l'aller, entre le satellite et la surface de la mer, puis une deuxième fois la distance altimétrique au retour, entre la surface de la mer et le satellite.

Gagnez des points !

Pensez à commenter le résultat obtenu car cela est demandé dans l'énoncé.

Exercice 2

énoncé p. 245

SVT

1 Le *document 1* **indique** que le pied mâle **libère** dans l'eau des cellules sexuelles mâles, alors que les ovules **sont fixés** sur les rameaux du pied femelle. Par conséquent, c'est le schéma A qui correspond à la fécondation chez cette algue rouge puisqu'il représente les **cellules sexuelles femelles fixées sur le rameau**, alors que le schéma B les représente libres.

Méthode

Sans recopier totalement le texte du *document 1*, pensez à reprendre des mots et des expressions utilisés dans le texte pour justifier votre réponse.

2 L'idotée joue un rôle dans la reproduction de l'algue rouge, en **transportant les cellules sexuelles mâles vers les cellules sexuelles femelles** (hypothèse 1). En effet, les cellules sexuelles mâles sont libres (*document 1*) et l'observation de l'idotée au microscope révèle que de nombreuses cellules sexuelles mâles de l'algue rouge sont collées sur son corps (*document 2*).

L'astuce du prof

Indiquez clairement l'hypothèse retenue, ainsi que les documents dont vous tirez les justifications.

3 L'hypothèse des chercheurs est **confirmée** : l'idotée joue un rôle dans la reproduction de l'algue. Plus précisément, la fécondation de l'algue rouge est **favorisée** par la présence de l'idotée (proposition 2).

La proposition 1 est rapidement éliminée car **le graphique de résultats** de l'expérience montre qu'il y a bien plus de cellules-œufs formées dans l'aquarium contenant des idotées. Cependant**, sans idotée, le nombre de cellules-œufs n'est pas nul.** Sur le graphique, on constate qu'il y a 0,2 cellule-œuf formée pour 5 cm de rameau. Cela représente plus d'une cellule-œuf par rameau chez l'algue car les rameaux font 20 à 50 cm de long. Il y a donc des fécondations qui ont lieu sans les idotées.

> **Méthode**
> Reliez l'hypothèse des chercheurs et la conclusion des expériences pour montrer que vous avez perçu qu'il s'agissait d'une démarche scientifique.

4 Les chercheurs qualifient l'idotée d'« **abeille des mers** ». En effet, la présence d'idotées **favorise fortement** la rencontre des cellules sexuelles, **comme** c'est le cas de la **pollinisation** grâce à l'abeille (*document 3*). Sans idotée, c'est le hasard des courants marins qui transporte quelques cellules sexuelles mâles au contact des ovules fixés sur les rameaux (*document 1*). Enfin, l'observation des idotées au microscope montre que **leur corps est recouvert de cellules sexuelles mâles** qu'elles ont récupérées au moment où elles sont venues se nourrir (*document 2*). On peut supposer qu'elles possèdent des soies **comme** les abeilles, et que les cellules sexuelles mâles **s'accrochent à ces soies** (*document 4*).

> **Méthode**
> Citez les quatre documents pour montrer que vous tirez une information de chacun d'entre eux.

SUJET COMPLET 3 France métropolitaine, juin 2022 50 pts 1h

Exercice 1 25 pts 30 min autorisée corrigé p. 260

SVT

Le blanchiment des coraux

Les essais et les démarches engagés, même non aboutis, seront pris en compte.

Situés dans la zone intertropicale dans des eaux peu profondes et chaudes, les récifs coralliens couvrent moins de 0,2 % de la surface des océans, mais offrent un potentiel économique et une source de nourriture à plus de 500 millions de personnes, soit 8 % de la population mondiale.

On constate actuellement que l'augmentation de la température des eaux de surface des océans due au réchauffement climatique provoque le blanchissement des coraux.

DOC. 1 Le corail, une association symbiotique entre des animaux et des algues

Les récifs coralliens sont construits par des animaux qui fabriquent un squelette calcaire. Ces animaux marins, appelés polypes, hébergent à l'intérieur de leurs cellules des algues microscopiques : les zooxanthelles, responsables en partie de leur couleur.

Grâce à la photosynthèse, les zooxanthelles apportent des molécules riches en carbone et du dioxygène aux polypes.

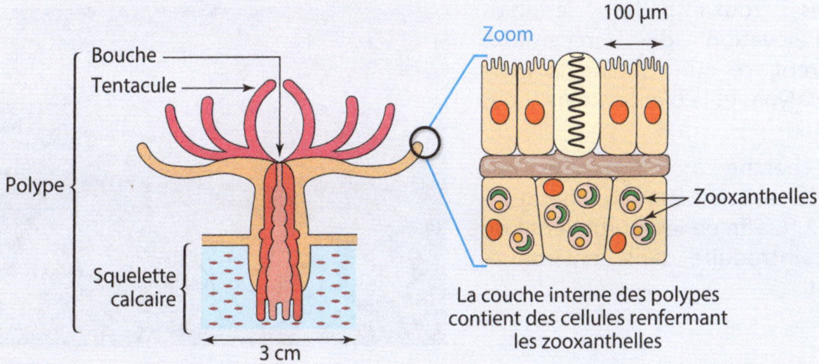

Schéma d'une coupe longitudinale d'un polype

D'après NOAA, s.d

Les zooxanthelles bénéficient d'un environnement protégé du broutage par les prédateurs et de conditions stables pour leur multiplication. Elles utilisent les déchets azotés et phosphatés du polype comme source d'éléments minéraux.

1 Sachant qu'une symbiose est une association à bénéfices réciproques, justifier que le corail est une association symbiotique.

2 La température est un paramètre environnemental primordial car elle agit sur la photosynthèse, la respiration et la croissance des coraux.

DOC. 2 Nombre de zooxanthelles dans les polypes en fonction de la température de l'eau

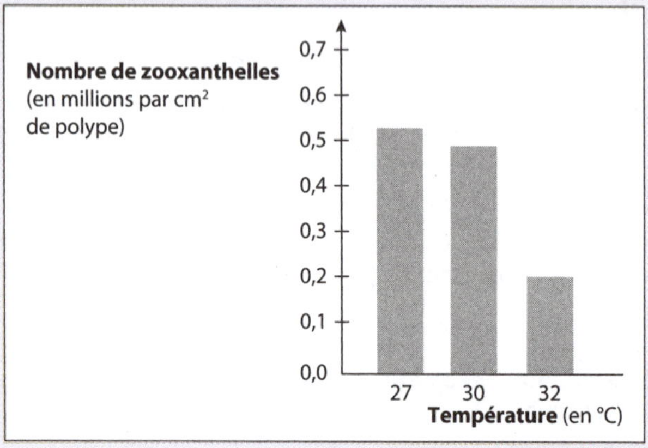

Hoegh-Guldberg & Smith, 1989

En s'aidant du graphique du *document 2*, établir le lien entre la quantité de zooxanthelles et la température de l'eau de mer. La réponse sera justifiée par des valeurs.

3 Les zooxanthelles sensibles à l'élévation de température meurent, ce qui entraîne la mort des polypes et le blanchissement des coraux.

On cherche à sélectionner des coraux résistant à une température de 32 °C afin de les multiplier et de les réintroduire dans l'environnement.

Coraux commençant à blanchir

En s'aidant du *document 3*, proposer un protocole expérimental pour sélectionner des coraux résistant à une température des eaux de surface de 32 °C. Votre réponse sera présentée sous forme d'un texte ou /et d'un schéma légendé.

DOC. 3 Matériel disponible pour réaliser les expériences

- Coraux hébergeant des zooxanthelles d'espèce A
- Coraux hébergeant des zooxanthelles d'espèce B
- Coraux hébergeant des zooxanthelles d'espèce C
- Aquariums
- Eau de mer
- Bains thermostatés (conservant une température constante)
- Thermomètres

Durée des expériences

Les résultats des expériences ne seront visibles qu'au bout de quelques semaines car le blanchissement des coraux n'est pas immédiat.

4 On s'intéresse aux services rendus par les récifs coralliens pour les 8 millions d'humains vivant à leur proximité.

DOC. 4 Les récifs coralliens de l'île de la Réunion, des écosystèmes marins d'une grande valeur

Aspects socio-économiques	Aspects environnementaux
• Les ressources marines sont limitées, les récifs constituent des zones de pêche privilégiées. • La pêche est la ressource principale des familles les plus démunies. • Environ un demi-million de touristes visitent l'île chaque année en moyenne. • Plus de 80 % des touristes passent au moins une journée ou plus à la plage pendant leur séjour. • L'ensemble des touristes dépense en moyenne 350 millions d'euros chaque année sur l'île. • Les activités récréatives de sports côtiers (voile, plongée, surf, kayak) représentent plus de 80 000 pratiquants par an. • Des dizaines de clubs de plongée vivent directement des activités en lien avec les récifs. • L'utilisation pharmacologique potentielle des différentes espèces marines constitue un réservoir naturel susceptible de constituer les médicaments de demain.	• Les récifs coralliens protègent les côtes de la houle et évitent la dégradation des habitats du littoral. • L'érosion des plages est ralentie par la barrière de corail qui diminue l'énergie de la houle. • 1/3 des espèces marines connues vivent dans les récifs : les récifs sont un réservoir de biodiversité. • Les récifs constituent une zone de frayère et de nurserie pour de très nombreuses espèces de poissons, notamment des poissons pêchés. • Des espèces rares et menacées vivent de manière protégée dans les récifs. • Le carbone est séquestré dans le squelette calcaire des coraux.

À partir de l'ensemble des documents, montrer comment un changement à l'échelle de la planète peut influencer la biodiversité locale et les activités humaines sur l'île de la Réunion.

On attend au moins deux exemples qui associent obligatoirement ces trois éléments : activités humaines, biodiversité et climat.

Exercice 2 25 pts 30 min calculatrice autorisée corrigé p. 262

TECHNOLOGIE

Robot collecteur de déchets flottants

Les essais et les démarches engagés, même non aboutis, seront pris en compte.

De plus en plus de déchets flottent en mer, polluent les eaux et intoxiquent les animaux.

La collecte de ces déchets, triés puis recyclés, permet d'économiser les ressources naturelles non renouvelables (pétrole, aluminium...), de limiter les émissions de gaz à effet de serre, de préserver la faune et la flore subaquatiques.

L'étude porte sur un robot collecteur de déchets se déplaçant de façon autonome sur l'eau.

1 Donner la fonction d'usage de ce robot. Citer trois éléments permettant d'expliquer l'importance de recycler les déchets collectés par ce robot.

DOC. 1 Principe de fonctionnement

Le déplacement du robot sur l'eau est assuré par deux hélices couplées chacune à un moteur électrique.

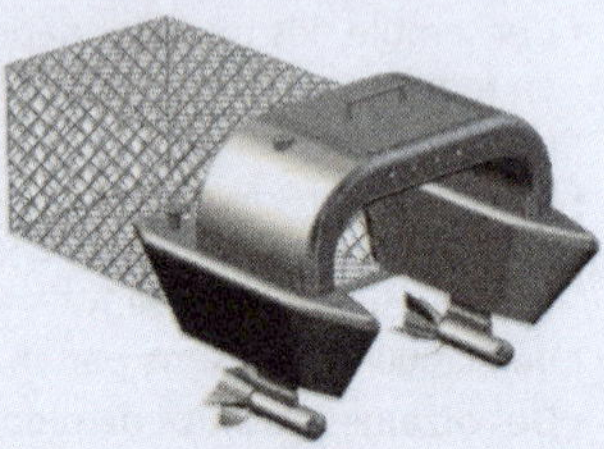

La consommation électrique des moteurs est proportionnelle à la quantité de déchets collectée. Le niveau de déchets collecté est estimé à l'aide d'un capteur qui effectue une mesure du courant consommé par les moteurs électriques. L'énergie électrique, nécessaire au fonctionnement du robot, est stockée au sein d'une batterie.

Un module de puissance distribue, sur ordre d'une interface programmable, l'énergie aux moteurs électriques.

Les flux d'information et de puissance sont gérés par l'interface programmable.

Un retour à la base est programmé dès lors que l'intensité lumineuse, détectée par le capteur de luminosité, est faible ou que le réservoir de déchets est plein.

2 À l'aide du *document 1* de la page précédente, compléter le diagramme ci-dessous des blocs internes en utilisant les termes suivants :

- *interface programmable* ;
- *capteur de mesure de courant* ;
- *capteur de luminosité* ;
- *batterie* ;
- *moteurs électriques* ;
- *hélices.*

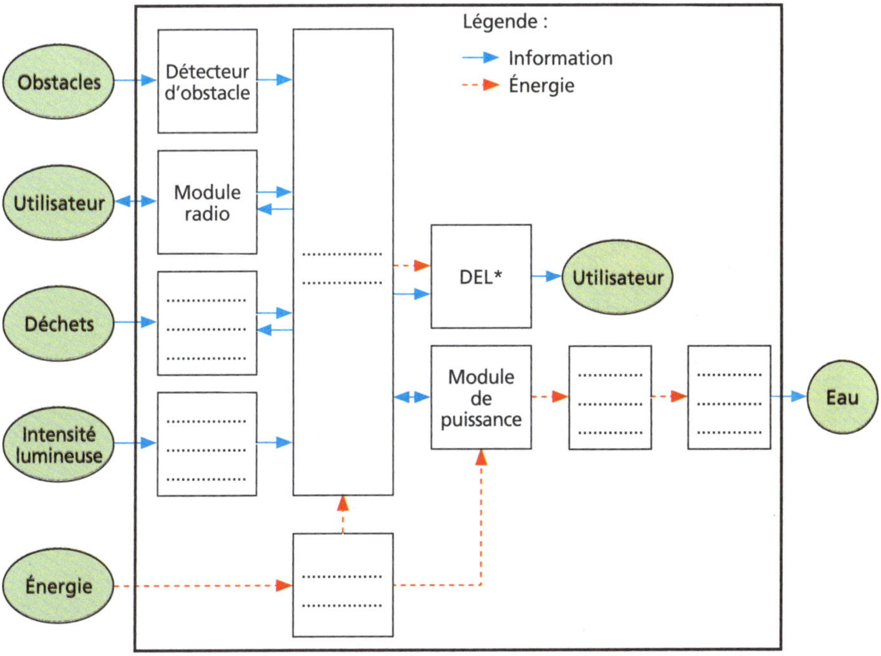

DOC. 2 Algorithme du programme de gestion du retour à la base

Si la valeur mesurée par le capteur de courant est supérieure à 80 A
    Alors les DEL* d'information à destination de l'utilisateur sont allumées,
        la commande « retour base » est activée,
        le message « vider les déchets » est envoyé à tous
Sinon
    Si l'intensité lumineuse reçue par le capteur est inférieure à 50 lux
        Alors les DEL d'information à destination de l'utilisateur sont allumées,
            la commande « retour base » est activée,
            le message « intensité lumineuse insuffisante » est envoyé à tous
    Sinon le robot effectue son cycle de « déplacement ».

*DEL : diode électroluminescente

3 À l'aide du *document 2*, compléter le programme de gestion « retour à la base » ci-dessous.

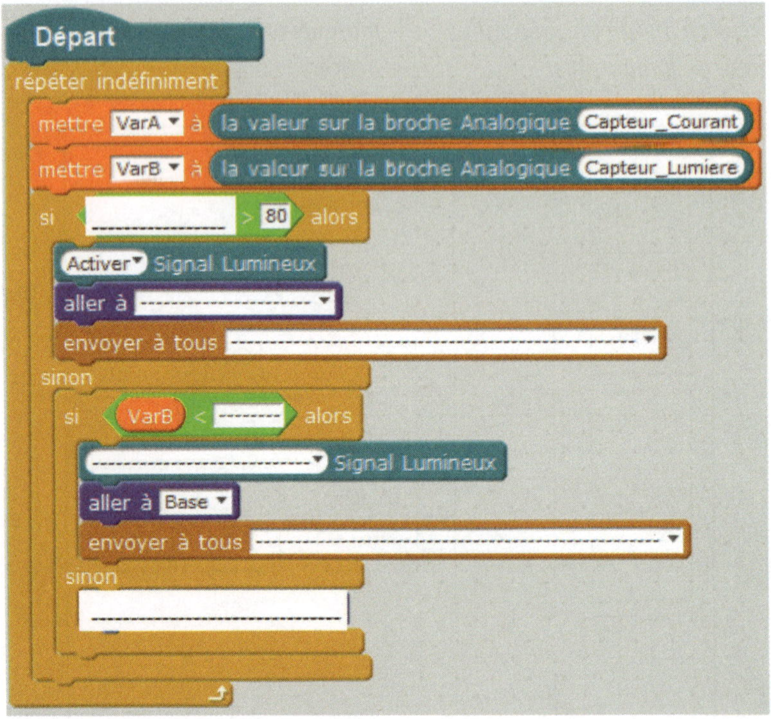

DOC. 3 Caractéristiques des batteries

Matériau	Aluminium recyclé	Composite (fibre de carbone)
Volume de la pièce	2 500 cm^3	1 800 cm^3
Masse volumique du matériau	2,7 $g{\cdot}cm^{-3}$	1,7 $g{\cdot}cm^{-3}$
Émission de gaz à effet de serre pour 1 kg de matière utilisée	560 g	2 600 g

Remarque : le volume de la pièce varie en fonction du matériau utilisé car l'épaisseur de la coque est différente pour obtenir un même niveau de résistance.

4 Pour limiter l'impact environnemental, la coque du robot est réalisée avec le matériau qui a la plus faible émission de gaz à effet de serre.

Dans le tableau ci-dessous, à l'aide du *document 3* de la page précédente, calculer la masse de chaque matériau, puis la quantité d'émission de gaz à effet de serre.

Déterminer alors le matériau à utiliser pour réaliser la coque du robot.

Argumenter.

Matériau		Aluminium recyclé	Composite : fibre de carbone
Masse du matériau	**Détail du calcul**		
	Résultat en kg		
Émission de gaz à effet de serre lors du cycle de vie de la coque	**Détail du calcul**		
	Résultat en g		

CORRIGÉ SUJET COMPLET 3

Exercice 1

énoncé p. 253

SVT

1 Le corail est une association symbiotique.

En effet, **les polypes (animaux)** bénéficient des molécules riches en carbone fabriquées grâce à la photosynthèse des zooxanthelles, ainsi que du dioxygène rejeté par ces dernières.

De plus, les **zooxanthelles (végétaux)** profitent d'une protection du squelette calcaire fabriqué par le polype et bénéficient aussi de conditions stables pour se développer. Enfin, elles utilisent les déchets du polype riches en minéraux.

Méthode

Sans recopier totalement le texte du *document 1*, pensez à reprendre des mots et des expressions utilisés dans le texte et dans le schéma.

2 On constate que **plus la température de l'eau augmente, plus le nombre de zooxanthelles diminue**.

À 27 °C, on observe environ 0,5 million de zooxanthelles par cm^2 de polype, alors qu'à 32 °C, on n'en observe plus que 0,2 million par cm^2.

L'astuce du prof

Utilisez des valeurs extrêmes pour justifier la relation entre la température et le nombre de zooxanthelles.

3 **Réponse sous forme de texte**

On **cherche à sélectionner** les coraux qui résistent à une température de l'eau de 32 °C.

On utilise donc deux aquariums remplis d'eau de mer et thermostatés à 27 °C et à 32 °C, qui sont les températures données dans le *document 2*.

On place les trois sortes de coraux dans chacun de ces aquariums en les repérant avec des étiquettes résistantes à l'eau.

Remarque

Il s'agit de montrer qu'on utilise le matériel proposé de manière pertinente en s'assurant que la température est contrôlée et en réalisant une expérience témoin.

On **vérifie** régulièrement, avec les thermomètres, que les températures sont bien celles que l'on souhaite et on attend quelques semaines.

On **observe** alors le degré de blanchiment des coraux, car on sait que ce blanchiment est dû à la mort des zooxanthelles, puis des polypes. On se sert de l'aquarium à 27 °C comme **témoin** pour la couleur des coraux lorsqu'ils sont vivants.

On s'attend à ce qu'une des variétés de coraux (avec l'espèce A, B ou C de zooxanthelles) **ne blanchisse pas et soit donc résistante** à une température de l'eau de surface de 32 °C.

Réponse sous forme de schéma

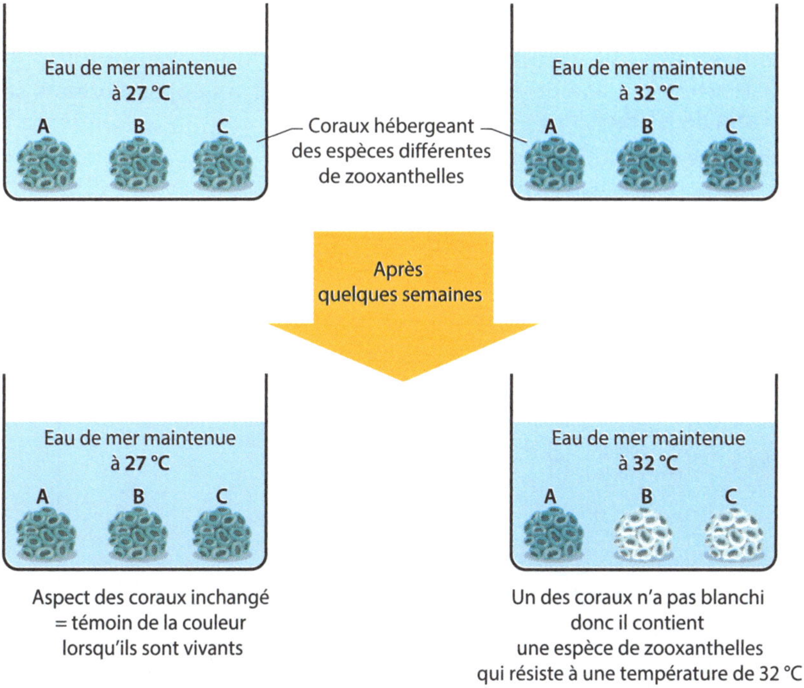

4 Un changement à l'échelle de la planète peut influencer la biodiversité locale et les activités humaines sur l'île de la Réunion.

Par exemple, le **réchauffement climatique** qui affecte toute la planète provoque une augmentation de la température des eaux de surface de la zone intertropicale (climat). Cette augmentation de la température de l'eau provoque la **mort de certaines espèces de zooxanthelles** et donc la mort des coraux et leur blanchiment.

Or, les récifs coralliens sont une zone de reproduction pour de nombreuses espèces de poissons qui sont pêchés (baisse de la biodiversité), et la **pêche** est la principale ressource pour les familles les plus pauvres (activités humaines).

De plus, l'augmentation de la température de l'eau, en provoquant le blanchiment des coraux, entraîne la disparition de ce **réservoir de biodiversité** pour un tiers des espèces marines.

Or, des dizaines de **clubs de plongée** vivent directement de l'existence de ces récifs grouillant de vie.

Gagner des points !
Mettez en valeur les trois éléments demandés : activités humaines, biodiversité et climat.

Exercice 2

énoncé p. 256

Technologie

1 La fonction d'usage de ce robot est de **collecter les objets flottants sur l'eau afin de les recycler**.

Le recyclage des déchets flottants permet :

- **d'économiser les ressources naturelles non renouvelables** ;
- **de limiter les gaz à effets de serre** ;
- **de préserver la faune et la flore subaquatique**.

> **Méthode**
> Pour trouver la fonction d'usage d'un objet, il faut terminer la phrase : « Cet objet sert à... ».

2 Voici le diagramme complété :

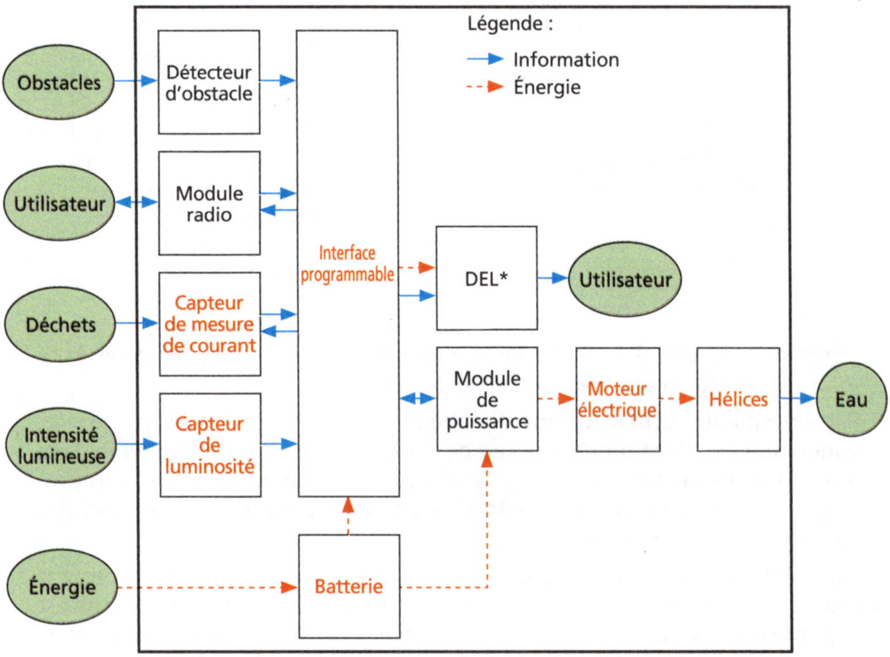

> **L'astuce du prof**
> Les types de flèches (information, énergie) vous aident à compléter le diagramme de blocs internes.

3 Voici le programme de gestion complété :

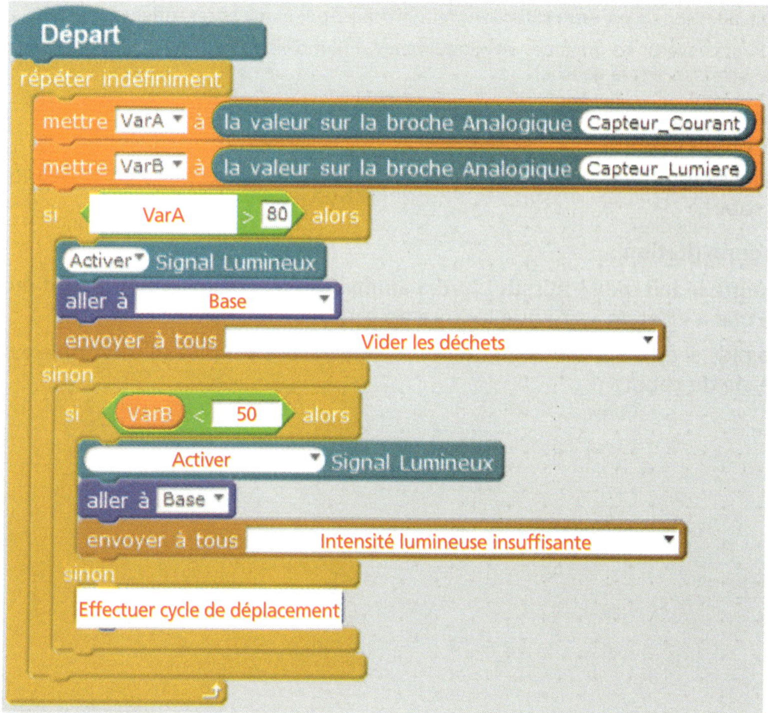

Gagnez des points !
Il faut bien utiliser les variables VarA et VarB qui servent à stocker les informations en provenance des capteurs.

4 Voici le tableau complété :

Matériau		Aluminium recyclé	Composite : fibre de carbone
Masse du matériau	**Détail du calcul**	2 500 cm^3 × 2,7 g·cm^{-3} = 6 750 g	1 800 cm^3 × 1,7 g·cm^{-3} = 3 060 g
	Résultat en kg	6,75 kg	3,06 kg
Émission de gaz à effet de serre lors du cycle de vie de la coque	**Détail du calcul**	6,75 kg × 560 g par kg de matière utilisée	3,06 kg × 2 600 g par kg de matière utilisée
	Résultat en g	3 780 g	7 956 g

Remarques

- La question 4 est assez difficile, il faut procéder par étape et revérifier ses calculs.
- Pour convertir les grammes en kilogrammes, il faut diviser par 1 000 (décaler la virgule de 3 chiffres vers la gauche).

Matériau choisi :

L'aluminium recyclé convient mieux que la fibre de carbone pour fabriquer le robot.

Argumentation :

Malgré le fait qu'il soit plus lourd, l'aluminium recyclé émet nettement moins de gaz à effet de serre que la fibre de carbone.

De plus, il est déjà issu de matière recyclée et sera à nouveau recyclable en fin de vie du robot.

SUJET COMPLET 4 France métropolitaine, juin 2021 50 pts 1 h

Exercice 1 25 pts 30 min autorisée

corrigé p. 271

PHYSIQUE-CHIMIE

Les causes de la fonte des glaciers

Le réchauffement climatique est la principale cause de la fonte et de la régression des glaciers de montagne dans le monde.

D'après *Futura sciences*

1 Les causes de la fonte des glaciers

L'augmentation de la température de l'air est responsable d'une fonte plus importante des glaciers de montagne. Cette augmentation de la température est liée à l'excédent de gaz à effet de serre (vapeur d'eau H_2O, dioxyde de carbone CO_2, méthane CH_4, etc.) libérés dans l'atmosphère par les activités humaines. Les chercheurs estiment que le manteau neigeux naturel des Alpes pourrait diminuer de 70 % d'ici la fin du siècle si les émissions de gaz à effet de serre se poursuivent à l'identique. Un deuxième phénomène responsable de la fonte des glaciers de montagne est la diminution des précipitations. En effet, les apports en neige de l'hiver ne compensent plus la fonte naturelle des glaciers l'été.

a. En s'appuyant sur l'introduction, citer deux causes essentielles responsables de la fonte des glaciers de montagne.

b. Donner le nom et le nombre des atomes présents dans la molécule de méthane.

c. Le méthane, constituant principal du gaz naturel et du biogaz, intervient aussi en tant que réactif dans des combustions servant aux activités humaines. On obtient du dioxyde de carbone et de l'eau à l'issue d'une combustion complète. Choisir parmi les équations chimiques suivantes celle qui modélise la combustion complète du méthane. Justifier ce choix.

$$CH_4 + 2\ O_2 \rightarrow CO_2 + 2\ H_2$$
$$CH_4 + 2\ O_2 \rightarrow 2\ CO_2 + H_2O$$
$$CH_4 + 2\ O_2 \rightarrow CO_2 + 2\ H_2O$$

2 Fonte des glaciers de montagne et hydroélectricité

Les eaux de fonte des glaciers contribuent à alimenter des lacs de retenue et participent au fonctionnement de centrales hydroélectriques dont le schéma de principe est donné sur le *document 1* page suivante.

DOC. 1 Schéma de principe d'une centrale électrique

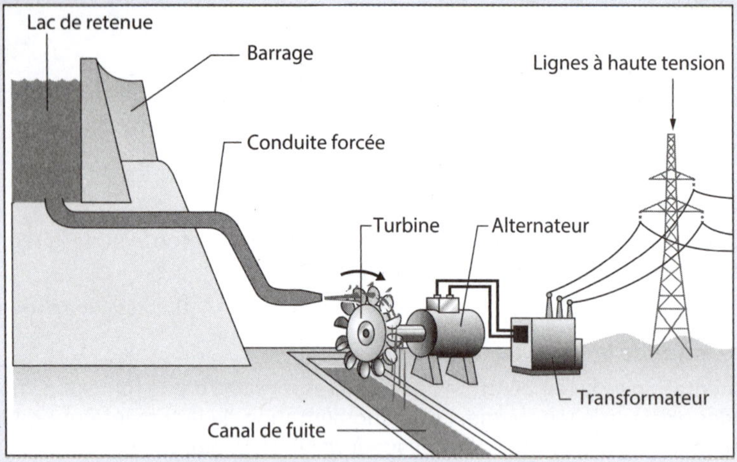

a. Citer la forme d'énergie emmagasinée au niveau du lac de retenue parmi les suivantes : énergie nucléaire, énergie cinétique, énergie potentielle, énergie chimique, énergie thermique.

b. On considère l'alternateur de la centrale hydroélectrique. Sans recopier le diagramme de conversion d'énergie ci-dessous, affecter à chaque numéro une forme d'énergie en choisissant parmi les groupes de mots suivants :
énergie électrique, énergie chimique, énergie cinétique, énergie lumineuse, énergie thermique.

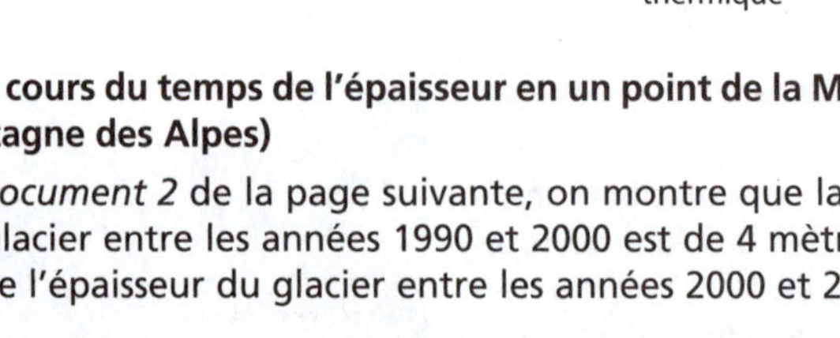

3 Évolution au cours du temps de l'épaisseur en un point de la Mer de Glace (un glacier de montagne des Alpes)

a. À l'aide du *document 2* de la page suivante, on montre que la diminution de l'épaisseur du glacier entre les années 1990 et 2000 est de 4 mètres. Déterminer la diminution de l'épaisseur du glacier entre les années 2000 et 2010. Justifier la réponse.

b. Comparer les deux diminutions obtenues pour une durée de dix ans puis commenter. Quelle hypothèse peut-on formuler à propos du réchauffement climatique ?

DOC. 2 Évolution de l'épaisseur du glacier au fil du temps

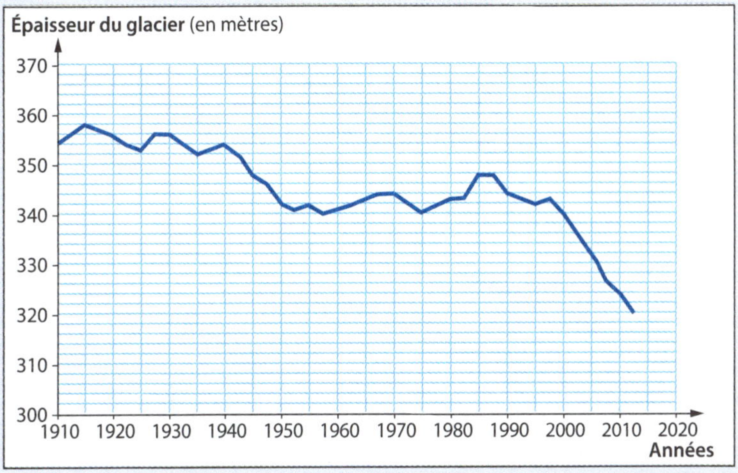

4 Vitesse d'écoulement de la glace de la Mer de Glace dans les Alpes

Un glacier de montagne n'est pas immobile. Une fois la glace formée, elle s'écoule lentement vers l'avant de la pente, comme un fleuve. Une première estimation de la vitesse d'écoulement de la Mer de Glace a été établie il y a déjà presque deux siècles : une échelle abandonnée par le physicien alpiniste Horace Benedict de Saussure en 1788 a été retrouvée 4 370 mètres en aval en 1832.

Établir le raisonnement permettant de calculer la vitesse d'écoulement de la glace de la Mer de Glace. Effectuer le calcul et exprimer le résultat en mètres par an.

Exercice 2 — 25 pts — 30 min — Calculatrice autorisée

corrigé p. 272

SVT

Les couleurs des feuilles

Dans la nature, au printemps, on peut observer des plantes à feuilles vertes, des plantes à feuilles rouges, des plantes à feuilles panachées, c'est-à-dire vertes et blanches, rouges et blanches…

Pour réaliser la photosynthèse, les plantes à feuilles vertes captent l'énergie lumineuse grâce à des pigments, notamment les chlorophylles, présents dans les cellules de leurs feuilles. Ces chlorophylles sont responsables de la couleur verte de ces plantes.

On recherche les pigments que possèdent les plantes à feuilles rouges.

DOC. 1 Chromatographie et chromatogrammes

La chromatographie est une technique qui permet, notamment, de séparer les pigments contenus dans une feuille. Pour cela, un morceau de feuille est écrasé sur une bande de papier (**étape 1**). La bande de papier est placée dans un solvant (**étape 2**) qui va entraîner les pigments vers le haut et les séparer.

On réalise deux chromatographies : une pour une feuille verte et l'autre pour une feuille rouge.

Dispositif expérimental

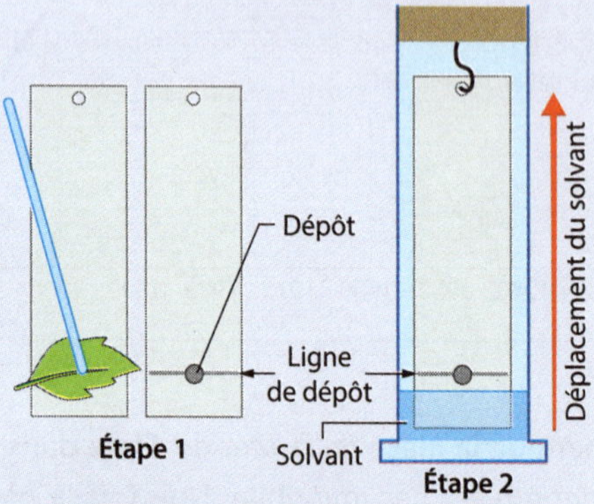

Résultats des deux chromatographies au bout d'une heure

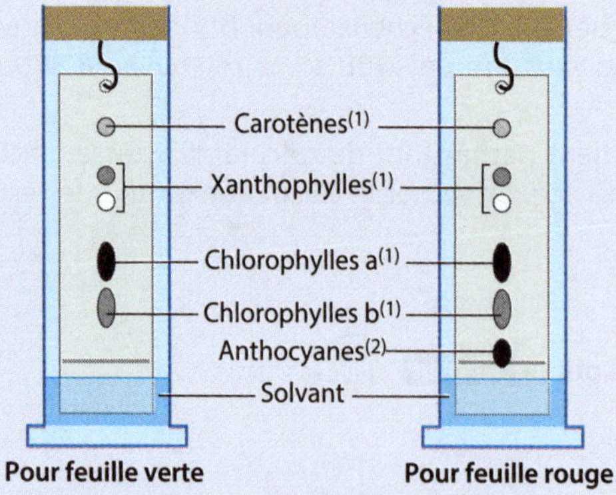

(1) Pigments impliqués dans la photosynthèse
(2) Pigments non impliqués dans la photosynthèse

1 En s'appuyant sur les chromatogrammes du *document 1* :

– montrer que les feuilles rouges disposent de pigments permettant la photosynthèse ;

– citer les pigments qui pourraient être responsables de la couleur rouge des feuilles des plantes à feuilles rouges.

2 L'amidon est une molécule qui constitue une forme de stockage de la matière organique. Pour le produire, les plantes à feuilles vertes réalisent la photosynthèse. Les pigments chlorophylliens des plantes à feuilles rouges sont fonctionnels (ils permettent de réaliser la photosynthèse).

On se demande si les plantes à feuilles rouges produisent de l'amidon grâce à la photosynthèse en présence de lumière.

DOC. 2 Production et stockage d'amidon dans les différentes parties d'une plante à feuilles rouges

Avant de débuter l'expérience, il est nécessaire de s'assurer de l'absence d'amidon dans les feuilles des plantes. Pour cela, on laisse les plantes au moins deux jours à l'obscurité. Dans ces conditions, la photosynthèse s'arrête, les produits de la transformation de l'amidon sont distribués dans les autres parties de la plante.

DOC. 3 Dispositifs expérimentaux

		Expérience 1	Expérience 2	Expérience 3
Matériel de départ Les plantes sont cultivées en présence d'eau et de sels minéraux.		 1 plante à feuilles vertes / 1 plante à feuilles rouges	 2 plantes à feuilles rouges	 1 plante à feuilles rouges
Protocole expérimental	**Étape 1**	Culture des deux plantes pendant 3 jours à l'obscurité	Culture des deux plantes pendant 3 jours à l'obscurité	Culture de la plante pendant 3 jours à l'obscurité
	Étape 2	Culture pendant 6 h : – à la lumière pour la plante rouge ; – à l'obscurité pour la plante verte.	Culture pendant 6 h : – à la lumière pour une plante ; – à l'obscurité pour l'autre plante.	Culture pendant 6 h à la lumière
	Étape 3	– Prélèvement d'une feuille de chacune des plantes – Décoloration en laboratoire – Test à l'eau iodée	– Prélèvement d'une feuille de chacune des plantes – Décoloration en laboratoire – Test à l'eau iodée	– Prélèvement d'une feuille de la plante – Décoloration en laboratoire – Test à l'eau iodée

Principe du test à l'eau iodée : l'eau iodée est un réactif jaune qui permet de mettre en évidence la présence d'amidon en se colorant en violet/noir en sa présence.

À l'aide des *documents 2* et *3*, indiquer l'expérience parmi les trois proposées, qui permet de tester l'hypothèse :

« La lumière est nécessaire pour que les plantes à feuilles rouges produisent de l'amidon grâce à la photosynthèse. »

Justifier ce choix.

3 On s'intéresse aux plantes à feuilles panachées : de couleurs verte et blanche ou de couleurs rouge et blanche.

DOC. 4 Tests à l'eau iodée sur différentes feuilles

Toutes les feuilles utilisées ci-dessous sont issues de plantes placées dans des conditions favorables à la photosynthèse : en présence de lumière, d'eau et de sels minéraux.

Les parties blanches des feuilles ne contiennent pas de pigments.

	Expérience 1 Feuilles vertes	**Expérience 2** Feuilles rouges	**Expérience 3** Feuilles panachées vertes et blanches	**Expérience 4** Feuilles panachées rouges et blanches
Couleurs des feuilles avant le test à l'eau iodée Verte Rouge Blanche	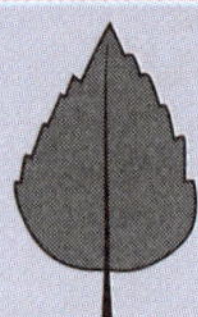			

En s'aidant de tous les documents du sujet :

a. donner les résultats attendus des tests à l'eau iodée pour les feuilles des quatre expériences du *document 4* (sous forme de schémas légendés et/ou d'un texte) ;

b. expliquer la production d'amidon ou son absence dans les différentes parties des feuilles.

CORRIGÉ SUJET COMPLET 4

Exercice 1

énoncé p. 265

PHYSIQUE-CHIMIE

1 **a.** L'introduction mentionne :

– l'**augmentation de la température de l'air ;**

– la **diminution des précipitations.**

Ces deux phénomènes constituent deux causes essentielles responsables de la fonte des glaciers de montagne.

b. D'après l'introduction du sujet, la formule du méthane est CH_4. Le méthane contient ainsi un atome de carbone (C) et quatre atomes d'hydrogène (H).

Piège à éviter
Dans la formule d'une molécule, le nombre d'atomes est en indice à droite du symbole de l'atome.

c. Le texte de la question précise que la combustion complète du méthane forme du dioxyde de carbone, CO_2, et de l'eau, H_2O.

La première équation de réaction proposée ne conduit pas à la formation d'eau, mais de dihydrogène H_2, elle est à exclure.

Les deux équations de réaction suivantes respectent la nature des réactifs et celle des produits, mais seule la dernière équation respecte la conservation de la matière :

Remarque
Lors d'une transformation chimique, il y a conservation des éléments chimiques.

$$CH_4 + 2\ O_2 \rightarrow CO_2 + 2\ H_2O$$

	Atomes de carbone (C)	Atomes d'hydrogène (H)	Atomes d'oxygène (O)
Réactifs	1	4	$2 \times 2 = 4$
Produits	1	$2 \times 2 = 4$	$2 + 2 \times 1 = 4$

La dernière équation de réaction proposée modélise donc la combustion du méthane.

2 **a.** L'énergie emmagasinée au niveau du lac de retenue est de l'**énergie potentielle.**

b. D'après le document schématisant le principe d'une centrale hydroélectrique, il est possible d'identifier :

1 : énergie cinétique

2 : énergie électrique

Piège à éviter
Durant l'écoulement de l'eau dans la conduite forcée, l'énergie potentielle est convertie en énergie cinétique.

3 **a.** Par lectures graphiques, il est possible de déterminer les épaisseurs en un point de la Mer de Glace aux différentes années considérées :

Année	1990	2000	2010
Épaisseur (en m)	344	340	324

La diminution de l'épaisseur du glacier **entre 1990 et 2000** est :

344 – 340 = **4 m.**

La diminution de l'épaisseur du glacier **entre 2000 et 2010** est :

340 – 324 = **16 m.**

Remarque
Sur l'axe vertical, 10 m correspondent à 5 intervalles, soit 2 m par graduation sur cet axe.

b. Entre les années 2000 et 2010, la diminution de l'épaisseur du glacier est **quatre fois plus importante** que durant la décade précédente (1990-2000).

Ce constat permet de formuler l'hypothèse d'une **accélération des conséquences du réchauffement climatique**.

4 L'échelle abandonnée par Horace Benedict a parcouru 4 370 m entre 1788 et 1832.

La distance d = 4 370 m a été parcourue pendant une durée t :

t = 1832 – 1788 = 44 ans.

La vitesse moyenne de l'échelle est :

$v = \frac{d}{t} = \frac{4\,370}{44} =$ **99 m/an.**

La vitesse d'écoulement de l'échelle est égale à la vitesse d'écoulement du glacier, cette vitesse d'écoulement est donc **proche de 100 mètres par année**.

Remarque
En divisant une distance en mètres par une durée en années, l'unité obtenue pour la vitesse est le mètre par année (ou mètre par an, m/an).

Exercice 2

énoncé p. 267

SVT

1 On constate que le chromatogramme de la feuille rouge présente des **chlorophylles a et b**. Or, on sait que les chlorophylles sont des pigments qui permettent aux plantes vertes de **capter l'énergie lumineuse** pour réaliser la photosynthèse. Donc, **cela montre bien** que les feuilles rouges disposent de pigments permettant la photosynthèse.

Méthode
Pour construire une démonstration, pensez à mettre en relation vos connaissances avec des informations tirées des documents.

En comparant le chromatogramme d'une feuille rouge avec celui d'une feuille verte, on remarque qu'il comporte des **piments non impliqués dans la photosynthèse** et qui pourraient être responsables de la couleur de la feuille rouge : les **anthocyanes**.

2 L'expérience pour tester l'hypothèse proposée est l'**expérience n° 2**.

Pour tester la nécessité de la lumière lors de la production d'amidon, il faut comparer deux plantes rouges identiques, l'une exposée à la lumière et l'autre privée de lumière pendant la même durée. Il s'agit ensuite de tester la présence d'amidon dans les deux plantes en fin d'expérience. Or, seule l'expérience n° 2 propose ce protocole.

L'astuce du prof

Pour justifier un choix, vous pouvez montrer en quoi votre sélection est correcte et en quoi les autres options ne sont pas valables.

Dans l'expérience n° 1, on compare une plante verte avec une plante rouge et dans l'expérience n° 3, il n'y a pas de témoin (une plante à l'obscurité). Donc, ces expériences ne permettent pas de tester l'hypothèse proposée.

3 a. ***Première forme de réponse possible : des schémas légendés***

	Expérience 1	Expérience 2	Expérience 3	Expérience 4
	Feuilles vertes	Feuilles rouges	Feuilles panachées vertes et blanches	Feuilles panachées rouges et blanches
Résultat du test à l'eau iodée **Positif** (présence d'amidon) ▬ **Négatif** (absence d'amidon) ▭				

Autre forme de réponse possible : un texte

Après réalisation des tests à l'eau iodée, toutes les parties colorées des feuilles rouges ou vertes se colorent en bleu/violet révélant la présence d'amidon et les parties blanches des feuilles panachées ne sont pas colorées par l'eau iodée, révélant l'absence d'amidon.

b. Dans les parties vertes des feuilles, la présence des **chlorophylles** permet la réalisation de la **photosynthèse** puisque les **conditions** sont **favorables** (lumière, eau et sels minéraux).

C'est aussi le cas des parties rouges des feuilles, qui contiennent également des chlorophylles, pigments nécessaires à la photosynthèse.

Dans ces deux cas, la photosynthèse aboutit à la production d'amidon.

Dans les parties blanches des feuilles, l'absence des chlorophylles aboutit à une absence de production d'amidon.

Cahier

SPÉCIAL

ORAL

SUJET 1 — 100 pts — 15 min*

L'accès à l'eau potable

▶ Exposé Si individuel : 5 min**

Projet

› Parmi les parcours et les EPI que nous avons étudiés tout au long du cycle 4, nous avons choisi de vous expliquer pourquoi l'accès à l'eau potable est une nécessité pour les êtres humains. Puis nous avons étudié ce qui pourrait être fait pour améliorer l'accès à l'eau potable dans les camps pour réfugiés ou migrants.

EPI Sciences, technologie et société

Disciplines Physique-Chimie et SVT

Titre du projet L'accès à l'eau potable

Contenu du projet Recherche et exploitation de documents scientifiques liés à une problématique sociétale

Doc. 1 Les camps pour réfugiés ou migrants dans le monde

* Si collectif : 25 min.

** Si collectif : 10 min.

Traquées par la guerre, la misère ou les tragédies humanitaires, douze millions de personnes vivent regroupées dans des camps pour réfugiés ou migrants partout dans le monde [...] « De la bâche plastique à l'ingénierie urbaine, en passant par les villages consolidés ou les quartiers pérennisés, les camps sont l'enjeu d'une architecture spécifique et variée », estime l'anthropologue Michel Agier. Contre toute attente, l'urgence humanitaire ne rime pas nécessairement avec anarchie et désordre. Ainsi, agissant en véritable maître d'œuvre, le Haut-Commissariat des Nations Unies pour les réfugiés (HCR) requiert désormais l'intervention de spécialistes dès la fondation d'un camp, afin de rationaliser au mieux les installations.

D'après « Recherches : Camps et réfugiés : un monde de transformations »,
Sciences au Sud, n° 77.

Doc. 2 Les actions des associations humanitaires

En Somalie comme dans d'autres pays, l'eau potable manque dans les camps pour réfugiés ou migrants. Des actions sont alors mises en œuvre par des associations humanitaires :

– travaux et actions permettant aux populations d'avoir accès à de l'eau potable (construction et réhabilitation de puits, distribution de filtres en céramique, distribution d'eau par camion, création et maintenance d'un stock de plaquettes de chlore distribuées en cas d'urgence) ;

– travaux assurant aux populations une meilleure situation sanitaire (construction de latrines[1], organisation de séances de promotion à l'hygiène, distribution de kits de première nécessité non alimentaires).

1. Latrines : W.-C.

D'après www.solidarites.org/missions/Somalie/action-humanitaires.html

Doc. 3 Les maladies liées à l'eau

Dans la nature, l'eau n'est pas toujours source de vie, loin s'en faut. Elle véhicule en particulier nombre de micro-organismes, bactéries et virus en tout genre, qui y vivent et s'y développent, ainsi que nombre de parasites qui ont besoin d'eau pour vivre ou se reproduire. Or de tels organismes peuvent engendrer des maladies parfois graves lorsqu'ils pénètrent dans le corps humain. L'eau est ainsi le vecteur de transmission privilégié de ces maladies que l'on dit hydriques.

Les micro-organismes abondent dans les eaux souillées par les déjections animales et humaines, et leur transmission à l'Homme se fait par simple ingestion d'eau infectée. Ils se propagent donc rapidement dans les pays qui ne disposent pas de bonnes conditions d'hygiène. Certaines bactéries déclenchent de fortes diarrhées. Aujourd'hui, ces épidémies sont surtout le drame des pays chauds qui ne disposent pas de latrines septiques, ni de traitements des eaux. Dans ces conditions en effet, les matières fécales des personnes malades contaminent rapidement les eaux de boisson consommées par les personnes saines [...].

Ces maladies hydriques sont à l'origine de la mortalité très élevée des populations des pays en voie de développement. Dans le monde, environ 6 millions d'enfants meurent chaque année des suites de gastro-entérites et 100 millions de personnes souffrent en permanence de gastro-entérites hydriques. La raison principale de cette situation catastrophique est la pauvreté. Nombre de populations ne disposent pas d'eau potable, les aménagements indispensables aux traitements des eaux usées et à la fabrication d'eau potable étant trop coûteux, ni même des soins que ces affections nécessitent, les infrastructures médicales n'étant pas suffisantes.

D'après http://www.cnrs.fr, CNRS : Centre national de recherches scientifiques

Doc. 4 Dispositifs de traitement de l'eau

Les filtres céramiques pour le traitement des eaux sont en usage depuis plusieurs siècles [...] Ils ont souvent la forme d'un pot de fleur ou d'un bol et sont imprégnés de fines particules colloïdales[1] en argent servant de désinfectant et empêchant la prolifération des bactéries dans le filtre. [...] Les tests en laboratoire ont montré que ces dispositifs, s'ils sont bien conçus et bien fabriqués, peuvent éliminer ou désactiver presque toutes les bactéries et parasites protozoaires. Leur efficacité contre les virus est inconnue.

Le nettoyage et la maintenance du filtre sont critiques : [...] il est recommandé d'y joindre un programme éducatif sur un stockage salubre, le nettoyage du filtre et d'autres actions recommandées.

Les avantages des filtres céramiques sont leur facilité d'emploi, leur longue durée de vie (s'ils ne se cassent pas) et leur coût relativement bas. Les inconvénients comprennent une possible recontamination de l'eau conservée sans chlore résiduel et un débit faible, en général un à deux litres par heure.

1. Colloïdale : solution liquide contenant un corps dispersé sous forme de particules minuscules en suspension.

D'après http://drinking-water.org, site Internet de l'Académie nationale des sciences, Washington, USA

Doc. 5 Quelques paramètres de potabilité d'une eau

Pour être consommée, l'eau doit répondre à des critères de qualité très stricts :

Paramètres	Critères de qualité	Normes
Micro-biologiques	– Parasites – Virus – Bactéries	Présence non tolérée
Chimiques	– Sels minéraux – Substances chimiques toxiques	– Présence possible – Normes très sévères (quantités très limitées)
Physiques et gustatifs	– Aspect – Saveur, odeur	– Limpide – Non désagréables

D'après http://www.lesagencesdeleau.fr

▶ Entretien avec les examinateurs | Si individuel : 10 min*

Voici des questions que pourrait vous poser le jury :

1 Où y a-t-il des camps pour réfugiés ou migrants ?

2 Pourquoi ne doit-il pas y avoir de parasites dans une eau potable ?

3 Pourquoi les filtres céramiques ne permettent-ils pas d'éliminer les virus ?

LES CLÉS POUR RÉUSSIR

L'ESSENTIEL À SAVOIR

- Les **critères de potabilité** d'une eau portent sur les **paramètres microbiologiques, chimiques, physiques et gustatifs** de cette eau.
- Les **micro-organismes** sont des organismes microscopiques, généralement unicellulaires, tels que les bactéries et les champignons microscopiques.
- Certains micro-organismes sont **pathogènes** et peuvent provoquer des maladies.
- Les **virus** sont de taille beaucoup plus petite que les micro-organismes.
- Un **parasite** vit aux dépens d'un individu chez lequel il provoque des troubles plus ou moins importants en consommant ses tissus et ses molécules.

* Si collectif : 15 min.

- La **contamination** est l'envahissement d'un organisme vivant ou d'un milieu par des micro-organismes.
- Des **filtres céramiques** peuvent être employés pour traiter l'eau dans les pays en voie de développement. Ils permettent d'éliminer la plupart des parasites et des bactéries, mais leur efficacité sur la destruction des virus présents dans l'eau n'est pas démontrée.
- Des **pastilles de chlore** permettent d'éviter une **contamination** trop rapide de l'eau traitée.

EXPLOITER LES DOCUMENTS

- **Doc. 1 :** sa lecture permet de se rendre compte du nombre de réfugiés ou de migrants en 2015. Ce nombre a malheureusement augmenté aujourd'hui.
- **Doc. 2 :** il précise quelques actions menées par des associations humanitaires dans des camps pour réfugiés ou migrants.
- **Doc. 3 :** il décrit les maladies dues à l'eau polluée et donne des informations sur les modes de contamination de cette eau.
- **Doc. 4 :** plusieurs dispositifs de traitement de l'eau adaptés aux pays en voie de développement sont détaillés dans ce document.
- **Doc. 5 :** plusieurs paramètres de potabilité d'une eau sont donnés dans ce document.

PRÉPARER UN EXPOSÉ

Exposer la problématique et la méthodologie suivie

Expliquez pourquoi vous avez choisi d'étudier l'accès à l'eau potable dans les camps pour réfugiés ou migrants, puis comment vous avez travaillé pour rechercher et analyser les documents présentés précédemment.

Répondre à la problématique

Le jury attend un exposé en deux parties :

I. Pourquoi l'accès à l'eau potable est-il une nécessité pour les êtres humains ?

II. Comment améliorer l'accès à l'eau potable dans les camps pour réfugiés ou migrants ?

▶ Exposé

Comme vous le savez, **plus de douze millions de personnes**, traquées par la guerre, la misère ou les tragédies humanitaires, **doivent vivre dans des camps pour réfugiés ou migrants**. La **situation** de ces populations est **souvent préoccupante en matière d'accès à l'eau potable**. Nous avons donc décidé d'étudier l'importance de l'accès à l'eau potable pour les êtres humains avant de nous intéresser à son acheminement dans les camps pour réfugiés ou migrants de certains pays du Sud notamment. Pour cela, nous avons recherché des documents portant sur ce sujet avant de les analyser et d'en faire une synthèse que nous vous présentons aujourd'hui.

> **L'astuce du prof**
> Prenez le temps de bien expliquer pourquoi vous avez choisi de présenter cet EPI.

La consommation d'eau non potable entraîne de très **nombreuses maladies graves** comme des gastro-entérites et des diarrhées qui **tuent** énormément de **personnes**, déjà affaiblies par la dénutrition. D'après un document du CNRS traitant des maladies liées à l'eau, environ **6 millions d'enfants meurent chaque année dans le monde suite à ces maladies hydriques**. En effet, les habitants de certains pays disposent de très peu de latrines septiques et ne sont pas en mesure de traiter l'eau, ce qui explique les micro-organismes, les parasites et les virus retrouvés dans l'eau consommée, en raison notamment de la présence dans l'eau de matières fécales de personnes malades.

> **Gagnez des points !**
> Reprenez dès que possible les données chiffrées des documents.

Malheureusement, dans les pays du Sud, comme la Somalie, l'eau potable manque souvent dans les camps pour réfugiés et migrants, et l'eau utilisée par les populations pour boire ou se laver peut être souillée. Les normes de potabilité ne sont pas respectées et des parasites, des virus et des bactéries sont présents dans l'eau. Il est donc indispensable de traiter cette eau souillée qui est un vecteur très important de maladies. Pour cela, **des filtres céramiques** peu coûteux et relativement simples d'utilisation permettent d'éliminer la plupart des parasites et des bactéries dans l'eau. Leur efficacité sur la destruction des virus présents dans l'eau n'est toutefois pas démontrée, et des intervenants doivent être formés pour éduquer la population à l'utilisation correcte de ce matériel. De plus, l'envoi de ce matériel doit être accompagné de **plaquettes de chlore** qui permettent de **mieux conserver l'eau déjà filtrée** et qui peuvent peut-être mieux traiter l'eau en éliminant éventuellement les virus (des tests devront être mis en place pour le vérifier). Cependant, si l'envoi de ce matériel pour traiter les eaux polluées est indispensable pour pallier les situations d'urgence, ce traitement des eaux avec des filtres céramiques et du chlore n'est pas satisfaisant à long terme. En effet, l'eau traitée contient encore des virus et peut-être d'autres substances chimiques toxiques.

> **Méthode**
> Pour vous faire bien comprendre, utilisez des marqueurs langagiers forts pour accentuer vos propos (par exemple « malheureusement », « indispensable », « très important »).

Pour améliorer cette situation à plus long terme et pour éviter au maximum la pollution des eaux, il est alors nécessaire :

– de **construire des latrines** afin d'éviter que les déjections polluent l'eau et de limiter la propagation de germes d'origine fécale ;

– de **construire ou de réhabiliter des puits** pour augmenter le nombre d'accès directs à l'eau potable. Cela permettrait aussi de mieux irriguer les cultures afin d'améliorer le rendement des surfaces agricoles ;

– de **distribuer des notices d'éducation** à l'hygiène pour que les habitants comprennent mieux le lien entre les déjections dans l'environnement, la pollution des eaux et les maladies hydriques ;

– d'**augmenter le nombre de personnels** soignants et non soignants dans les camps pour réfugiés et migrants afin d'accompagner, de soigner et de former les populations.

L'astuce du prof

Ne mélangez pas les différentes parties de votre argumentation : parlez d'abord des mesures d'urgence avant de développer les solutions plus pérennes.

Gagnez des points !

Lors de l'exposé des solutions, faites des pauses respiratoires pour éviter un effet « catalogue » indigeste.

En espérant vous avoir convaincu de l'urgence de la situation, nous vous remercions pour votre écoute attentive.

▶ Entretien avec les examinateurs

Les réponses aux questions posées par les examinateurs peuvent être les suivantes :

1 Il y a malheureusement des camps de réfugiés ou migrants **partout dans le monde** : en Afrique, en Europe, en Asie, en Amérique…

2 Il ne doit pas y avoir de parasites dans une eau potable, car ils occasionnent des **troubles plus ou moins importants** dans les organismes des êtres vivants en consommant leurs tissus et leurs molécules.

3 Les filtres céramiques ne permettent pas d'éliminer les virus, car ces derniers sont **beaucoup plus petits** que les micro-organismes.

SUJET 2 100 pts 15 min*

Les métiers de l'informatique

▶ Exposé Si individuel : 5 min**

Projet

› Parmi les parcours et les EPI que nous avons étudiés tout au long du cycle 4, nous avons choisi de reprendre le travail que nous avons effectué dans le cadre des parcours Avenir en vous présentant différents métiers dans le domaine de l'informatique, ainsi que les compétences à acquérir au collège pour les exercer.

Parcours Avenir

Titre du projet Les métiers de l'informatique

Contenu du projet Connaître les compétences à acquérir pour travailler dans l'informatique

Doc. 1 Technicien(ne) de maintenance en informatique

* Si collectif : 25 min.

** Si collectif : 10 min.

Une carte son à changer ? Un ordinateur à installer ? Un écran noir ? Polyvalent, le technicien de maintenance en informatique est capable de faire face à de nombreux problèmes. Et ce, avec le plus de rapidité et d'efficacité possible.

Pour devenir technicien de maintenance en informatique, un métier qui ne connaît pas la crise, les formations se situent à plusieurs niveaux : bac professionnel, bac + 2 ou 3. Actuellement, ce dernier a souvent la préférence des recruteurs. La maîtrise de l'anglais technique est requise.

Après la 3e : Bac pro SEN (systèmes électroniques numériques), spécialité télécommunications et réseaux.

Après le baccalauréat :

- BTS systèmes numériques ou services informatiques aux organisations ;
- BUT informatique, réseaux et télécommunications ou génie électrique et informatique industrielle ;
- DEUST maintenance et installation de réseaux ;
- Licence professionnelle, mention métiers de l'informatique.

D'après http://www.onisep.fr/Ressources/Univers-Metier/Metiers/technicien-technicienne-de-maintenance-en-informatique

Doc. 2 Entretien avec un ingénieur informatique dans le domaine du traitement d'images

Dans le domaine du traitement d'images, Pierre, ingénieur informatique en recherche et développement, est amené à développer des algorithmes, des applications et à concevoir des systèmes d'acquisition (éclairage, caméra). Les applications sont variées : réalité augmentée, robotique, biométrie, imagerie médicale, etc.

Quelles sont les compétences requises pour exercer le métier d'ingénieur informatique ?

L'informaticien résout des problèmes techniques et scientifiques tout en utilisant le travail réalisé par des millions d'autres informaticiens à travers le monde. L'évolution constante et l'émergence de nouvelles technologies imposent de se former en continu et d'acquérir de nouvelles compétences : nouveau langage informatique, nouveau système d'exploitation, etc.

Dans ce métier, il est également très important de savoir chercher de l'information sur Internet et de maîtriser l'anglais scientifique, qui est la langue d'échange dans ce milieu.

Quelle formation avez-vous suivie ?

Après un baccalauréat scientifique, j'ai continué mes études à l'université. J'y ai obtenu un Master en « Systèmes Intelligents et Communicants » recouvrant des domaines tels que l'informatique embarquée et le traitement du signal et de l'image.

En quoi vos connaissances scientifiques sont-elles utiles dans votre pratique quotidienne ?

Je travaille dans le secteur de la biométrie et plus particulièrement dans celui de la reconnaissance d'iris de l'œil. Le système d'acquisition utilisé pour la reconnaissance d'iris est constitué d'une caméra et d'un éclairage spécifique, ce qui permet de distinguer la texture de l'iris, même pour les gens ayant les yeux sombres. S'en suit une étape de détection de l'iris dans l'image, basée sur des algorithmes de traitement d'images. D'autres algorithmes permettent de comparer cet iris à un ou plusieurs millions d'autres iris sur un smartphone, un ordinateur ou un supercalculateur.

Qu'aimez-vous dans votre métier ?

La diversité : je peux travailler sur des sujets très variés, dans différents domaines d'application et pour différents supports (téléphones, robots, caméras, etc.). Au quotidien, je développe de nouvelles applications qui seront utilisées par des centaines de personnes.

▶ Entretien avec les examinateurs — Si individuel : 10 min*

Voici des questions que pourrait vous poser le jury :

1 Faut-il forcément suivre des études scientifiques pour travailler dans l'informatique ?

2 Les métiers de l'informatique sont-ils réservés aux garçons ?

3 Qu'est-ce que la biométrie ?

* Si collectif : 15 min.

LES CLÉS POUR RÉUSSIR

L'ESSENTIEL À SAVOIR

- Une **carte son** est une carte d'extension d'un ordinateur. La principale fonction de cette carte est de gérer tous les sons reçus ou émis par l'ordinateur, pour les envoyer vers les haut-parleurs. Cette carte se présente sous la forme d'un périphérique que l'on peut connecter à l'ordinateur.
- Un **algorithme** est une suite d'opérations ou d'instructions qui permettent de résoudre un problème.
- Un **système d'exploitation** est un ensemble de programmes qui dirige l'utilisation des capacités d'un ordinateur. C'est l'intermédiaire entre le système informatique et les logiciels utilisés par les êtres humains.
- Un **œil** est constitué notamment d'un **iris**, qui limite la lumière pénétrant dans l'œil par la pupille.

EXPLOITER LES DOCUMENTS

- **Doc. 1 :** ce document de l'Onisep précise les différentes formations que l'on peut suivre pour devenir technicien(ne) de maintenance informatique.
- **Doc. 2 :** l'entretien avec Pierre, ingénieur informatique, permet de mieux comprendre la réalité de son métier.

PRÉPARER UN EXPOSÉ

Exposer la problématique et la méthodologie suivie

Expliquez pourquoi vous avez choisi d'étudier les métiers de l'informatique, puis comment vous avez travaillé dans votre parcours Avenir pour rechercher des documents et pour réaliser l'entretien avec Pierre, ingénieur informatique.

Répondre à la problématique

Pour cet exposé, le jury attend un exposé en deux parties :

I. Les différents métiers de l'informatique

II. Les compétences à acquérir au collège pour pouvoir travailler plus tard dans l'informatique

▶ Exposé

L'informatique recrute ! Nous nous sommes donc intéressé(e)s à ce **secteur porté par des innovations constantes** : robots programmés en médecine, logiciels de commande d'avion, système de commerce électronique… Pour cela, nous avons recherché des documents au CDI avec le professeur documentaliste sur les métiers de l'informatique et nous avons également rencontré Pierre, un ingénieur informatique dans le domaine du traitement d'images.

Gagnez des points !

N'hésitez pas à insister sur les initiatives que vous avez prises en dehors du collège, par exemple la rencontre avec un(e) ingénieur(e) informatique.

Présent dans tous les domaines et porté par les innovations technologiques, le secteur informatique **génère de nombreux débouchés. Du niveau baccalauréat au niveau bac + 5**, les informaticiens sont recherchés pour leurs connaissances pointues dans un domaine en **perpétuelle évolution**.

En effet, des bureaux d'étude aux services administratifs, en passant par les usines et les hôpitaux, les entreprises ne fonctionneraient plus sans l'informatique. Les logiciels interviennent pendant la conception et la fabrication des produits et gèrent également des flux d'information à travers le monde (achats de matières, stocks, ventes, congés, paies, etc.). Internet a également permis le développement du commerce électronique, du multimédia et des jeux vidéo. Ainsi, de nombreuses embauches sont attendues dans les années à venir, notamment dans le Web et le e-commerce. Aujourd'hui, près de la moitié des informaticiens travaillent pour des éditeurs de logiciels ou des sociétés de services. Les autres exercent pour des entreprises qui mettent l'informatique au service de leurs métiers, notamment le secteur public avec l'e-administration (déclaration sur Internet, dossier médical informatisé dans les hôpitaux…), la bancassurance, les transports, l'énergie… **Derrière le terme « informaticien » se cache donc aujourd'hui une multitude de métiers, au niveau technicien ou ingénieur**.

L'astuce du prof

Ne cherchez pas à être exhaustif. Le but n'est pas de faire la liste de tous les métiers existants liés à l'informatique.

Si l'on souhaite s'orienter vers les métiers de l'informatique, il faut **acquérir dès le collège de nombreuses compétences**. Par exemple, **en mathématiques et en technologie**, il est indispensable de comprendre toutes les parties du programme sur la **programmation informatique**. Il est nécessaire de **savoir écrire, mettre au point et exécuter un programme,** mais aussi de **comprendre le fonctionnement d'un réseau informatique**, c'est-à-dire d'être capable :

– d'analyser les composants et l'architecture d'un réseau ;

– d'**étudier les notions de protocole, d'organisation de protocoles en couche, d'algorithme de routage ;**

– de comprendre le fonctionnement d'Internet…

De plus, si l'acquisition de ces compétences scientifiques est indispensable, cela n'est pas suffisant. Il faut absolument **travailler le français mais aussi l'anglais** pour être **capable de communiquer** convenablement avec l'ensemble de ses interlocuteurs. Enfin, de façon générale, il est important de travailler l'ensemble des disciplines enseignées au collège, car il est nécessaire aujourd'hui d'avoir au minimum le baccalauréat ou un bac + 2 pour travailler dans le secteur informatique.

> **Gagnez des points !**
> N'oubliez pas de parler de toutes les compétences nécessaire pour devenir informaticien(ne).

En conclusion, ce travail sur les métiers de l'informatique a conforté notre idée de travailler dans ce secteur plus tard, ce qui nous a motivé(e)s encore davantage pour obtenir de bons résultats au collège !

> **L'astuce du prof**
> Indiquez au jury que vous finissez votre exposé en commençant votre dernière phrase par « en conclusion ».

▶ Entretien avec les examinateurs

Les réponses aux questions posées par les examinateurs peuvent être les suivantes :

1 Pour travailler dans l'informatique, il faut **suivre des études scientifiques** pour être ingénieur, technicien ou développeur informatique. Cependant, il existe des **exceptions** : une personne ayant fait des études artistiques peut travailler dans le domaine informatique pour rédiger un scénario ou pour créer les personnages d'un jeu vidéo par exemple.

2 Comme quasiment tous les métiers aujourd'hui, l'informatique n'est **pas réservée aux garçons**. Les filles peuvent réussir aussi bien que les garçons dans ce milieu.

> **Méthode**
> Écoutez bien les questions posées par le jury et n'hésitez pas à le faire répéter si vous n'êtes pas sûr(e) d'avoir bien compris.

3 La biométrie signifie « **mesure du vivant** » ; elle désigne dans un sens très large l'étude quantitative des êtres vivants. L'usage de ce terme se rapporte aujourd'hui de plus en plus à l'usage de techniques informatisées à des fins de **reconnaissance, d'authentification et d'identification**, comme la reconnaissance de l'iris d'un œil, tel que cela est expliqué par Pierre, l'ingénieur informatique.

Dépôt légal : Août 2024 - N° de projet : 10297568
Imprimé en France par Maury-Imprimeur
45330 Malesherbes
N° d'imprimeur : 279209

IMPRIM'VERT. Votre imprimeur agit pour l'environnement